LIU CHENG GONG YE SHENG CHAN KU CUN
YOU HUA YU KONG ZHI

流程工业生产库存优化与控制

刘国莉　著

辽宁人民出版社

ⓒ刘国莉　　2023

图书在版编目（CIP）数据

流程工业生产库存优化与控制／刘国莉著. —沈阳：
辽宁人民出版社，2023.11
ISBN 978-7-205-10905-9

Ⅰ．①流… Ⅱ．①刘… Ⅲ．①制造工业—库存—研
究—中国 Ⅳ．①F426.4

中国国家版本馆 CIP 数据核字（2023）第 200879 号

出版发行：辽宁人民出版社
　　　　地址：沈阳市和平区十一纬路 25 号　邮编：110003
　　　　电话：024-23284321（邮　购）　024-23284324（发行部）
　　　　传真：024-23284191（发行部）　024-23284304（办公室）
　　　　http：//www.lnpph.com.cn
印　　刷：辽宁新华印务有限公司
幅面尺寸：170mm×240mm
印　　张：20.25
字　　数：280 千字
出版时间：2023 年 11 月第 1 版
印刷时间：2023 年 11 月第 1 次印刷
责任编辑：董　　喃
装帧设计：留白文化
责任校对：吴艳杰
书　　号：ISBN 978-7-205-10905-9

定　　价：78.00 元

前　言

本书从实际应用的角度，研究了优化流程工业企业生产库存管理的方法。重点讲述了为钢铁企业和炼油企业的实际生产库存问题构建数学模型的过程，拉格朗日松弛算法的框架，变量分离技术的原理，启发式算法和有效不等式的构造方法，以及综合利用各种求解策略解决各类实际生产库存问题的具体步骤。

本书以钢铁企业和炼油企业的生产系统为研究对象，针对其中存在的10类实际生产库存管理问题进行了专项研究，建立了用于解决这些问题的生产库存优化模型，给出了相应的求解方法，采用基于企业实际生产数据所产生的算例进行了测试，验证了算法能够在合理的时间内获得问题高质量的解。

本书详细介绍了这些生产库存优化模型的建模思想和求解思路、算法的具体步骤及实验结果。力求向读者展示出钢铁企业和炼油企业生产库存管理的最新研究动态及其应用成果，希望能为从事生产库存管理的广大读者提供参考，推动该领域的学术进步。本书理论联系实际，应用案例翔实可靠。

本书全部由沈阳工业大学工业工程系刘国莉教授编写和统稿。

本书的主要内容为著者多年来的研究成果。本书的研究课题得到了沈阳工业大学机械工程学院人才支持计划（2021），辽宁省教育厅优秀青年科技人才基金项目（2020LNQN05），国家自然科学基金青年基金项目（71301066），国家自然科学基金重大项目（72192830，72192831）的资助。

由于生产库存管理的理论和技术正在不断完善发展中，加之作者水平有限，本书的内容会有不足之处，恳请广大读者批评指正。

目　录

❖ 第二篇　炼油企业生产库存优化与控制 ❖

第一章　预备知识

一、物流与供应链管理

（一）物流管理

1. 物流的概念

物流（logistics）的概念最早起源于 20 世纪 30 年代的美国，原意为"实物分配"或"货物配送"，1963 年被引入日本，表示"物的流通"，随后传入中国，用于描述"商品储运"的全流程。实质上，物流是供应链活动的一部分，是为了满足客户的需要，以最低的成本，通过运输、保管、配送等方式，实现原材料、半成品、成品及相关信息由商品的产地到商品的消费地所进行的计划、实施和管理的全过程。物流通常由采购、物料管理、生产、包装、装卸、保管、销售、配送等诸多环节构成，具体内容包括用户服务、销售管理、需求预测、原料采购、订单处理、生产管理、配送、存货控制、运输、仓库管理、工厂和仓库的布局与选址、搬运装卸、包装等。

物流是影响企业经营活动效率和效益的主要因素之一，被称为企业的"第三利润源泉"。在市场经济迅速发展、企业竞争日益激烈的今天，物流已成为扩大市场、降低成本、取得企业竞争优势的关键因素。例如：从攀钢的原料采购情况来看，矿石的基本价格并不是很高，但运输、周转、库存、保管及把货物送达最终销售者的全部流通费用，要占原料价值的 60% 以上[1]。因而若能降低物流成本，便可大幅度地降低原料采购成本。所以挖掘物流领域潜力已成为企业经营者关注的目标。

2. 物流成本

物流成本是指生产、流通、消费全过程的物品移动而产生的各种耗费的货币表现。美国将物流成本划分为库存费用、运输成本和物流管理费用。库存费用是指花费在保存货物上的费用，除包括仓储、残损、人力费用及保险和税收外，还包括库存占压资金的利息。把库存占压资金的利息加入物流成本是现代物流与传统物流费用计算的最大区别，它把降低物流成本与加速资金周转统一起来。运输成本包括公路运输、其他运输费用和货主费用，公路运输包括城市运输与区域间卡车运输；其他运输方式包括铁路运输、国际国内运输、油气管道运输等；货主费用包括运输部门运作及装卸费用。物流管理费用在美国是按照美国的历史情况由专家确定一个固定比例，乘以库存费用和运输费用的总和得出来的[2]。

企业物流是生产工艺的一个组成部分，有着很强的"成本中心"作用。在生产中，物流对资源的占用和消耗是生产成本的一个重要组成部分。而物流成本的高低是由各物流环节的成本高低所决定的，要想降低物流成本，就必须降低各物流环节的成本。与发达国家的物流业相比，我国的物流成本相对较高。据有关资料显示，我国的物流总成本约占 GDP 的 18%，而美国才占不到 9%；从库存情况看，我国企业产品的周转期为 35—45 天，而国外一些企业的产品库存时间不超过 10 天[3]。降低周转期、减少库存支出已成为降低物流费用的主要来源。减少库存支出就是要加快资金周转、压缩库存，因此，加速资金周转、降低库存水平已成为降低物流成本的主要途径。

3. 物流管理

传统的物流管理只着重商品储存和运输方面的管理，把商品的流动视为独立的活动，而现代物流管理是指企业以满足消费者需求为目标，将原料采购、生产制造、储存、运输、销售等环节均纳入统一考虑的管理范围之内，也就是实行一体化物流管理。随着物流一体化的深入发展，物流的内涵和外延不断扩大，进一步转化为供应链管理。

（二）供应链管理

1. 供应链的概念

供应链的概念产生于 20 世纪 80 年代初，最初人们只是将它作为一种业务现象加以研究，并没有认识到其真正含义。而今它已成为指导企业生产和经营管理的新理念，是企业发展规模经济，参与世界市场竞争的新的思维方式。1997 年，美国 Kurt Salom 协会通过对实施供应链管理的企业进行调查研究发现：实现供应链管理的企业其新产品开发的前导时间可减少 2/3，产品的缺货情况可大大减少，甚至可以消除；库存周转率可以提高 1—2 倍；企业产品的 20%—30% 可根据用户特定需求来制造。这表明供应链管理对提高企业的市场竞争能力具有重要的作用[4]。目前理论界将供应链定义为：围绕核心企业，从采购原材料开始到制成中间产品及最终产品，最后由销售网络把产品送到消费者手中，将供应商、制造商、分销商、零售商，直到最终用户连成一体的链形结构模式[5]（如图 1.1 所示）。也有人认为：供应链是物流系统的延伸，是产品与信息从原料到最终用户之间的增值服务。供应链不仅可以降低商品流通的成本，而且可以增值。所以供应链也是一种可增值的产品。最理想的供应链是企业间的一体化，其基本特征为：与市场需求同步的反应能力；对信息充分共享和同步的传输能力；在物资采购、生产、仓储、运输、销售等各个环节上的各企业，高效率的一体化的商务运作能力。

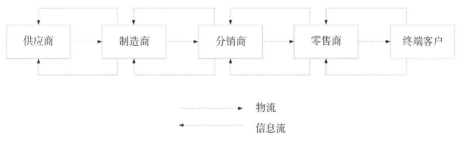

图 1.1　一般供应链的结构图

2. 供应链管理的实质

供应链管理是由物流管理、信息管理、价值（资金）管理、服务（技术）管理四大部分构成的一个综合的、有机的、集成化的管理整体。其目标为成本最小化，提高服务水平，改进供应链成员之间的通信，通过配送和响应时间来增强柔性等。供应链管理就是要通过共同努力扩大整个链条的利润，把"蛋糕做大"，然后再分配利益，而不是为了先瓜分利润而造成内耗。供应链管理的本质是通过相互合作和责任分担来共同获得收益。这是与传统的单打独斗的管理思维完全不同的新型管理理念，供应链成员间合作基础是共同的利益和目标、相互信任、信息的自由交流和知识成果的共享等[6]。

3. 供应链管理的作用

（1）有效分配资源，最大限度提高效率和减少作业周期，实现把需要的产品或服务准时、按量送达所需的地方，更好地满足客户需求。

（2）降低采购成本。供应商能够方便地获得存货和采购信息，节约了企业采购人员的工资，而且由于采用无纸化订货管理，大大提高了效率，节省了订单管理成本[7]。

（3）最大限度地降低库存水平。通过扩展组织的边界，供应商能够随时掌握库存信息，组织生产，及时补充，因此企业不必再维持较高的库存水平，从而降低了存货持有成本。

（4）减少交易成本和获取信息的成本。利用先进的科学技术和通信设备实现供应链的整合，将大大降低链内各环节的交易成本，缩短交易时间，提高交易的透明度，有利于建立起相互信任的伙伴关系[7]。

二、供应链库存分析

在企业的流动资产中，库存占有很大的比重，占用了大量的流动资金，是企业财务成本管理的重要对象。增加库存虽然可以增强企业组织生产、销售活动的机动性，但过多的库存不仅占用了大量资金，增加了利息支出，而且还增加了与库存相关的各项开支，如采购成本、仓储成本、管理成本等，导致总成本上升、利润下降。而且它不能反映出企业经营的真实成果，掩盖或夸大企业的经营业绩。因此，库存管理的目标是在充分发挥库存作用的同时努力降低库存成本，使效益和成本结合到最佳状态。一直以来，企业管理者都在寻求理想的方法以实现这一目标。随着生产经营环境的变化及管理科学技术的发展，库存控制的方法也在不断地变化和创新，供应链管理环境下的库存控制研究一直是各界关注的焦点。有资料表明，通过供应链企业间的合作可以使库存水平降低25%左右[8]。

（一）供应链库存产生的原因

在供应链上，从供应商、制造商、批发商到零售商，每个环节上都存在库存。库存是用于应付外部环境的不确定性对生产与销售的影响而设立的。在供应链中存在许多不确定性，为保证供应链的正常运行，必须保证一定数量的库存。在生产制造企业中库存产生的主要原因有：

1. 因生产需要形成的原料库存、中间产品库存及产成品库存。

2. 为减少下游工序的等待时间而额外设立的缓冲库存。

3. 为抵消各工序产生的废品而预先增加的投入，当废品率低于预估值时便会形成库存。

4. 为应付生产系统故障等突发事件而必须保有的安全库存。

5. 为达到最小生产批量或最小订货批量而额外产生的库存。

6. 为防止供应商缺货和防范运输系统中的突发事件而设立的安全库存。

7. 为吸收需求波动，稳定和均衡生产而维持的安全库存。

综上所述，库存的形成原因大致可分为以下三类：

1. 生产运作的正常需要。

2. 因不合理的生产库存计划导致的。

3. 由供应链上的不确定因素引发的。

总之，物流运动应该在信息流的引导下进行，这种信息流在企业内部表现为企业计划，而在企业之间则体现为相互间的合同和约定。如果因为不确定因素的影响而使物流偏离了信息流的引导，那么就产生了库存。所以只有从根本上消除这些不确定因素，才能使物流与信息流较好地结合，降低企业库存，保证企业正常、稳定运行。

供应链的不确定性主要表现为需求的不确定性与提前期的不确定性。前者与销售比率的波动有关，后者则与提前期的各种变化有关。这两类不确定性会直接影响到库存策略。供应链的不确定性主要来自三方面：

1. 供应商的不确定性

由于供应商的生产系统发生故障或供应商的原料供应出现问题或交通事故致使运输延迟等原因，导致提前期的不确定和订货数量的不确定。

2. 生产企业的不确定性

制造商本身生产系统的可靠性、计划执行的偏差等都导致了生产时间的不确定[9]。生产计划是一种根据当前生产系统的状态和未来情况做出的对生产过程的模拟，用计划的形式表现出模拟的结果，再用计划驱动生产的管理方法。但生产过程的复杂性使生产计划并不能精确反映企业的实际生产条件和预测生产环境的变化，不可避免地造成计划与实际执行的偏差。所以企业必须采取有效的控制措施对生产的偏差进行必要的修补，而这种控制又必须建立在对生产信息的实时采集与处理上，使其能够及时、准确、快速地转化为生产控制所需的有效信息。

3. 顾客的不确定性

需求预测的偏差、购买力的波动、顾客心理和个性特征的不同等都会导致顾客需求的不确定性。通常需求会表现出一定的规律性，但任何方法都无法准确预测需求的波动和顾客的心理反应。在供应链中，不同节点企业之间需求预测的偏差进一步加剧了供应链的放大效应及信息的扭曲。

由于在供应链中不确定性普遍存在，且无法准确预测其大小和影响程度，为了维持一定的服务水平，企业就必须保有一定的安全库存。优质的服务水平必然带来高的库存风险。只有降低和消除供应链中的不确定性，才能最大限度地降低库存风险。

供应链中各企业对各自供应商能及时、准确交货的承诺不完全信任，设立了相应的安全库存，以应对供应商延迟交货或不能交货的情况。同样，供应链上的各企业对各自顾客的需求，特别是终端消费者的实际需求难以把握，只能依靠预测来安排生产和销售，而预测与实际需求很难完全一致，难免会出现库存不足或过剩的情况。另外，企业为了满足顾客大量的突发性订货，也设立了大量的安全库存。综上可得，供应链的不确定性从本质上可归咎于：

1. 需求预测水平偏低

需求预测水平与预测时间的长度有关，预测时间越长，预测精度越低。此外，预测方法也会对预测的结果产生重要的影响[10]。

2. 信息的可获得性、透明性、可靠性较低

信息的准确性直接影响到预测的精度。下游企业与顾客接触的机会较多，信息的准确性较高，所以预测结果比较可靠，而上游企业的情况却正好相反。

3. 决策过程缺乏科学性和合理性，受决策人的心理偏好影响较大

需求计划的取舍与修订、各类安全库存的设置标准的确定、对各种信息的处理要求及共享选择、对供应链其他成员的信任程度等，无不受决策人的个人心理偏好影响。

（二）"牛鞭效应"与供应链库存控制

"牛鞭效应"的含义是，当供应链的各节点企业只根据来自其下游相邻企业的需求信息进行生产或供应决策时，由于信息的不准确或不真实，沿着供应链逆流而上，将产生需求变动程度逐级放大的现象（如图 1.2 所示），就像牛鞭在手，一边微微一动，另一边就会大幅度晃动。由于这种需求放大效应的影响，上游供应商往往比下游供应商维持更高的库存水平。

"牛鞭效应"产生的原因可归纳如下：

（1）由于供应链上各节点企业的批量订货而产生需求的逐级放大。

（2）供货提前期的变化和价格的波动同样会造成需求的逐级放大。

由于"牛鞭效应"的影响，安全库存将沿供应链向上游逐级增加，最终导致产品的大量积压。消除或减轻这种效应的主要途径有：

1. 供应链中各企业间实行信息共享

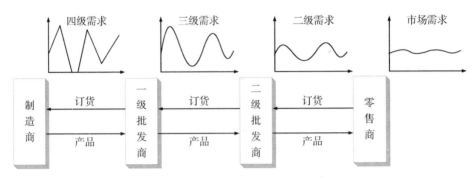

图1.2 "牛鞭效应"示意图

减少"牛鞭效应"最有效的途径就是通过集中需求信息来降低整个供应链的不确定性。如果供应链的企业间实现了信息共享，则供应链的各个阶段都可以使用最终消费者的实际需求数据来进行更准确的预测，而不再仅仅依赖于下游企业发出的订单，因而可以有效控制"牛鞭效应"，抑制需求的放大。也可以称这种方法为用信息换库存。这种方法虽然能够大幅度减少"牛鞭效应"，但却无法根除"牛鞭效应"。

2. 削减供应链的级数，缩短"牛鞭"以减少"牛鞭效应"

如取消图1.2中的一级批发商和二级批发商，让零售商直接向制造商订货，将四级供应链系统缩短为二级供应链系统，可有效削弱"牛鞭效应"。

3. 缩短提前期、减少订购批量

（1）利用上述方法缩短提前期，可有效减少需求变动，降低"牛鞭效应"。如通过使用先进的通信技术缩短订单处理和信息传输所需的信息提前期；通过直接转运缩短运输提前期；通过柔性制造缩短制造提前期；通过实行事先送货预告缩短订货提前期。

（2）通过减少订购批量降低供应链上相邻阶段的累加变动量，进一步降低"牛鞭效应"的影响。

4. 稳定价格

制定相应的价格策略，鼓励小批量均匀订购、缩短订货期、不鼓励大批量提前购买行为，亦可以在一定程度上减弱"牛鞭效应"。

5. 与上游企业建立长期协作的战略伙伴关系，从根本上消除"牛鞭效应"

前几种方法虽然能够显著地减小"牛鞭效应"，但却不能彻底消除"牛鞭效应"的影响，而长期协作的战略伙伴关系（如卖方管理库存）能够从根本上改变信息共享和库存管理的方式，实现彻底消除"牛鞭效应"的目的。卖方管理库存是指生产商等上游企业对零售商等下游企业的流通库存进行管理和控制的一种战略伙伴关系。在这种关系之下，企业自己不再保持任何库存，而由供应商来管理其产品库存。企业用一件产品，付给供应商一件的钱。企业没有了库存，也就不会再受到"牛鞭效应"的影响。在这种情况下，供应商可根据企业的销售和库存情况自行决定库存是否需要补充或补充多少，增大了其需求确定性，因而降低了供应商的内部库存水平，从而彻底避免了"牛鞭效应"。

（三）供应链库存管理中存在的问题

目前以生产和产品为中心的管理模式已不再适应现代市场竞争的需要，取而代之的是以顾客需求为中心的供应链管理模式。供应链管理是新时代经济发展的焦点，也是当今企业、地区乃至国家的重要竞争工具。然而，库存管理正是这一管理中最薄弱的环节。目前供应链管理环境下的库存管理中存在的主要问题可归结为三大类：信息类问题、供应链的运作问题和供应链战略与规划问题。这些问题可以综合成以下几个方面的内容：

1. 缺乏供应链的整体观念

供应链管理的目标是通过成员企业间的密切合作，以最小成本提供最大的客户价值（包括产品和服务），这就要求供应链上各企业成员的活动应该是同步进行的。但各企业成员又都是相互独立的市场主体，都有各自独立的目标与使命，有些目标和供应链的整体目标是不一致的，有时甚至是冲突的。这样，必然导致供应链整体绩效的降低。另外，一般的供应链系统都没有针对全局供应链的绩效评价指标，供应链中不同企业采用的绩效指标各不相同，这是普遍存在的问题。为了提高供应链管理的效率，各成员企业必须把降低库存成本，提高用户满意度作为供应链库存管理的重要绩效评价指标。

2. 对客户服务的理解和定义不准确

供应链管理的绩效好坏最终必须交由客户进行评价，但由于各个企业对客户服务的理解与定义各不相同，导致客户服务水平的差异。许多企业采用订单满足率来评价客户服务水平的高低，但订单满足率并不等于客户满意度，所以企业必须根据用户的不同要求确定相应的服务水平以获得更高的用户满意度。此外，传统的订单满足率也不能反映出订货的延迟水平。同样具有90%的订单满足率的供应链企业，在如何补给余下 10% 的订货要求方面的差别是很大的，而且其他的服务指标也常常因此而被忽略。

3. 交货状态数据不准确

当客户下订单时，他们总想知道供应商什么时候能交货，在等待交货的过程中，尤其是当交货被延迟后，他们可能要对订单交货的状态进行修改。当不得不推迟交货时，许多企业并不注重将推迟的订单交货的修改数据及时而准确地传递给客户，往往造成客户利益严重受损，引起客户的不满，最终导致用户满意度的降低。

4. 低效率的信息传递系统

供应链各成员企业的需求预测、库存状态、生产计划等都是供应链库存管理的重要数据，这些数据分布在各成员企业中，要做到有效、快速地响应用户需求，就必须准确而实时地传递这些信息，为此需要对供应链各成员企业的管理信息系统进行集成，使各种数据能够及时、准确地传递。然而，目前许多企业的信息系统相容性很差，无法很好地集成起来，当供应商需要了解用户的需求信息时，常常得到的是延迟的信息或不准确的信息，从而影响了库存的精确度，致使短期生产计划的实施也会遇到困难。因此，如何有效地传递信息是提高供应链库存管理绩效亟待解决的问题。

5. 库存控制策略简单化

企业进行库存控制的目的是保证企业生产运作的连续性和应付不确定的需求。这就要求企业在了解和跟踪影响企业生产经营的不确定性因素后，利用掌握的信息去制定相应的库存控制策略，这是一个动态过程，因为不确定性也在不断变化。通常，企业对所有的物品采用统一的库存控制策略，而且物品的分类反映不出供应与需求中的不确定性。同时传统的库存控制策略多是面向单个企业的，采用的信息基本上是来自企业内部的，其库存控制偏离了供应链管理的思想。因此，如何构建能够体现出供应链管理思想的有效的库存控制方法是供应链中企业成员所面临的又一难题。

6. 供应链成员之间缺乏信任和理解

供应链只有在各企业成员的协调合作运营中才能取得最佳的整体绩效。供应链中的各成员企业间应加强沟通，增强对彼此的信任和理解，以便供应链的协调运作。供应链协调的目的是使各种信息能够顺利地在供应链中传递，从而使整个供应链能够根据用户的要求步调一致，形成更为合理的供需关系，适应复杂多变的市场环境。如果企业间缺乏这种协调与合作，就会导致交货期的延迟和服务水平的下降，同时库存水平也会因此而增加。但在成员众多特别是全球化的供应链中，组织的协调涉及很多利益群体，相互之间的信息透明度不高，这就使企业不得不维持一个较高的安全库存。而各企业互不相同的目标和绩效评价尺度，就使得库存控制变得更加困难。要实现供应链的协调运作，就必须加强各成员企业之间的沟通，增强他们对彼此的信任以提高企业间的信息透明度，同时还必须在供应链内实行有效的激励机制，这样才能真正实现供应链的协调运作。

7. 产品设计过程缺乏成本意识

由于科学技术的不断进步和经济的不断发展，以及全球化信息网络和全球化市场形成和技术变革的加速，围绕新产品的市场竞争也日趋激烈。技术的进步和需求的多样化使得产品的生存周期不断缩短，企业面临着缩短交货期、提高产品质量、降低成本和改进服务的压力。所有这些都要求企业能对不断变化的市场作出快速反应，源源不断地开发出满足用户需求的、定制的"个性化产品"去占领市场。企业在努力实现这一目标的时候往往忽视了供应链中的库存的复杂性，最终导致由生产过程所节约出来的成本全部都被供应链上的分销与库存成本的增量给抵消了，显然，对于企业来说，研制这种新产品并不具有实际意义。所以增强产品设计时的成本意识至关重要，应提倡使用标准件以减少企业的库存。

8. 忽视不确定性因素对库存的影响

供应链中存在许多的不确定性因素，如市场变化而引起的需求波动，供应商的意外变故导致的缺货，以及企业内突发事件引起的生产中断等。这些不确定因素才是形成库存的主要原因。所以，研究和追踪不确定性因素的变化是供应链库存管理中的一个重要课题。

三、供应链库存管理策略—VMI

供应商管理库存（Vendor Managed Inventory，简称 VMI）策略打破了传统的各自为政的库存管理模式，体现了供应链的集成化管理思想，适应了市场变化的要求，是一种有代表性的库存管理新思想。

（一）VMI 的定义及主要思想

国外有学者认为："VMI 是一种在客户和供应商之间的合作性策略，以对双方来说都是最低的成本优化产品的可获性，在一个相互同意的目标框架下由供应商来管理库存，这样的目标框架被经常性监督和修正，已产生一种连续改进的环境。" VMI 管理的主要思想是供应商在客户的允许下设立库存，确定库存水平和补给策略，拥有库存的控制权。这种管理是在双方协调的基础上经常被修正和改进的。精心设计与开发 VMI 系统，不仅能够降低供应链的库存水平，降低成本，还能为客户提供更高水平的服务，改进资金流、加速资金和物资周转，使供需双方利益共享，真正实现双赢。

（二）VMI 的特点

1. 合作性

相互信任和信息透明是 VMI 成功实施的关键。实施 VMI 模式，需要供应链上各企业在相互信任的基础上密切合作。其中，信任是基础，合作是保证。

2. 互利性

VMI 追求双赢的实现，即 VMI 不是关于成本如何分配或谁来支付的问题而是要通过该策略的实施减少整个供应链上的库存成本，使双方受益。

3. 互动性

VMI 要求企业在合作时采取积极响应的态度，以实现快速反应，努力降低因信息不畅而引起的库存费用过高的状况[11]。

4. 目标一致性

VMI 的实施，要求企业在观念上达到目标一致，并明确各自的责任和义务。具体的合作事项都通过框架协议明确规定，以提高操作的可行性。

5. 连续改进性

供需双方应经常对目标框架进行修正，通过他们的共同努力，逐渐消除浪费。

（三）VMI 的战略作用

1. 对客户而言，采用 VMI 的好处有以下几个方面：

（1）库存成本更低。因为 VMI 能够使供应商根据下游企业的产品销售能力和市场需求状况主动为其安排货物流量，既不使其丧失销售机会，也不会过多占用其周转资金和仓储空间，更不会增大其库存积压的风险。

（2）企业运营成本更低。因为企业可以省去多余的订货部门，使人工任务自动化，可以从过程中去除不必要的控制步骤，使库存成本更低，服务水平更高。

2. 对供应商而言，采用 VMI 可以使其在以下几个方面受益：

（1）增加了需求预测的准确性，降低了库存水平。由于供应商远离市场，无法掌握准确的需求信息，为了应付不确定的需求、提高服务水平，供应商不得不设置较高的安全库存。这无疑给供应商带来了沉重的财务负担和较高的库存风险。VMI 能够使供应商了解市场需求的真实情况，有助于供应商进行准确的需求预测，降低库存水平，而且由于 VMI 使用的是持续补给策略，允许供应商进行小批量生产，可以进一步降低原材料和成品的库存水平。同时采用 VMI 还可以更好地解决退货问题，因为经常存在这种情况，一个客户的退货正好可以用来满足另外一个客户的需求。

（2）缩短了供货提前期。VMI 可以大大缩短供需双方的交易时间，使供应商更好地控制其生产经营活动，提高整个供应链的柔性。

（3）提高了服务水平。在 VMI 系统中，供应商可以及时掌握终端顾客的需求信息，能够更快地响应客户需求，提高服务水平。同时由于供应商了解下游企业的库存状况，所以能够在不损害对任何一个客户的服务水平的情况下，通过平衡所有客户的需求，保证最重要的订单最先满足。

（4）降低了运输成本。采用 VMI 库存管理模式能够使供应商更有效地安排配送路线，减少低负载配送的概率，降低供应商的运输成本。

（四）VMI 的实施

1. VMI 的实施的步骤

（1）建立顾客信息库。供应链中各成员企业要真正树立"用信息代替库存"的观念，充分利用信息技术使各种需求、库存信息在各节点之间高效、快速的传输。这样才能保证供应商随时跟踪和检查到客户的库存状态，快速、准确地做出补充库存的决策，对企业的生产（供应）状态做出相应的调整，从而敏捷地响应市场的需求变化。通过建立顾客信息库，供应商能够及时掌握顾客对产品的需求变化，把由分销商或批发商所进行的需求预测与分析功能集成到供应商的系统中来。

（2）建立销售网络管理系统。供应商要想将库存管理好，就必须建立起完善的销售网络管理系统，保证自己的产品需求信息和物流畅通。此外，供应商还必须解决产品分类、编码标准化等问题。

（3）制定供应商与客户的合作协议。供应商通过和客户协商，确定订单业务处理过程所需的信息及库存控制的有关参数，如补充订货点、最低库存水平、库存信息的传递方式 EDI 或 Internet 等，建立订单处理的标准模式，如 EDI 标准报文，最后把订货、交货和票据处理各个业务功能集成在供应商一边。

（4）变革组织机构。引入 VMI 策略后，供应商的订货部门将产生一个新的职能，即负责控制客户的库存，实现库存补给和高服务水平。

2. VMI 的实施要点

（1）正确选择合作伙伴，迈出至关重要的第一步。只有当供应商和客户对 VMI 都感兴趣，并且他们在生产和库存管理上所采用的方法基本一致时，双方才可能就建立 VMI 的控制策略和方式达成一致。同时，相互信任与信息透明对于这种策略的实施非常重要，供应商和客户必须要有较好的合作精神，才能真正地实现双赢。同时双方的高级管理层对此应给予足够的重视，落实有关负责人员，为以后各部门的紧密协作打下良好的基础。

（2）实现流程的标准化管理，严格质量把关。流程管理和质量体系是关系 VMI 成败的重要因素。供应商和客户可以利用 EPR 等先进的管理工具实现流程的标准化管理，制定出合理的需求计划、补货规则、配送计划等。质量把关由供应商负责，只有已经检验合格的产品才能够出厂。

（3）建立先进的供应链信息管理系统，真正实现信息共享。库存状态的透明性（对供应商）是成功实施 VMI 的关键。而要想将货物的每一次位移或加工转换都立刻准确地记录下来，并能让所有与整个业务流程有关的人员进行实时查询。企业必须具备能够实时处理海量信息的自动化信息系统。因此，企业需充分利用互联网技术、GPS（全球定位系统）、GIS（地理信息系统）、条形码等技术来建立基于 Internet 的供应链自动化管理系统。企业可选择 ABA-CUS-SCM 的软件系统，这种分布式的实时业务处理系统可以随时处理海量数据，并自动存储于 IDC 总部的数据库系统之中。

3. VMI 的业务流程

下面以"供应商—客户"系统为例说明 VMI 管理的具体业务流程（见图 1.3）：

（1）客户每日把当天结算的单品销售量和库存数据用 EDI 发送给供应商。

（2）供应商用自动补货软件自动产生订单，发给客户确认，客户可根据自己的促销计划等修改订货数量。

（3）供应商处理订单和发货。

（4）客户收货和付款。

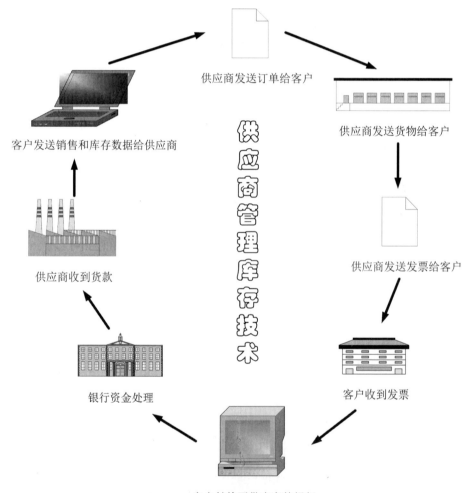

供应商发送订单给客户

客户发送销售和库存数据给供应商

供应商发送货物给客户

供应商收到货款

供应商管理库存技术

供应商发送发票给客户

银行资金处理

客户收到发票

客户付款至供应商的银行

图 1.3　"供应商—客户"系统的 VMI 管理业务流程

4. 实施 VMI 模式的注意事项

（1）VMI 模式的适用范围[11]。一般来说，在某些特定的情况下实施 VMI 管理模式的效果比较好。例如，供应商经济实力雄厚，有较强的库存存储水平和货物运输、配送能力，以及稳定、可靠的信息来源；企业的库存设施有限，自己难以有效地管理库存水平；供应商与企业的合作关系密切；等等。

（2）实施 VMI 模式时可能会遇到的问题。

①信任问题。这种策略以信任为合作的前提，不信任对方就一定会失败。所以，客户必须信任供应商，不能干预供应商对发货的监控，供应商也要加强管理，使客户相信他们不仅能管好自己的库存，也能管好客户的库存。只有相互信任，通过交流和合作才能解决存在的问题。

②技术问题。VMI 的支持技术主要包括 EDI、Internet、ID 代码、条码、条码应用标识符、连续补给程序等。只有采用先进的信息技术，才能保证数据传递的及时性和准确性，但这些技术往往价格昂贵。

③利益分配问题。VMI 实质上是一种寄售关系，供应商拥有库存直至货物被售出。在此过程中，供应商库存管理的压力增大，成本增加，所以供需双方必须通过协商建立一种公平的利益分配制度，使双方能够共享因系统整体库存水平下降所带来的效益。

④现金支付问题。过去，顾客通常在收到货物一至三个月以后才支付货款，现在可能不得不在货物被使用或售出后立即支付货款，付款期限缩短了，顾客必须适应这种变化[12]。

⑤多种库存策略联合使用的问题。企业在实施 VMI 模式的过程中，要注意和其他先进的库存控制方法配合使用，以最大限度地降低库存成本，提高企业的竞争力。如企业可采用联合库存管理（主要解决需求放大引起的高库存量的问题）、多级库存的优化和控制等方法。

5. VMI 在中国的应用前景

随着中国零售商和供应商的发展壮大、管理和市场的规范、供应链管理（SCM）和电子商务的深入人心，供应商管理库存（VMI）技术一定会得到更加广泛的应用，推动中国商业的迅速发展，为消费者带来更多的实惠。

四、流程工业中的冗余库存

（一）流程工业

流程工业主要包括冶金、炼油、化工、制药、建材、轻工等行业，其特点是对生产原料进行连续或成批加工，常伴有化学、物理等物性变化，工艺路线相对固定，生产周期短，生产批量大的问题[13]。在全球 500 强企业中，我国有 20 余家流程工业企业上榜（见财富杂志 2022 年数据），流程工业产值占全国工业总产值的 66%，流程工业的发展状况直接影响国家的经济基础。我国的流程工业，如钢铁、炼油、有色冶金、化工和电力等的生产规模已经取得了跨越式发展，如钢产量连续 11 年排名世界第一，氧化铝、镁、稀土等产量也居世界第一[14]。但同时也普遍存在生产和库存成本高、资源消耗量大等问题。造成这些问题的主要原因是我国流程工业企业的各管理部门和生产工序通常各自为政、孤立运转。因此有必要针对典型流程工业企业的协调生产运作问题，即各工序的生产库存协调控制问题进行研究。钢铁工业和炼油工业是流程工业的典型代表，本书后续将主要探讨这两类典型流程工业企业中的生产库存优化问题。

（二）流程工业冗余库存产生的原因

库存成本是流程工业企业具有重要意义的核心成本之一。在我国，流程工业企业生产的直接成本通常只有总成本的 10%，而物流成本占产品总成本的 40%，其中库存成本占物流成本的 80%—90%。也就是说，库存成本占产品总成本的 32%—36%，远远超过了生产的直接成本。库存量偏高是我国大多数流程工业企业目前面临的重要难题，偏高的库存量不仅会占用大量资源，提高产品成本，还可能妨碍生产的正常运行。但库存并非都是有害的，有时它的存在是企业生产运营所必需的。因此，探寻冗余库存产生的原因并有针对性地制定出能够消除冗余库存的有效生产库存策略，是进一步降低企业生产成本、提高企业利润的重要途径。为此，本章首先对冗余库存产生的原因进行剖析。

1. 生产管理思想不科学

因受传统生产管理思想的影响，目前大部分流程工业企业内部各部门之间仍然相对独立，信息沟通体制仍不完善，壁垒重重，致使企业内部信息流动受阻，甚至扭曲、变形。生产部门、供应部门、销售部门各自掌握的信息都不全面，生产部门不了解原料的供给状况，供应部门不清楚车间的生产状况，销售部门不了解供应和生产的情况，各部门凭经验制定各自的决策。销售部门为了保证不缺货、应付临时可能出现的订货量增加，通常会向生产部门提交高于实际订购数量的销售计划。生产部门依据销售部门提交的计划制定本部门的生产计划，为了防止装置故障等意外情况影响正常生产，生产部门往往会多准备一些原料库存，并在生产过程中多储备一些中间产品的库存，而供应部门又会在生产部门提报的原料计划的基础上进行适当的加量，以求有备无患，这样一来真实的生产需求就被逐级放大，最终导致企业的库存总量急剧膨胀。为了彻底改变这一现状，避免这类库存的产生，必须加强企业内部各部门之间的沟通，采用科学合理的生产管理方式提高各部门决策的协调一致性。

2. 产品需求预测不准确

由于很多流程工业企业与供应商及终端客户之间尚未建立供应链战略合作伙伴关系，彼此相互独立，利益分割对立，彼此之间只是临时的合作关系，缺乏整体上的战略思考，亦不存在资源和信息的共享，因此企业无法了解和掌握终端客户的真实需求信息，因而很难做出准确的需求预测。为了应付各种不确定因素，企业不得不向供应商订购较多的原料以保有大量的产成品库存，进而导致原料和中间产品的库存量亦偏高。显然，采用 VMI 的方式与供应商之间建立稳定的供应链战略合作伙伴关系是提高流程工业企业产品需求预测准确率、降低相关库存量的有效方法。

3. 工序计划不协调

目前在我国流程工业企业的生产过程中，仍存在各工序只依据自身情况组织和调节生产的现象，由于相邻工序的生产计划不协调，造成了大量的生产结构性和进度性库存。为了从根本上解决这一问题，必须从生产合同计划入手协调所有工序的生产运作。

4. 生产计划不合理

在流程工业企业的实际生产过程中，有些工序在生产不同类型的产品时需要很长的停机切换时间，例如冷轧轧机在生产普板和汽车板之间进行切换时需要停机大约 8 小时，热镀锌机组在更换锌锅时需要停机 6 小时。这类工序通常采取集批生产，如果集批量不合理就会造成大量库存。部分钢铁企业在制定生产计划时本着尽量少停机的原则，所以会在质量允许的范围内尽量加大生产批量，时常导致合同的提前生产，造成了中间产品的大量积压。显然，有效的生产库存计划是降低这类库存的重要手段。

5. 生产方式不合理

目前在我国的部分流程工业企业中，仍然存在着面向库存的生产方式。为了最大化产能，部分企业仍然允许生产无委托产品，这些产品一般要储存至收到与之匹配的订单时才能进一步加工。例如，转炉或电炉在生产过程中一般都设有固定的装入量[15]，所以炼钢工序的生产量通常都是转炉或电炉装入量的整数倍，当实际需求低于生产量时，多余的无委托钢水将以钢坯的形式存储于中间库中，从而形成了大量库存。为了降低这类库存，必须尽量采用面向订单的生产方式。

五、生产库存计划

（一）问题描述与分类

生产库存计划问题本质上属于生产批量问题（MLLS），是运作管理中的一类经典研究问题，一直受到学术界和工业界的高度关注。本书研究的生产库存问题为终端产品具有确定需求计划的确定型生产库存计划问题，以实现总成本（包括生产、库存和启动成本等）最小化为目标，需要在满足一组约束（库存平衡约束、需求和能力限制等）的条件下，确定各种产品在各生产阶段的生产批量和库存量。生产批量问题的复杂性与很多因素有关，如产品的品种数、生产阶段数、能力约束、需求类型、启动成本及时间段的长度等。按照问题中所包含产品的品种数，可以将该问题划分为：

1. 单品种生产批量问题

该问题的一般数学描述为：

$$\text{Minimize} \sum_{t \in T} (h_t \cdot I_t + S_t \cdot y_t) \tag{1.1}$$

约束：

$$I_{t-1} + x_t - I_t = d_t, \quad \forall t \in T \tag{1.2}$$

$$x_t \leqslant cap_t, \quad \forall t \in T \tag{1.3}$$

$$I_t \leqslant V_t, \quad \forall t \in T \tag{1.4}$$

$$x_t \leqslant M \cdot y_t, \quad \forall t \in T \tag{1.5}$$

$$x_t, \ I_t \geqslant 0, \quad \forall t \in T \tag{1.6}$$

$$y_t \in \{0, \ 1\}, \quad \forall t \in T \tag{1.7}$$

参数：

- T：表示决策区间；
- h_t：表示时间 t 内的单位库存费用；
- S_t：表示时间 t 内的启动费用；
- cap_t：表示时间 t 内的可利用生产能力；
- V_t：表示时间 t 内的最大存储能力；
- M：是一个任意大的整数。

决策变量：

- x_t：表示时间 t 内的生产批量；
- I_t：表示 t 时间段末的库存量；
- y_t：是二进制变量，如果在时间 t 内生产，$y_t = 1$；否则，$y_t = 0$。

目标函数（1.1）表示最小化库存成本和启动成本。约束（1.2）为库存平衡约束。约束（1.3）和（1.4）分别表示生产和库存能力限制。约束（1.5）是变量一致性约束，用于确保生产时产生相应的启动费用。约束（1.6）和（1.7）定义了变量的取值范围。目前对于单品种生产批量问题的研究，主要集中于以下两个方面：

（1）无能力约束单品种生产批量问题（USILSP）[16-25]：即不考虑任何能力限制的单品种批量问题，如果在上述问题中忽略约束（1.3）和（1.4）即得到一个 USILSP 问题。

（2）能力受限的单品种生产批量问题（CSILSP）[26-33]：即至少考虑一种能力约束如（1.3）或（1.4）的单品种批量问题。Florian 等[34]指出当启动成本较大且仅有一台设备能力受限时，很多的单品种批量问题都是 NP 难的。Bitran 和 Yanasse[35]继续证明了当引入另一种具有独立启动成本的产品后，一些原本在多项式时间内可解的单品种批量问题会变成 NP 难问题。后来，Chen 和 Thizy[36]又证明了多品种能力受限的批量问题为强 NP 难问题。

2. 多品种生产批量问题

关于这一问题的研究成果可以按照系统中的生产阶段数分为以下两类：

（1）单级生产批量问题[37-58]，该问题的模型通常可以表示如下：

$$\text{Minimize} \sum_{i \in N} \sum_{t \in T} (h_{it} \cdot I_{it} + S_{it} \cdot y_{it}) \tag{1.8}$$

约束：

$$I_{i,t-1} + x_{it} - I_{it} = d_{it}, \quad \forall i \in N, \ t \in T \tag{1.9}$$

$$\sum_{i \in N} x_{it} \leq cap_t, \quad \forall t \in T \tag{1.10}$$

$$\sum_{i \in N} I_{it} \leq V_t, \quad \forall t \in T \tag{1.11}$$

$$x_{it} \leq M \cdot y_{it}, \quad \forall i \in N, \ t \in T \tag{1.12}$$

$$x_{it}, \ I_{it} \geq 0, \quad \forall i \in N, \ t \in T \tag{1.13}$$

$$y_{it} \in \{0, \ 1\}, \quad \forall i \in N, \ t \in T \tag{1.14}$$

参数：

• T：表示决策区间；

- N：表示产品集合；
- h_{it}：表示产品 i 在时间 t 内的单位库存费用；
- S_{it}：表示在时间 t 内生产产品 i 的启动费用；
- cap_t：表示在时间 t 内的可利用生产能力；
- V_t：表示时间 t 内的最大存储能力；
- M：是一个任意大的整数。

决策变量：

- x_{it}：表示产品 i 在时间 t 内的生产批量；
- I_{it}：表示产品 i 在 t 时间段末的库存量；
- y_{it}：是二进制变量，如果在时间 t 内生产产品 i，$y_{it}=1$；否则，$y_{it}=0$。

模型目标函数和约束的意义同单品种批量问题的类似，这里不再赘述。

（2）多级生产批量问题。这类问题比较复杂，按照系统的产品结构可以将它细化为：

①串行/装配型产品结构问题[59-68]。串行产品结构问题特点：产品在各生产阶段至多有一个前序和一个后序，参见图 1.4。

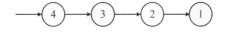

图 1.4 串行产品结构示例

装配型产品结构问题特点：产品在各生产阶段至多有一个后序，如图 1.5 所示。

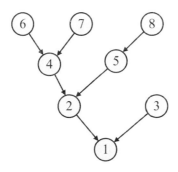

图 1.5 装配型产品结构示例

串行/装配型产品结构问题的一般数学描述为：

$$\text{Minimize} \sum_{i \in N} \sum_{t \in T} (h_{it} \cdot I_{it} + S_{it} \cdot y_{it}) \tag{1.15}$$

约束：

$$I_{i,t-1} + x_{it} - I_{it} = d_{it} + r_{Ai} \cdot x_{Ai,t}, \quad \forall i \in N, \ t \in T \tag{1.16}$$

$$\sum_{i \in P_k} x_{it} \leqslant cap_{kt}, \quad \forall k \in F, \ t \in T \tag{1.17}$$

$$\sum_{i \in N} I_{it} \leqslant V_t, \quad \forall t \in T \tag{1.18}$$

$$x_{it} \leqslant M \cdot y_{it}, \quad \forall i \in N, \ t \in T \tag{1.19}$$

$$x_{it}, \ I_{it} \geqslant 0, \quad \forall i \in N, \ t \in T \tag{1.20}$$

$$y_{it} \in \{0, \ 1\}, \quad \forall i \in N, \ t \in T \tag{1.21}$$

参数：

- F：表示工序集合；
- A_i：表示产品 i 的紧接后序产品；
- P_k：表示工序 k 的产品集合；
- cap_{kt}：表示工序 k 在时间 t 内的可利用生产能力。

其余参数定义及模型目标函数和约束的意义与单品种生产批量问题中的相同。

约束（1.16）与约束（1.9）的区别在于：约束（1.9）确保了外部需求的按时满足，而约束（1.16）不仅要求终端产品的生产满足外部需求，同时还要求中间产品的生产满足依赖性需求。

②一般产品结构问题[69-78]。一般产品结构问题的特点：产品在各生产阶段无前序和后序数量限制，如图 1.6 所示。

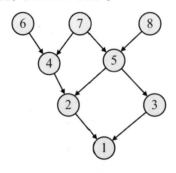

图 1.6　一般产品结构示例

一般产品结构问题的数学描述通常为：

$$\text{Minimize} \sum_{i \in N} \sum_{t \in T} (h_{it} \cdot I_{it} + S_{it} \cdot y_{it}) \tag{1.22}$$

约束：

$$I_{i,t-1} + x_{it} - I_{it} = d_{it} + \sum_{j \in A_i} r_j \cdot x_{jt}, \quad \forall i \in N, \ t \in T \tag{1.23}$$

$$\sum_{i \in P_k} x_{it} \leq cap_{kt}, \quad \forall k \in F, \ t \in T \tag{1.24}$$

$$\sum_{i \in N} I_{it} \leq V_t, \quad \forall t \in T \tag{1.25}$$

$$x_{it} \leq M \cdot y_{it}, \quad \forall i \in N, \ t \in T \tag{1.26}$$

$$x_{it}, \ I_{it} \geq 0, \quad \forall i \in N, \ t \in T \tag{1.27}$$

$$y_{it} \in \{0, \ 1\}, \quad \forall i \in N, \ t \in T \tag{1.28}$$

参数：

• A_i：表示产品 i 的紧接后序产品集合。

其余参数的定义及模型目标函数和约束的意义同前。

约束（1.23）与约束（1.16）的区别在于，约束（1.16）限定了产品至多有一个紧接后序，而约束（1.23）允许产品具有多个紧接后序。

这种产品结构是三类基本产品结构中最为复杂的一种，基于这一问题的研究成果，本书的第六章将对一个产品结构极为复杂的多级生产批量问题进行研究。由于本书有多章内容涉及多级生产批量问题，该问题属于本书研究的重中之重，因此下面首先对这一问题的研究现状进行归纳与总结分析。

（二）多级生产批量问题研究现状

关于生产批量问题的研究大多集中于多级生产批量问题，涉及多阶段生产系统。在多阶段生产系统中，每种产品的生产计划都会影响到其上游产品的需求，这种依赖关系使得批量的确定变得非常复杂。很多研究人员专门针对这类问题进行了研究，大量研究成果随之产生。

国外对于多级生产批量问题的研究起步较早，发展较快，很多早期研究成果为后续对这一问题的深入研究奠定了坚实的理论基础。如：Blackburn 和 Millen[79]早在 1982 年就提出了多阶段生产批量模型，指出通常所使用的逐阶段求解方法存在误差，同时提出了几种简单的成本修改方法，能够改进原有算法的全局最优性。Billington 等[80]对能力受限的多阶段生产调度问题的研究成果进行了综述，并对现存问题进行了分析，同时引入了用以减小问题规模的产品结构压缩法。Afentakis 等[81]借助"阶段库存"的概念对多阶段装配系统中的批量问题进行了重新描述，简化了拉格朗日松弛的分解过程，提出了有效求解该问题的最优化算法——分支定界算法。Zahorik 等[82]以线性规划的形式描述了一个多品种串联生产系统中的生产调度问题，在这一问题中要求成本为线性函数，且在关键工序上要求满足相应的生产和库存约束。为求解该问题，作者设计了一种基于网络算法的滚动启发式算法。Afentakis 和 Gavish[83]提出了能够最优求解复杂产品结构批量问题的算法。通过添加额外约束，将对一般产品结构问题的经典描述转化为对等价装配结构问题的描述，然后可采用基于分支定界的算法对这一转化问题进行求解。实验结果显示在以"阶段库存"的形式描述批量问题的同时使用拉格朗日松弛算法进行求解能够收到非常好的效果。Billington 等[84]使用在分支定界程序中嵌入拉格朗日松弛的算法求解了三类问题：无能力约束的多阶段批量问题，能力受限的单阶段多品种批量问题，以及仅存在一道瓶颈工序的多阶段批量问题。目标是在满足能力约束的前提下实现生产调度成本的最小化。实验结果证明该算法能够有效求解前两类问题，效果好于一些专门求解这些问题的启发式算法。但是对于第三类问题的测试结果显示寻找该问题的可行解很难，根本无法使用精确算法进行求解。Kuik 和 Salomon[85]对用于求解多阶段批量问题的各种模拟退火算法进行了评估。实验结果显示：对于小规模问题，这些启发式算法能够在合理的计算时间内获得相当好的解。但是对于大规模问题却需要花费大量的计算时间才能获得高质量的解。因此作者提出了基于随机搜索的启发式算法，这种算法是少数能够求解具有时变生产成本的 MLLS 问题的方法之一。Maes 等[86]开发了一些基于线性规划的启发式算法用于解决具有串行产品结构的生产批量问题。同时指出为能力受限且考虑启动时间的生产批量问题寻找可行解的过程属于 NP 完全问题。Kuik 等[87]研究了有瓶颈装配生产系统中的批量问题的启发式求解算法。对比分析了基于线性规划（LP）的启发式算法、模拟退火（SA）和禁忌搜索（TS）算法的性能。结果显示，SA和 TS 算法在解的质量和计算时间两方面都好于基于 LP 的启发式算法。Billington 等[88]对串联系统中带有能力约束的多品种多阶段批量问题进行了研究，采用了对能力受限的多品种单阶段批量问题有效的启发式算法进行了求解。Clark 和 Armentano[89]针对能力受限的多阶段批量问题进行了研究，问题中考虑了一般的产品结构、启动时间和提前期。建立了描述该问题的混合整数线性规划模型，并开发了用于迭代产生有效不等式的快速分解算法，有效提高了下界。结果显示在分支定界算法中使用这种改进后的下界极大改善了算法的性能。Stadtler[90]为动态多品种多阶段生产批量问题建立了五个不同的模型，这些模型具有不同的问题规模，由线性松弛所得到的界也各不相同。Özdamar 和 Birbil[91]通过结合使用具有强大搜索功能的遗传算法、模拟退火和禁忌搜索开发了能够有效求解能力受限的批量装载问题的混合求解策略。Ravemark 和 Rippin[92]针对混合使用批量生产单元和半连续生产设备的多产品生产企业的最优生产设计问题提出了相应的混合整数非线性凸规划模型。Enns[93]针对进行批量加工和装配的 MRP 环境下的固定生产批量设置问题进行了研究，文中指出采用最优的生产批量有利于企业降低在制品库存和提高订单完成率。Sarker 和 Khan[94]的主要贡献在于构造了适用于能力受限的两阶段批量生产环境的通用成本模型，同时给出了能够联合确定生产批量和原料订货批量的方法。Simpson[95]在滚动计划条件下对九种多阶段生产计划启发式方法进行了评估，用于揭示在确定需求环境下滚动计划结果与固定计划结果之间的关系。Dellaert 等[96]针对允许成本随时间变化的多阶段批量问题进行了研究，提出了求解这一问题的二进制编码遗传算法，能够在算法复杂性和最优性之间做出最适当的折衷。Özdamar 和 Barbarosoglu[97]为求解多级多品种能力受限且具有一般产品结构的批量问题（MLCLSP）设计了一种启发式算法，将模拟退火的思想融入经典的拉格朗日松弛方法中，充分利用了拉格朗日松弛分解困难问题的优势和模拟退火强大的搜索能力。

  随着供应链和生产过程的复杂化，关于多级生产批量问题的研究受到世界各国学术界和工业界越来越多的关注，成果丰硕，其理论研究体系得到了进一步的完善和发展。在这些研究中，Sarker 等[98]提出了适用于单产品多原料联合批量问题的非线性整数规划模型。Bicheno 等[99]为企业内部和企业间调度制度的改进提出了相应的建议，并开发了用于确定最优批量的新调度算法。Belvaux 和 Wolsey[100]对安全库存和多阶段问题的基本预处理技术进行了综述，讨论了各种特殊的 small-bucket 和 big-bucket 模型（如模型中考虑了启动、切换、最小生产批量、各时间段内启动次数的选择等）的优化建模问题。Armentano 等[101]针对多阶段能力受限的串行系统中的生产批量问题进行了研究，利用阶段库存的概念建立了考虑诸如提前期、启动时间等因素的数学模型。由于模型中考虑了启动时间，所以该问题为 NP 完全的。同时提出了一个用于实现库存、生产和启动成本最小化的启发式算法。该算法以相应无能力约束问题的解作为初始解，通过前后移动生产量来获得可行解。Xie 和 Dong[102]设计了用于求解能力受限的一般批量问题的遗传算法。该算法采用了一种特殊的编码方法并以探索性的改变作为解码规则，主要贡献在于该算法能仅需要以二进制变量表示启动模式，其他决策变量的值可利用问题特征推导而出。Khan 和 Sarker[103]提出了一个完美匹配库存模型，并设计了用于确定最优生产批量和原料采购批量的有效算法。Dellaert 和 Jeunet[104]研究了物料需求计划系统中的多阶段批量问题，提出了随机化的 Wagner-Whitin 算法和 Silver-Meal 技术，能够轻松地解决产品结构中包括大量通用零部件的问题。同时还给出了更复杂的 MLLS 启发式算法（例如 Graves 多通道方法）的随机变形。最后得出了以下结论：在大多数情况下随机化的 Graves 算法比现存的启发式算法效果好，同时证明了随机化的 Wagner-Whitin 算法是最好的单路径算法，仅需要很少的计算量。Stadtler[105]提出了一种新的按时间分解的启发式方法用于求解动态多品种多阶段且具有一般产品结构的批量问题，该问题中考虑了启动时间和多种能力受限的资源。Suerie 和 Stadtler[106]对于 CLSPL 问题（capacitated lot-sizing problem with linked lot sizes）给出了新的模

型描述，便于产生更紧的下界和更好的初始解，使用标准 MIP 求解器中的
branch-and-cut 方法能够得到该问题的最好解。Kaminsky 和 Simchi-Levi[107]建
立了一个用于制定生产批量决策和运输决策的两阶段模型，并给出了有效的
求解方法。Berretta 和 Rodrigues[108]在考虑启动成本和启动时间的情况下，提
出了求解带有能力约束的多阶段批量问题的超启发式算法。Kreipl 和 Pine-
do[109]以啤酒厂为研究背景，分别从战术层面和作业层面，针对短期和中期
的供应链计划与调度问题进行了分析。Boctor 和 Poulin[110]提出了一种新的组
合启发式方法用于求解 N 种产品 M 个阶段的批量调度问题，该问题中考虑了
动态需求和有限的生产能力。Hoesel 等[111]在考虑生产能力和凸成本函数的
情况下针对一个串行供应链的生产、库存和运输决策问题进行了研究，建立
相应的数学模型，并指出在两种重要的特殊情况下该问题是多项式时间可解
的，且相应算法的运行时间对于供应链中的阶段数非常不敏感。Ornek 和
Cengiz[112]提出了一个易于实施的三阶段方法能够在满足能力限制的情况下获
得可行的物料生产计划（MRP）。这个方法适用于大部分工业所处的柔性制
造环境，因而具有良好的应用前景。Pitakaso 等[113]提出了一种用于求解多阶
段能力受限的批量问题的蚁群算法。Akrami 等[114]针对有限计划区间内柔性
生产线中的经济批量调度问题进行了研究，该生产线中的各生产阶段串行联
接，相邻阶段间设置了有限缓冲库。文中建立了用于描述该问题的新的混合
整数非线性规划模型，同时提出了用于求解该问题的两个有效的超启发式算
法。Rong 等[115]在生产能力受限、需求确定、计划时间有限的情况下对多阶
段多机器生产系统中的生产批量问题进行了研究，该问题允许以加班的方式
扩大生产能力。通过组合使用重调度机制和加班生产，开发了一种综合启发
式算法能够获得上述问题的最优解。Wang 和 Guignard[116]设计了通过忽略某
些问题参数的取值而简化问题的新方法，该方法能够为求解某些复杂组合优
化问题提供新的思路。McKenzie 和 Jayanthi[117]通过对于不同需求模式下批量
决策问题的调研，分析了 JIT 实施过程中对于运作管理与经济管理的权衡问
题。Sarker 等[118]分别针对采用不同返修策略的多阶段生产系统设计了用于确

定其最优生产批量的数学模型。Ouhimmou 等[119]针对家具行业的供应链计划问题进行了研究，建立了用于确定原料采购量、库存容量、外包和需求分配决策的数学规划模型，并设计了有效的启发式求解算法。Aydinel 等[120]以林产品制造业为研究对象，针对客户订单的生产分配问题，建立了以最小化生产和运输成本为目标的数学规划模型。Cárdenas-Barrón[121]纠正了文献[118]在数学表达和算例中存在的错误，此外文中还给出了文献[118]未曾提及的最优库存成本的解析式及最优解的存在条件，同时还给出了用于计算采用非最优策略所需额外付出的成本的数学表达式。Almeder[122]提出了一种结合使用超启发式算法和最优化软件的混合优化方法，并将其应用于求解多级能力受限的批量问题。Tian 等[123]提出了一种迭代算法，可实现战略安全库存设置问题和多级生产计划问题的联合优化。Chang 和 Lu[124]针对一个库存能力受限的串行生产系统的库存管理问题进行了研究。Konak 等[125]针对带有随机产量的单时间段多级生产过程进行了分析，采用动态规划方法提出了以最大化期望利润为目标的最优生产批量模型。Axsäter[126]研究了当需求预测的准确性随时间提高情况下最初批量的选择问题。Yang 和 Shen[127]应用离散事件仿真技术为薄膜晶体管液晶显示器生产系统建立了模拟器，并以基于神经网络的策略为核心构建了能够为当前生产环境确定适当转移批量的决策机制。Bous-lah 等[128]针对具有运输延迟的单产品易故障制造系统中的最优生产控制问题和最优生产批量问题进行了专项研究。Karimi-Nasab 等[129]针对批量计划和调度的联合优化问题进行了研究，问题的主要特点是考虑了加工速度可变的柔性机组，文中提出了用于求解该问题的有效文化基因算法。Castillo 和 Gaz-muri[130]提出了用于解决集批生产调度问题的三种遗传算法。Wongthat-sanekorn 和 Phruksaphanrat[131]针对工业批量制造和包装过程中的集批生产问题，提出了基于遗传算法的有效求解策略。Fumero 等[132]针对多时间段的生产计划和调度的集成决策问题，提出了用于解决该问题的混合整数线性规划模型。Alayet 等[133]以由采伐场、锯木厂、造纸厂等独立的公司构成的多节点供应链网络为研究背景，在考虑纤维新鲜度约束的情况下，建立了以最大化总利润为目标的数学模型，以确定各节点的产量、库存量和运输量，并通过数据实验验证了模型的有效性。Li 等[134]在顾客订单具有预先给定的运送时间窗的情况下，针对两类生产—库存—运输集成优化问题进行了研究，分析了问题的计算复杂性，并提出了基于列生成算法和禁忌搜索启发式算法的混合求解方法。Tan 等[135]以利用分时定价最小化生产所需电力成本为目标，建立了可同时确定批量大小和批调度方案的混合整数线性规划模型。Kirschstein 和 Meisel[136]针对某流程工业企业的多种原料在多个时间段内的采购问题进行了研究，考虑了多供应商和多折扣方案的情况，能够在选择供应商和存储设施的同时确定相应的采购数量和运输方案。Toscano 等[137]针对水果饮料生产中的两阶段批量计划与调度问题进行了研究，建立了相应的混合整数规划模型，设计了两种用于求解该问题的启发式算法。Melega 等[138]针对批量问题、调度问题以及切割问题的集成优化进行了研究，问题中所考虑的启动时间和启动成本均与工件的加工顺序直接相关。文中给出了用于求解该问题的分支定价方法。Cunha 和 Melo[139]以由生产商—补货仓库—零售商构成的三级分销网络为研究背景，针对其中无能力限制的生产批量问题和补货问题进行了联合优化研究。Gansterer 等[140]针对云制造环境下多制造商的联合加工问题进行了研究，以最小化组件的转运成本、启动成本和库存成本为目标，在资源受限的情况下，建立了用于描述该问题的多级生产批量模型。Pierini 和 Poldi[141]以纸的制造过程为研究背景，针对涉及多个工厂的批量和下料计划的集成优化问题进行了研究，提出了用于描述该问题的整数线性规划模型，并给出了相应的求解方法。

上述关于生产库存问题的研究成果为研究流程工业中的相关问题提供了良好借鉴，但是，由于流程工业的生产过程通常具有工艺复杂、工序多、工序衔接紧凑等特点（如表 1.1 所示），导致很多现成的研究成果包括模型和算法很难直接应用于解决流程工业中的相关问题，因而需要针对流程工业中的生产库存问题进行专项研究。

表 1.1　流程工业与离散制造业生产批量问题特征分析

对比项目	流程工业生产批量问题	离散制造业生产批量问题
生产方式	流程型	离散型
产品结构	比一般产品结构更加复杂，带有分解、混合和循环特征	以串行/装配型产品结构为主
停机损失	非常高	比较低
切换费用	非常高	比较低
工艺要求	工艺复杂，工序多，工序衔接紧凑，生产工艺路线不唯一	以简单的加工装配为主，生产工艺路线固定
主要成本结构	除了启动成本和库存成本外，还需要考虑生产成本以进行生产工艺路线的选择	启动成本和库存成本

第一篇

钢铁企业生产库存优化与控制

近年来随着工业化和城镇化进程的加快、居民消费结构的升级，钢材需求量持续增加，我国的钢铁工业取得了飞速的发展。但是尽管如此，我国的钢铁企业在技术水平和企业竞争力等方面与国际一流的钢铁企业相比仍然存在着一定的差距。随着全球经济一体化进程的加快，市场竞争日益激烈，我国的钢铁企业面临着不断缩短交货期，降低产品成本，增加高附加值产品产量和提升客户服务水平的巨大压力。

钢铁生产是一个多阶段过程，具有资源消耗量大、对生产稳定性要求极高的特点。在生产钢铁产品的过程中需要消耗大量的原料，同时会产生大量的中间产品。如何科学合理地确定各生产阶段的资源库存量，对于保证生产稳定运行、降低资源存储费用、提高设备产能具有重要的意义。由于钢铁生产的原料端和成品端的资源库存问题最为突出，而且这两端是直接与企业外部供应商和客户相连接的重要环节，所以钢铁企业原料端和成品端的生产库存优化问题格外重要。

第二章 钢铁工业

一、 我国钢铁工业的现状及存在的问题

（一）我国钢铁工业的现状

钢铁工业不仅是国民经济的基础产业，也是支撑国民经济发展和国防建设的重要产业，为我国经济的发展和实现工业化做出了重大贡献，其生产的钢铁产品为工业生产提供了大量的原材料，保障了工业生产的有序进行。

自从 1978 年我国实行改革开放政策以来，仅仅 20 年，我国的钢铁产量就由 3178 万吨增加至 1.15 亿吨，增长了 3.6 倍，而且在品种和质量上都有新的突破，技术经济指标也有了很大的提高和发展，如宝钢和首钢的许多指标都达到了世界先进水平。早在 1996 年我国钢铁产量的世界排名就已升至第 1 位，2021 年中国粗钢产量更是高达 10 亿吨以上，占据全球供给市场的半壁江山。虽然从 20 世纪末开始，我国的钢铁产量已经连续十多年稳居世界第一，我国是世界钢铁生产第一大国毋庸置疑，但受限于生产能力和技术水平，我国的钢铁产品在品种、质量和市场竞争力上，与日本、美国、韩国等钢铁强国相比仍存在一定的差距，我国暂时还不能算是真正意义上的钢铁工业强国。为了缩小这种差距，我国的钢铁企业必须努力改进生产技术、降低生产成本、提升产品质量，提高生产管理水平、改善产品结构，增强自身生产高性能、高技术含量、高附加值产品的能力。同时要实施"走出去"战略，在铁矿石、焦煤等原料方面要抓住机遇，通过收购、投资等多种形式，建立世界范围的资源保障体系，有效抵御原料价格大幅波动对企业经营产生的风险，

并积极开拓国际市场，打造国际市场营销网络，提高整个钢铁产业链的竞争力。

（二）我国钢铁工业中存在的问题及其产生的原因

影响我国钢铁企业竞争力的主要因素有生产成本、产品质量、销售服务等，其中最关键的因素是生产成本。下面分别从这三方面入手分析我国钢铁工业中所存在的问题及其产生的原因：

1. 生产成本不具备优势。生产成本又可分为原材料成本、人工成本和财务成本。虽然我国在钢铁资源储存量上具有很大的优势，但原材料成本却高于资源贫瘠的日本。这是因为我国自产的铁矿石大多为贫矿，必须经过精选后才能入炉，因而增加了入炉前成本。与其他国家相比，我国的人工成本较低，具有一定的优势，但人均实物劳动生产率非常低。所以我国的钢铁企业须加快实施主辅分离、减员增效的改革步伐，提高我国的劳动生产率，以求进一步降低生产成本。我国的财务成本也比较低。这主要是因为我国钢铁企业的生产设备更新缓慢、折旧率较低。因此，今后我国钢铁工业必须加大落后生产工艺和设备的淘汰力度，加强在新技术、新工艺等方面的投资，逐步实现生产的大型化、连续化和自动化。

2. 产品质量缺乏竞争力。国内只有少数企业的产品在质量上可以和国外大公司相抗衡，而多数企业的产品档次比较低，特别是在高附加值产品方面，国内产品的差距更大。

3. 销售服务国内化。我国钢铁企业大多比较重视国内市场，不太重视国际市场的开拓，大多未建立完整的国际市场营销网络，市场销售服务方面的差距也很大。

二、 我国钢铁供应链的发展历程及其未来的发展方向

当今世界的竞争，已从企业层面转为供应链与供应链之间的竞争。供应链管理是新时代经济发展的焦点，也是先进企业、地区乃至国家的重要竞争

工具。为了进一步降低企业运作成本、增强企业产品的竞争力，加强供应链管理势在必行。而供应链管理在我国尚处于起步阶段，目前我国的钢铁企业仍未完全施行供应链管理。

下面以图2.1所示典型结构的钢铁企业为例，简要介绍我国钢铁供应链的发展历程及其未来的发展方向。图2.1给出了某大型钢铁企业的组织结构图。该企业下设炼铁厂、炼钢厂、初轧厂、热连轧厂、冷轧厂及销售处、财务处七个单位，每个单位（除销售处和财务处外）又分别设有若干个部门，其中有三个分厂具有自己的销售部门，这些销售部门与销售处的区别在于：销售处负责销售企业生产的全部钢铁产品，而各分厂的销售部门只起记录和汇报作用。当然，企业还有一些附属产业，如医院、学校、修建公司、矿建公司、食堂、浴池等，这些未在图2.1中表示出来。

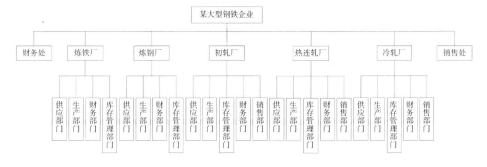

图2.1 某大型钢铁企业的组织结构图

我国的钢铁供应链大致需要经历以下五个发展阶段，前三阶段是钢铁企业的内部整合时期，属于钢铁供应链初始阶段，从第四个阶段开始将步入钢铁供应链的发展阶段。

第一阶段：改革开放前，钢铁企业及其下属单位内部管理混乱。1978年以前，我国实行的是计划经济体制，企业必须按时完成国家规定的生产任务，计划内钢材由国家统一销售，超产部分可由企业自己处理。同时我国的钢铁市场长期以来一直都是卖方市场，所以企业对各分厂的考核一直以产量为主要依据，产得越多奖得越多。这时，在各分厂内部都存在着车间、工段乃至班组领取消耗用品毫无节制的现象，导致消耗品浪费严重。而且各单位内部人员众多，大大超出了其实际需要的人数。

虽然企业已采取了岗位定员的制度，但由于实施计划经济，所以力度不大，效果也就不明显。而且单位内部各部门的绩效评价体系不存在任何联系，导致部门之间缺乏足够的沟通，各施其政，最终造成企业内部管理的混乱。例如：企业对分厂供应部门的考核主要看它能否满足企业生产的需求，所以供应部门为避免承担供应不足的责任，便会将原材料的安全库存定得很高，造成了原料的大量积压，严重增加了库存管理部门的工作量，而且容易引发企业周转资金不足等问题，影响企业对财务部门的考核。同时，在成本不超标的情况下，企业对各生产部门能力考核的主要依据就是产量，所以上游生产部门或生产车间为了提高绩效，不顾下游生产部门或生产车间的处理能力，加班加点生产，不仅增加了人工成本，还造成了在制品的大量积压，因此各部门之间时有冲突发生。

在这一阶段，企业会对单位进行成本核算，而单位则对生产车间进行成本核算，但由于这种核算并不与单位效益或车间效益相挂钩，所以作用不大，无法改变原材料和消耗品浪费严重的情况。第一阶段的整体情况如图 2.2 所示。

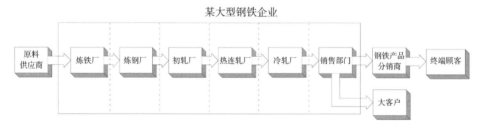

图 2.2　第一阶段：改革开放前，钢铁企业及下属单位内部管理混乱

第二阶段：改革开放以后，各部门之间加强了沟通与协作，钢铁企业内部井然有序。1978 年以后，我国实行了市场经济体制，企业内部也由党委负责制转为了厂长负责制。针对上述情况，企业采取了审批制度，要求分厂内的消耗品领取必须经过分厂厂长的批准，在很大程度上杜绝了浪费；同时企业还加大了岗位定员的力度，精简人员，节约成本；加强了分厂生产调度会的协调作用，确保供应部门和销售部门能够及时准确地掌握生产部门的计划与进度、与库存管理部门和财务部门协作制定出更加精确的采购和销售计划，既避免了原料供应不足现象的发生，提高了订单完成率，又不会影响资金的周转，同时还能减少大量的企业库存。图2.3描述了第二阶段的整体情况。

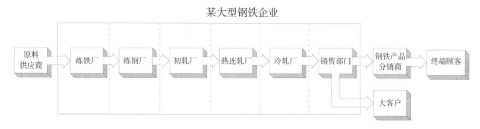

图2.3　第二阶段：单位内部进行了改革，秩序井然，但各单位仍是相互独立的个体

第三阶段：企业进行了一系列改革，以优化资源配置，降低生产成本。虽然部门之间的沟通已无障碍，但各单位彼此之间缺乏足够沟通的情况并未改变，企业内部仍存在许多可降低成本的机会。例如，由各单位生产能力之间的差异所造成的在制品大量积压的现象仍然存在。有鉴于此，在这一阶段企业通常采用了下述改革策略：

优化部门设置。将各单位下设的供应部门、销售部门、财务部门合并，统一由企业负责，取消了福利处及各单位的福利科，既节约了人力资源又降低了成本，同时将原有的附属产业都分离出去，令其进行独立核算，减轻了企业的负担，如图2.4所示。

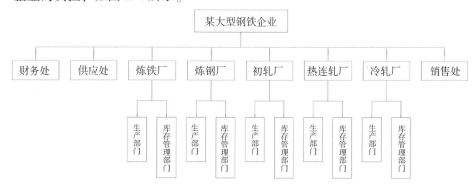

图2.4　第三阶段：某大型钢铁企业的组织结构图

优化企业内部库存。在确定最佳库存水平的同时注意到将上下游相邻单位的库存尽量合并，减少了运输时间和途中损耗，缩短了生产提前期，降低了库存成本。

建设企业内部的网络，确保各单位之间信息传递的通畅，增强企业内部的信息可见度，使各单位能及时了解产品的相关信息，如产品成本、库存数量、订单情况、销售计划、产品的生产单位、生产计划和当前的生产进度等，以便做出正确的决策。引进或开发先进的信息管理系统，帮助企业生产管理者处理日常事务，制定相应的决策。例如，宝钢开发了用于支持生产的整体产销管理系统，该系统由销售管理、质量管理、生产管理、出厂管理、财务管理五部分构成，功能范围从接收用户订单开始，包括合同处理、计划编制、生产指令下达、生产实绩收集、质量控制、发货管理等，直至合同结算完成，构成了企业销售、生产、供货等活动的计算机管理闭环系统。该系统还能够实时跟踪生产现场事件和每种物料的加工过程，动态反映每个合同的执行状况，按"财务信息是业务信息的副产品"理念，自动将业务系统所产生的实物信息准确及时地处理成财务管理所需要的等价值的货币信息。此外，有些企业还会在此基础上，进行企业系统创新工程（Enterprise System Innovation，简称 ESI 工程），构造快速、有效的业务流程，建成扁平、精干的流程组织和协同、高效的运作模式，以期取得在成本、质量、服务、反应速度和技术创新等关键绩效上的突破性进步。

引进先进的生产技术和生产设备，注重提高瓶颈环节的生产能力，从根本上改善企业的生产状况，改变在制品大量积压的现状。例如：引进国际先进设备提高热连轧厂的生产能力能够极大地提高企业的生产效率、减少板坯和初轧方坯的库存；应用连铸技术，能够大量降低能源损耗和库存成本，提高产品质量和成材率，进而提高生产效率。1999 年，上海宝钢的连铸比仅为约73%，2008 年宝钢已将这一比例提升至95%，2015 年中钢协会员企业的连铸比已高达 99.61%。

改革生产方式，加强成本管理。钢铁市场已由卖方市场转入买方市场，生产成本高的企业必然会被市场所淘汰。为了进一步降低成本、改变原材料和消耗品浪费严重的状况，企业采取了成本层层核算的机制，将成本核算单位由第一、二阶段的车间下降到班组最终落实到个人，并将成本核算与工人奖金、车间效益、单位效益相挂钩，从根本上杜绝浪费，从而降低了采购和库存成本。企业还采用了 MTO（按订单生产）和 MTS（按库存生产）两种生产方式，以进一步降低库存水平。对于需求量较小的产品，可依据订单进行生产（MTO），避免产品的大量积压；而对于需求量较大的产品，通常需要根据预测来进行生产（MTS），以免造成缺货。采用这两种方式进行生产可减少需求波动对企业生产所造成的影响，因为此时企业的库存水平只随 MTS 产品需求的变化而变化，而企业的产量只会受到 MTO 产品需求的影响。

加强对内部人员的管理，实行减员增效。改革工资制度，实施激励制度，将加工、装卸工人的工资改为计件工资，调动了工人的生产积极性，从而提高了生产效率。

第三阶段的整体情况如图 2.5 所示。

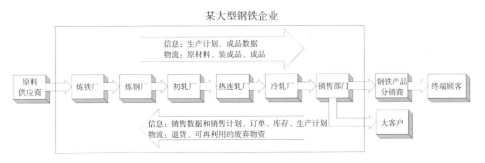

图2.5 第三阶段：钢铁企业内部整合完毕，各单位协调运作

第四阶段：引入供应链管理，进一步降低成本，增强企业的竞争力。为了适应钢铁市场由卖方市场向买方市场的转变，及时了解顾客需求、缩短对市场和终端顾客的响应时间、尽可能减少"牛鞭效应"、进一步降低生产成本、增强企业产品的市场竞争力，钢铁企业必须改善其与上游原料供应商、下游钢铁产品分销商及大客户之间的关系，变敌对为伙伴。在这一阶段，企业与供应商通常会签订长期合同，避免以往每次进货所必须面对的讨价还价。

与供应商结成伙伴关系后，企业不仅能够得到稳定而优质的货源，还可以借助供应商在原料方面的技术优势，进行新产品和新技术的开发，达到降低投入、缩短时间的目的。钢铁企业大都拥有一些长期需求量很大的客户，如船舶制造商、汽车制造商、家电制造企业等，与之结成战略联盟将为企业产品的销路提供有力的保障，有利于企业生产的均衡、稳定。同样企业还必须与产品分销商联合制定长期的合作计划，分销商会及时向企业提供完整的销售数据，便于企业掌握市场动态，更新和升级产品，进行合理的分析和预测，避免需求的逐级放大，真正实现"以销定产"，从而降低库存，减少损失和浪费。此外，与供应商、分销商及大客户的结盟还能够增强企业抵御风险的能力，因为即使在原料紧缺的情况下，供应商仍会以合理价格尽量先满足其伙伴企业的需求；而大客户的存在为企业产品赢得了相对稳定的市场份额，同时，分销商在任何情况下，包括钢铁市场不景气的时候，都会以销售伙伴企业的产品为首选。为了保证供应链管理的顺利实施，除了转变管理理念，企业还必须引进相应的信息技术和信息系统，如条形码、EDI、MRPⅡ、ERP 等。

图 2.6 给出了第四阶段的整体情况，表 2.1 对前四个阶段进行了对比分析。

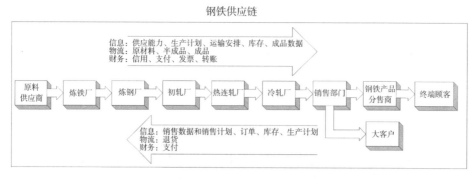

**图 2.6　第四阶段：钢铁企业与上游供应商和下游产品分销商/大客户
结成伙伴关系，实现整个供应链的协调运作**

第五阶段："战略联盟+供应链协作"。钢铁企业正在朝着"战略联盟+供应链协作"方向发展，即先与同行企业结成战略联盟，再共同开发与上下游企业的伙伴关系。其动因是：增强企业抵御风险的能力，进而增强企业的竞争力；利用其资源和技术优势加速企业新产品的开发，缩短对市场和顾客需求的反应时间，有利于争取到更大的市场份额；实现各企业间的人才、技术共享，充分发挥人才、技术的乘数效应，增强企业实力；通过实现规模效应来达到降低成本、分享资源与市场的主要目的；增强与上下游企业的谈判能力，便于以更有利的条件与其达成伙伴关系；增强企业所在供应链的竞争力，为企业带来更大的经济效益。

表2.1　我国钢铁供应链前四个发展阶段的对比分析

	第一阶段	第二阶段	第三阶段	第四阶段
企业下属各单位内部各部门之间的关系	相互独立	协调运作	协调运作	协调运作
企业下属各单位内部各部门的绩效评价标准	不相关	相关	相关	相关
企业下属各单位之间的关系	相互独立	相互独立	协调运作	协调运作
企业下属各单位的绩效评价标准	不相关	不相关	相关	相关
企业与供应商、分销商及大客户之间的关系及稳定性	敌对变化频繁	敌对变化频繁	敌对变化频繁	伙伴；长期、稳定、紧密合作
供应商、销售商的数量及选择标准	大量价格	大量价格	大量价格	少而精；多标准同时考虑
库存水平	最高	较高	较低	最低
需求预测是否受到"牛鞭效应"的影响	是	是	是	否
信息可见度	不可见	单位内部可见	企业内部完全可见	整个供应链全程可见
企业内员工关注的焦点	部门效益	单位效益	企业效益	以顾客为中心

第五阶段的整体情况如图2.7所示。

以战略联盟为基础的钢铁供应链

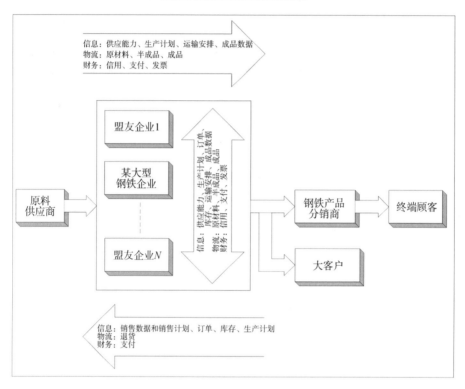

图2.7　第五阶段：钢铁供应链的未来发展方向——"战略联盟"+"供应链协作"

三、钢铁生产工艺

钢铁行业作为典型的流程工业，具有一般性，同时也具有特殊性[142]。钢铁生产兼具离散和连续生产特性，具有产线长、工序多、工艺复杂，工序衔接紧凑等显著特点，所以为钢铁企业制定切实可行的生产计划必须以对钢铁生产流程的充分了解为基础。

钢铁工业的生产工艺流程具有连续性、紧凑化的特点，包含能量转换、冶金反应和形态变化的特性[143]。图2.8中给出了一个典型的钢铁企业生产流程，其中主要包括铁前原料加工、炼铁、炼钢、连铸、热轧和冷轧。图2.9和2.10中的铁前原料物流系统和冷轧生产物流系统是本书第一篇的主要研究背景。下面将分别介绍这两部分的生产过程。

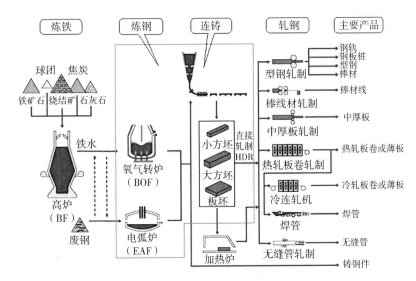

图 2.8　钢铁生产工艺流程图

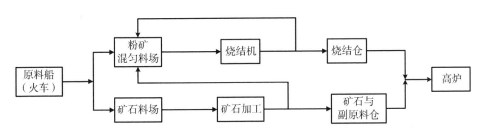

图 2.9　铁前原料物流

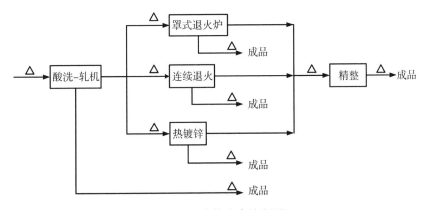

图 2.10　冷轧生产流程图

1. 铁前原料物流系统

钢铁生产的主要原料包括铁矿石、石灰石、白云石、烧结矿粉等。这些原料在进入高炉炼铁前需要经过多道加工处理环节，其大致物流过程如图2.9所示。采购来的原料经轮船（或火车）运送到码头（或车站）后，通常需要卸载并运输到原料场中存储，大型钢铁企业的原料场一般包括输入、堆场、混匀、破碎、筛分、输出六个系统。在生产入炉原料时，首先需要使用取料机、运输皮带机将原料运送至相关设备进行加工处理。为了满足生产要求，大块的铁矿石和辅料一般需要进行破碎、筛分，某些原料还可能需要进行全破碎或粉碎。达到入炉粒度要求的筛上物可以直接送往高炉配矿槽，不符合要求的部分需继续进行破碎和筛分。筛下物要送回粉矿料场储存，它们可以作为烧结的原料。烧结是铁前原料加工系统中的重要环节，通过将品位符合要求但粒度不满足要求的精矿与其他辅助原料按一定比例混合后，在烧结设备上重新造块为高炉提供精料（参见图2.11）。生产出来的烧结矿也需要经过多次破碎和筛分处理，合格的烧结矿才能输送到高炉的烧结矿槽，不合格的部分将返回混匀料场作为烧结的原料，所以在铁前原料物流系统中存在明显的反向物流。本书在第六章专门针对这一问题进行了研究。

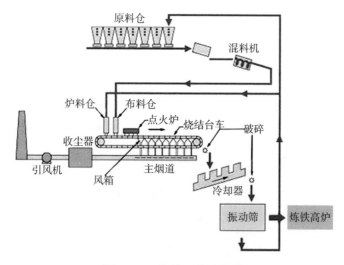

图2.11　烧结工艺流程图

2. 冷轧生产物流系统

冷轧处于钢铁生产的末端，是最主要的精加工手段。图 2.10 中给出了一个典型的冷轧生产系统，由酸轧、罩式炉、连退、热镀锌和精整五道工序组成，每道工序都可以直接出成品。图中的三角形表示库存，冷轧生产系统中的每道工序都有前库和后库，分别用于存储工序的原料和产品。

冷轧生产的原料以热轧钢卷为主，为了防止机组生产时断带和产生锈蚀及保护设备，规定热轧卷在使用前必须达到要求的冷却温度。酸轧是冷轧生产中的主要工序，所有的原料卷都必须首先经过酸轧工序的加工。在旧冷轧生产线中，酸轧工序是由酸洗和冷连轧机两个独立的机组构成的，而在新生产线中通常使用的是将这两个独立机组以活套连接起来形成的酸洗-轧机联合机组（简称"酸轧"）。酸洗利用一定浓度和温度的盐酸溶液与带钢表面的氧化铁皮发生反应，为冷连轧机提供较高表面质量的原料。冷连轧机（简称"轧机"）是主要完成冷变形的设备，工艺控制极其复杂，需要对所生产钢卷的厚度、板形与凸度以及表面结构与质量进行全方位的控制。厚度控制主要是控制轧机出口带钢的实际厚度与目标厚度的偏差。板形与凸度控制主要是保证轧机出口带钢的平坦度及凸度满足下道工序的要求。表面结构与质量控制主要用于控制轧机出口带钢的表面粗糙度和表面质量。轧机对于不同类型产品的生产速度存在明显差异，而且为了保证产品质量，在生产不同类型的产品时需要使用不同的轧辊，更换轧辊一般都需要停机一段时间，因而产生了轧辊切换费用。在研究生产计划问题时这种切换费用通常作为一种启动成本处理，并按照更换轧辊所带来的生产时间损失进行计算。由于酸洗机组速度非常快且控制相对简单，不属于冷轧生产的瓶颈，所以大部分冷轧生产计划问题都是从轧机开始研究的。

为了消除冷轧加工硬化，使钢板再结晶软化具有良好的塑性，冷轧带钢通常需要经过退火工艺的处理。目前的退火方式主要有两种：罩式炉退火和连续退火。罩式炉退火的生产周期较长，但因其是一种传统的退火方式，所以具有炉子数量多、使用灵活、节省投资的优点[144]。相比之下，连续退火具有生产周期短、产量大、产品质量优异等特点。由于在某些冷轧生产系统中同时采用了这两种退火方式，所以对于那些没有指定退火方式的产品就存在生产工艺路线选择问题。本书将在第八章针对这一问题进行研究。

热镀锌是目前应用最普遍、最经济有效的钢材防腐蚀工艺措施。它具有优秀的电化学保护作用，当镀层受到破坏时，这种保护作用能够有效保护基体并阻止腐蚀，同时镀锌层还具有较好的涂装性、焊接性和成型性。需要注意的是，热镀锌工序在生产不同类型的产品时需要停机进行锌锅的切换，这种切换费用在进行研究时通常作为启动成本处理，依据损失的生产时间进行计算。

精整工序通常由重卷机组、纵切机组和横切机组构成，其主要功能为分卷、钢板表面质量检查、切边、废品切除、张力平整、改善板形质量和涂油。由于精整工序的前库较小，所以尽管该工序的生产速度很快，其库存问题仍然非常突出，在实际生产过程中经常出现涨库的现象。本书在第七章强调了对于精整工序前库的管理。

四、钢铁生产库存计划

（一）研究意义

钢铁工业是国民经济中的基础工业，担负着为其他行业提供原材料的重要任务。随着全球经济一体化进程的加快，国际一流钢铁企业已经在质量、管理、技术、价格及综合服务等各个方面和国内钢铁企业直接展开了全方位的竞争。面对强大的压力，我国的钢铁企业要想在日益激烈的市场竞争中得以生存和发展，就必须不断提升企业的生产管理水平，提高客户满意度，压缩物流过程中每个环节的成本，调整产品结构，增加高附加值产品的产量。

1. 由于钢铁企业按时交货的能力在很大程度上决定了其顾客满意度，能够直接影响到企业的信誉，所以高质量的合同计划对于提高企业的客户服务水平、增强企业的竞争力至关重要。因而本书首先针对钢铁企业的生产合同计划问题进行了研究。

2. 钢铁工业作为流程工业的代表，属于资源密集型和资金密集型产业，其供应物流成本占企业物流总成本的比重非常大，已超过70%，因此要想从根本上解决钢铁企业所面临的产品成本过高、利润率太低的困难就必须提高企业对供应物流的管理水平。所以本书从原料采购和原料库存两方面着手研究了钢铁企业供应物流的有效管理策略。

3. 产品结构不合理是我国钢铁工业目前存在的一个主要问题，技术含量不高的产品生产能力过剩，技术含量高、附加值高的冷轧产品仍处于供不应求的状态。直至2022年，我国每年至少仍需进口300万吨左右的冷轧板（带），因此国家一直把扩大和发展冷轧板的生产能力作为行业规划的重点。而有效的生产库存计划是改善企业资源管理、合理安排生产、充分挖掘企业潜力，提高企业生产效率的重要途径。所以本书分别以允许需求延迟满足和不允许缺货两种冷轧生产系统为背景，针对其中的各类生产库存计划问题进行了研究。

（二）研究现状

目前对于钢铁企业生产管理优化方法的研究大多集中于调度问题，如铁水调度问题[145-147]、炼钢－连铸－热轧相关调度问题[148-157]、冷轧板卷调度问题[158-160]、板坯倒垛问题[161-163]、合同匹配问题[164-166]、合同计划问题[167-172]等。对于钢铁企业生产库存计划问题的研究相对较少，下面将对主要相关研究成果进行综述。

早在20世纪末，国际上已有部分学者针对钢铁生产库存问题进行了相关研究，产生了一些早期的研究成果。其中，Chen和Wang[173]以加拿大某钢铁企业为研究背景，以其由中心工厂、不同地区的原料供应商、加工厂以及客户所构成的物流网络为研究对象，构建了以最大化总利润为目标的采购—生产计划模型，模型中考虑了原料和半成品的采购成本和运输成本。Degraeve和Roodhooft[174]在所有相关成本信息已知的情况下，以最小化所有与采购决策相关的成本为目标建立了一个数学规划模型用于解决多供应商选择问题，并能同时确定与各供应商之间的最优订货量。文中利用 Cockerill Sambre S. A. 公司采购加热用电极的实例对这一模型进行了解释和说明。Roy 和 Guin[175]为印度某钢铁企业建立了准时化（JIT）采购的概念模型。文中介绍了现有的物料分类方法和进行 JIT 采购需要具备的基本条件，并在此基础上给出了 JIT 采购对于原料和供应商的要求。因为 JIT 采购通常要求供应商以小批量多批次的方式向买方供货，供应商有时为了避免运输成本的增加会推迟对于特别小批量产品的运送时间，这样很可能会影响到买方的正常生产。为了解决这种矛盾，文中提出了货运合并的概念，即对从多个供应商处订购的产品进行合并运输。Degraeve 和 Roodhooft[176]在买方总成本（TCO）信息已知的情况下，建立了一个数学规划模型用于在选择供应商的同时确定各时间段内的订货量。其中买方总成本是指购买某种产品或服务的全部成本费用，由产品价格和供应商在采购企业价值链中所引起的其他额外费用构成。文中使用这一模型解决了比利时一个跨国钢铁制造商 Cockerill Sambre S. A. 的轴承采购问题。在这个实际问题中，与产品质量相关的成本占据了买方总成本的70%以上，因此产品质量在供应商选择问题中起到了决定性的作用。Degraeve 等[177]以 Cockerill Sambre 公司的轴承采购问题为例，使用买方总成本作为评价指标，对各种供应商选择模型进行了比较。结果发现对于这个实例，如果从买方总成本的角度来看，数学规划模型的效果好于评级模型，多品种模型的结果好于单品种模型。

同一时期，国内也有一些学者针对相关问题进行了研究。在这些早期研究成果中，刘伟和张庆凌[178]阐述了应用系统方法优化轧钢生产计划的成功实例。如果用文中方法得到的生产计划取代手工编制的计划，能够提高产量大约11.1%。充分证明了企业特别是大型企业在不增加设备投资的情况下，通过系统方法优化生产管理，也可以提高其产品的产量。李苏剑和常志明[179]研究了典型钢铁产品生产工艺流程下的生产物流平衡问题，建立了面向合同交货期和交货量的多阶段生产物流平衡模型。综合采用了启发式算法及粗平衡和细平衡方法，通过调整用户合同的交货期给出了问题的解决方案。张涛等[180]构造了钢铁企业的 MTO 管理系统，并对系统中的合同计划方法进行了深入研究。以半旬为最小时间段，以最小化全部合同的提前和拖期总惩罚为目标，建立了用于编制合同计划的整数规划模型，解决了使用计算机批量编制合同计划的建模问题。采用基于可重复自然数编码和三变异算子的遗传算法对模型进行了求解。以热轧厂合同计划编制为例进行了实验，结果表明模型符合生产实际，获得的结果优于人机交互系统，证明了求解算法的有效性。

进入 21 世纪后，关于钢铁生产库存问题的研究曾受到学术界和工业界的广泛关注，产生了一系列的研究成果。其中，Gao 和 Tang[181]构造了一个多目标的线性规划模型（MOLP）用于解决某大型钢铁企业的大批量原料采购问题，同时指出了原料品种选择、供应商选择和确定订货数量是优化企业采购策略的关键。文中采用多目标最优化方法——点估计加权和法求解了这一问题。数值计算实例证明了该模型的有效性。Gao 和 Tang[182]为钢铁原料采购批量问题建立了以最小化库存成本和采购成本为目标的数学模型，用于确定各种原料在各时间段内的采购量。由于这类批量问题是 NP 难的，所以现存的最优化方法只能求解小规模问题。为了求解大规模问题，文中提出了结合使用列生成和广义上界（GUB）的新方法。对于实际问题的计算结果证明了该算法的有效性，说明其在制定采购决策方面具有潜在的应用价值。Degraeve 等[183]开发了公司范围的通用战略采购管理信息系统。该系统使用了基于 TCO 框架的新方法，能够对现有制定采购策略的过程作出改进。文中指出在对公司的战略采购决策进行评估时，应该使用以 TCO 为评价指标的数学规划模型。基于这一方法，他们为欧洲的跨国钢铁公司 Usinor 成功地开发了决策支持系统。Zanoni 和 Zavanella[184]属于实例研究，文中基于生产系统的相关参数，如启动时间、加工时间、需求结构等建立了钢坯生产调度模型。模型将钢坯冷却地即成品库视为生产系统的一部分。在这个生产系统中，生产能力有限，要求按订单生产产品，所有产品需要使用相同的设备进行加工。文中最后使用一组计算实验证明了模型的有效性，并分析了生产系统相关参数的变化对目标函数的影响。Ferretti 等[185]为某小型钢铁厂的钢坯生产调度问题建立了利润最大化的数学模型，给出了基于蚂蚁系统超启发式的求解算法。模型中考虑了启动时间、加工时间、需求结构、仓库能力等相关参数。此外，文中将钢坯在成品库中的冷却视为重要的生产阶段，并将相关约束引入到生产调度中。研究中给出了该问题建模的基本规则和实现利润最大化的步骤，同时讨论了蚂蚁系统算法的实施，证明了该算法在钢铁生产管理中的实用性。Liu 等[186]为钢板生产建立了多目标合同计划模型。目标函数包括最小化拖期成本、均衡设备能力和最小化库存成本。采用加权法将多目标模型转化为单目标模型，同时设计了特殊的粒子群优化求解算法。以三个实际合同计划问题为例，在算法不同参数组合下进行了系统的测试，实验结果表明该模型和算法好于人机协调的方法。Huegler 和 Hartman[187]以利用半成品钢坯制造成品钢板的生产过程为研究对象，以最小化总成本为目标建立了问题的 0-1 混合整数规划模型，并提出了用于求解该问题的启发式算法。Luo 等[188]将原料物流计划问题视为多阶段多时间段的两级优化问题，并建立了用于描述这一问题的整数规划模型。Jiang 等[189]以最大化企业利润为目标建立了钢铁企业生产线综合生产计划模型。Zhu 等[190]提出了用于改进炼钢—连铸生产计划效率和性能的新优化模型。Witt 和 Voß[191]属于案例分析，文中介绍了应用简单数学模型解决德国钢铁企业中长期生产计划问题的方法。As'ad 和 Demirli[192]以轧钢厂的生产过程为研究背景，针对需求可替换且资源受限的多产品批量生产问题进行了研究，建立了相应的混合整数非线性规划模型，用于确定原料和产成品在各阶段的采购/生产量和库存量。Zhang 等[193]研究了资源受限的闭环钢铁供应链再制造生产计划问题，以最小化生产、库存及启动成本为目标建立了相应的数学模型，并提出了求解该问题的遗传算法。

高振等[194]建立了钢铁企业原料采购的多目标线性规划模型，采用点估计加权和法进行了求解，对于某大型钢铁企业采购问题的实例计算证明了文中模型的有效性。宋健海等[195]以某钢铁企业产成品出厂计划为背景，建立了产成品出厂计划多目标 0-1 规划模型，采用 Bellman 和 Zadeh 模糊决策方法对多目标函数进行了处理，并针对问题特点设计了改进的遗传算法对模型进行了求解。陶青平和何诗兴[196]对马钢中板厂的生产工艺过程进行了调查和分析，利用目标规划模型制定了该厂的月生产计划，使用模拟数据进行了仿真实验，结果表明这一模型对指导企业决策有一定的作用，并对其他行业生产作业计划的编制具有一定的意义。刘士新等[197]基于钢铁企业在 MTO 管理模式下合同计划的编制方法和优化目标，建立了钢铁企业合同计划优化模型，基于进化计算的最新技术，设计了求解模型的 PSO 算法。与企业实际应用的合同计划相比，文中方法编制的合同计划在设备能力均衡利用和库存费用指标上有明显改进。彭威和刘爱国[198]针对原料计划问题，提出了一种可平衡机组负荷的优化选料模式，同时给出了要料单的自动生成方法，并详细介绍了上述方法在鞍钢冷轧薄板厂 CIMS 工程中的实际应用情况。彭威和陈李军[199]以鞍钢冷轧薄板厂的生产流程为研究背景，提出了一种适用于机组排产作业计划的投料混合比算法。王文鹏等[200]为冷轧生产过程中的多级多品种连续生产批量计划问题建立了数学模型，同时开发了对各种物料进行机组产能分配，并在机组上实施批量调度的两阶段求解算法。通过对多个算例的数值实验，验证了该算法的效率和有效性。陈超武等[201]通过分析高频电阻焊钢管生产流程和生产计划的特点，建立了钢管企业的多阶段生产计划模型，采用了实数编码的遗传算法进行求解。考虑到实际问题的差异，构造了惩罚函数用以提高算法的求解效率。仿真实验的计算结果验证了该模型和算法的有效性。周琳[202]以最大化企业利润为目标建立了库存和生产能力受限的连铸—热轧集成生产库存优化模型。李铁克和施灿涛[203]在分析和归纳冷轧生产系统特点的基础上，建立了多阶段多品种带有中间库存的冷轧生产批量计划与调度模型，提出了基于二进制粒子群优化与局部搜索的混合求解算法。通过对企业实际生产数据的计算和分析，验证了模型和算法的可行性和有效性。罗治洪等[204]以钢铁企业的生产物流系统为研究背景，针对从原料采购到初级产品生产的物流计划问题进行了研究，以最小化采购、生产、运输、库存及转换等相关成本为目标建立了问题的混合整数规划模型，并采用列生成算法进行了求解。谭惠和汤银英[205]以由多个原料供应商和单个钢铁企业及多个分销商构成的供应链系统为研究对象，在满足给定的客户服务水平的情况下，以最小化供应链各节点的订购成本、库存成本、缺货损失及整个系统的运输成本为目标，建立了钢铁企业库存—运输联合优化模型，并给出了问题的解析解。徐佳等[206]以集团内成本最小和总供货价值最大为目标，在满足库存能力限制和不允许缺货的条件下，建立了钢铁原料协同库存控制模型，解决了供货仓库选择及供货量分配问题，并提出了综合利用网络层次分析法和遗传算法的求解方法。纪鹏程等[207]针对多品种多供应商随机提前期环境下的钢铁原料库存问题进行了研究，以最小化库存成本、缺货成本及运输成本为目标，建立了问题的精确数学模型，同时对问题的基本性质进行了分析。王万雷等[208]以工艺路线及排产量为依据，建立了各作业工序与物料消耗关系的消耗链关系模型，并以此为基础应用投入产出法，形成了面向生产全过程的钢铁生产物料需求计划。

近期，关于钢铁生产库存问题的研究成果相对较少。在为数不多的相关研究中，Wenbo[209]主要分析了中国钢铁企业高库存的产生原因，从敏捷供应链的角度构建了多个钢铁企业库存管理模型。Sandhu 等[210]建立了钢铁企业供应链仿真模型，验证了信息共享有助于延长订货间隔和最小化订货批量，从而可有效减弱钢铁供应链中的牛鞭效应。Lu 等[211]以面向订单的钢铁产品生产系统为研究对象，从交货期、库存余材匹配、产能平衡等多个角度构造了多个目标函数，并以此为基础提出了一个多目标生产库存优化模型，模型中同时考虑了生产能力和库存容量限制、库存匹配规则、生产准备时间及各工序间的产能关系等。Xu 等[212]以冷轧生产过程为研究背景，针对其中的两阶段库存问题进行了研究，建立了该问题的最优控制模型，并采用极大值原理对问题进行了求解。Lu 等[213]以带有柔性产品规格的热轧中厚板的生产过程为研究对象，以最小化总成本、机器产能闲置、库存积压惩罚为目标，建立了相应的数学模型，提出了用于求解该问题的分支定界算法。Jia 和 Li[214]

以连铸—热轧生产系统为研究背景，针对连铸板坯在料场中的存储位置分配问题进行了研究，以板坯库存成本最小化为目标函数建立了问题的数学模型，利用排队论进一步分析了该问题，证明了问题的目标函数为次模函数，并基于此结论设计了能够最优求解该问题的动态规划算法。Moengin[215]针对钢坯的生产—库存—配送集成优化问题进行了研究，以最大化利润为目标建立了问题的整数规划模型，并对问题进行了实例分析。Cheng 和 Tang[216]针对需求不确定的冷轧多阶段生产与库存问题进行了研究，以最小化由切换成本、启动成本和库存成本构成的总成本为目标，建立了鲁棒支持向量机回归模型，用于预测各工序的产量，并基于预测结果，建立了鲁棒库存模型。Wu 等[217]以冷轧生产过程为研究背景，针对成品率随机情况下的多阶段多产品生产库存问题进行了研究，建立了带有非线性目标函数的随机规划模型，提出了用于求解该问题的三种启发式算法。

许贵斌等[218]以由单个铁矿石供应商和多个钢铁企业构成的铁矿石供应链为研究对象，在钢铁企业需求服从泊松分布且铁矿石供应商需求服从正态分布的情况下，以最小化钢铁企业的补货费用、缺货惩罚及库存成本为目标，建立了二级铁矿石供应链库存优化模型，并给出能够最优求解该问题的搜索算法。唐建勋等[219]针对钢铁企业的全流程物流优化问题进行了研究，在满足机组产能和库存能力限制及客户需求的前提下，以最小化物流费用、产能空闲惩罚及安全库存偏差惩罚为目标，建立了问题的混合整数规划模型，并提出了基于列生成的分支—定价求解算法。伍景琼和蒲云[220]针对钢材生产受客户需求变化和原料价格波动双重影响的情况，以利润最大化为目标，建立了钢铁企业生产库存多期动态优化模型，同时提出了基于模拟退火算法和粒子群算法的组合智能求解方法。潘开灵和秦素芬[221]在考虑铁矿石价格波动的情况下，以最小化订货成本和库存成本为目标，建立了钢铁企业铁矿石库存优化模型，并对该问题进行了案例分析。潘瑞林等[222]在考虑冷轧生产流程多阶段库存和批次多流向特点的基础上，在满足实际生产工艺要求的情况下，以最小化合同超期和提前总惩罚、中间库存量超出和不足总惩罚以及成品库库存成本为目标，建立了多阶段多流向冷轧生产计划模型，并提出了用于求解该问题的改进遗传算法。

上述研究成果为钢铁生产库存问题的后续研究提供了良好的借鉴，但为了便于研究，大部分成果未考虑钢铁生产中的各种复杂生产工艺要求，因而很难直接应用于实际。本书的第三章至第八章将在考虑实际生产工艺要求的基础上，针对六类钢铁生产库存问题进行专项研究。

第三章 钢铁企业生产合同计划

生产合同计划体现了以销定产的管理理念，是贯穿各道生产工序、决定生产能否顺利有效完成的重要环节。其主要任务是根据生产合同的交货期、各道工序的生产能力等确定生产合同在各道工序上的开始加工时间和完工时间。

本章研究了宝钢钢板生产系统中的生产合同计划问题，提出了用于描述这一问题的确定性的混合整数规划（MIP）模型，模型中考虑了相应的实际工艺约束。目标是在满足能力约束的条件下确定生产合同在各道工序上的开始加工时间和完工时间以实现所有合同总加权完成时间的最小化。考虑到模型中存在大量的变量和约束，本章采用了基于拉格朗日松弛、线性规划和启发式算法的混合求解策略。该策略将耦合整数变量和连续变量的约束松弛并借助拉格朗日乘子引入到目标函数中。通过分离连续变量和整数变量，拉格朗日松弛问题能够被分解为两个子问题。与连续变量相关的子问题是线性规划问题，能够直接使用标准优化软件 OSL 进行求解，另一个子问题是整数规划问题，能够通过进一步分解而求出最优解。本章所使用测试问题的合同数的最大规模为 100，计算结果显示本章设计的拉格朗日松弛算法的性能比较稳定而且能够在合理的时间内得到高质量的解。

一、问题描述

伴随着当今制造系统中推式生产向准时化生产的转变，全球钢铁市场的竞争日益激烈。一个钢铁企业要想从众多的竞争对手中脱颖而出，就必须采用科学合理的生产管理方法。生产管理的一个主要任务就是要缩短提前期、提高客户服务水平，这些都依赖于生产合同完成时间的可靠性。为了实现快速响应客户需求，现今钢铁企业的管理者每天都承受着巨大的压力。有效的生产合同计划因此变得至关重要，已经成为生产管理研究人员关注的焦点问题。为了提高自身的竞争力，很多国际大型钢铁公司一直都在致力于改进自己的生产合同计划系统。

本章所讨论的生产合同计划问题要求在满足能力约束的条件下，确定生产合同在各道工序上的开始加工时间和完工时间，以实现所有合同总加权完成时间最小化的目标。这个调度问题来源于宝钢的生产实际，宝钢是一个典型的钢铁生产企业，涵盖了大部分的钢铁生产工艺。它也是中国最具有竞争力的钢铁企业，是中国制造业第一批进入全球 500 强的公司，赢利水平居世界领先地位，产品畅销国内外市场，其 2023 年计划产钢 5089 万吨，产品结构以钢板为主，钢板产品又可以粗略分为汽车板、家电板、造船板等。这些产品在国内的市场占有率极高。因此如何以最有效的方式处理每天堆积如山的订单是宝钢所面临的亟待解决的重要课题，也是本书进行此项研究的主要原因。

利用数学模型和计算机解决调度问题是一项重要的研究课题，已经取得了大量的研究成果。Redwine 和 Wismer[223]为合同计划问题建立了一个以最小化总拖期惩罚为目标的混合整数规划模型，并使用 Benders 分解算法求解了这一问题。Hoitomt 等[224]使用增广拉格朗日松弛算法解决了产品具有数量少/品种多特点的单件车间调度问题。Luh 和 Hoitomt[225]研究了三种生产调度问题，即单工序同构机调度问题，多工序同构机调度问题以及车间调度问题。D'Amours 等[226]针对共生制造网络（SMN）中的多产品合同的生产计划与调度问题进行了研究，为基于合同的定制化生产建立了多商品网络模型，该模型能够使用大多数商业优化软件快速求解。文中还介绍了能够最优求解 SMN 环境下的复杂大规模调度问题的方法。Luh 等[227]在研究车间调度问题时考虑了不确定的到达时间、加工时间、交货期和工件优先级。为了平衡建模的准确性和求解方法的复杂性，文中建立了用于描述该问题的可分解的数学规划模型，目标是最小化拖期和提前惩罚的期望值。Méndez 等[228]针对单阶段多产品集批生产调度问题进行了研究，提出了一种两阶段调度方法。第一阶段，在满足合同交货期的前提下以最小化在制品库存为目标进行集批；第二阶段，为每个批集合制定最优调度方案以使各合同的完工时间尽量接近其交货期。Luh 等[229]通过在车间调度问题中引入"在制品定量化"的概念，实现了对在制品库存的有效控制，提出了可分解的新的车间调度模型，设计了结合使用拉格朗日松弛、动态规划和启发式算法的求解策略，能够在合理的计算时间内获得高质量的解。Sun 和 Xue[230]描述了一种具有动态反应功能的生产调度机制。当最初产生的调度因为生产合同和制造资源的变化无法正常进行时，这种机制能够对这些原始调度进行修改。文中采用了基于匹配和代理的协作方法对原始调度进行了尽可能少的修改，以实现在保证调度质量的同时提高动态反应调度机制效率的目的。Chen 和 Luh[231]针对车间调度问题，提出了一种新的拉格朗日松弛方法，在这种方法中松弛的是工序的优先级约束而不是机器的能力限制约束。所得松弛问题可按机器类型继续分解为一系列单机调度子问题和并行机调度子问题。Geneste 等[232]提出了一种考虑分包合同不确定性的调度方法。

尽管对于调度问题的研究结果已经很多，但却很少有人研究钢板生产系统中的生产合同计划问题，尤其不曾以降低在制品库存为目标，而这正是宝钢管理者最关心的问题。然而为大型钢铁企业制定有效的生产合同计划并非易事。因为钢铁企业的生产过程极其复杂，涉及大量的工序和错综复杂的工艺路线，而且必须遵守很多复杂的实际工艺约束以确保生产的连续性和相邻工序间的准确衔接。此外，每道工序都有生产能力限制。本章将所研究的生产合同计划问题视为一个带有连续和离散变量、满足相关约束的决策问题，其目标函数是最小化所有合同的总加权完成时间。当然，还有其他可供选择的目标，例如拖期惩罚和 makespan。本章以约束的形式保证可以满足交货期，因此无须在目标函数中再考虑拖期惩罚了，且 makespan 无法精确地描述每份合同的相对重要性，所以不适用因而未采用。总加权合同完成时间能够较好反映日益重要的低在制品库存的要求，这是本章选择它作为目标函数的最重要的原因。

通过对宝钢合同计划问题的调查和研究发现其合同计划的管理过程大体上可分为六步，如图3.1所示。第一步，宝钢销售部对用户合同的性能进行描述。第二步，质量设计，将用户合同的要求转变为与质量相关的生产参数。第三步，合同设计。在这一步中，首先要对用户合同进行拆分和归并，将多品种合同拆分为多个单品种合同，对于批量太大的合同也要进行拆分，而对于批量过小的合同则要进行归并。至此，用户合同就彻底转变成实际生产中所使用的生产合同。然后，进行资源分配和产线分配，即为每个生产合同分配资源并制定生产工艺路线。第四步，使用调度规则或启发式算法制定生产合同计划。第五步，人工调整合同计划，如果重要数据例如用户合同的交货期和设备的可利用能力等发生了变化或者对上一步中所做出的合同计划不满意，那么就必须在这一步对原来的合同计划进行手动调整。第六步，生产合同计划释放，将生产合同计划下放到制造部进入生产阶段。显然，合同计划管理的实际效果主要取决于第四步中所产生的调度的性能。因此，本章关注的焦点是生产合同计划的制定。

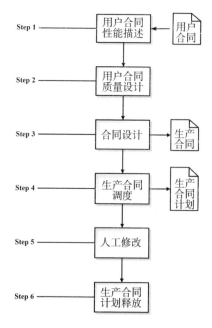

图3.1　合同计划管理流程图

钢铁生产是一个同时具有离散和连续特征的复杂的多阶段过程，图 3.2 给出了宝钢简化的钢铁生产流程图。宝钢通过将原料按照固定的生产工艺路线加工成可以出售的钢铁产品来完成每份生产合同。由图 3.2 能够看出，钢板是按照下面的过程生产出来的。首先，将煤、铁矿石和石灰石等原料通过炼焦和烧结等工序加工成高炉的入炉原料。然后，以高炉生产出来的铁水为原料利用转炉生产钢水，部分钢水直接用于浇铸钢锭。接着，连铸机和初轧机分别用于将钢水和钢锭加工成板坯。最后，采用热轧和冷轧技术将厚钢板加工成各种符合要求的薄板。宝钢的钢板生产过程主要涉及 34 道工序。图 3.3 详细描述了这些工序及由它们构成的 708 条工艺路线，图中以箭头表示物流的方向。

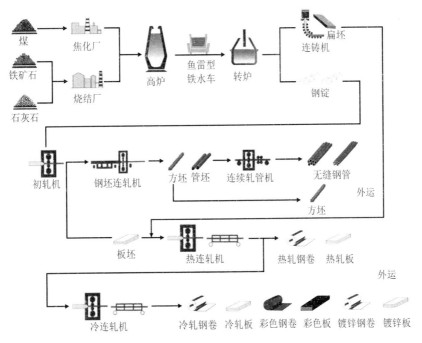

图 3.2 宝钢生产流程图

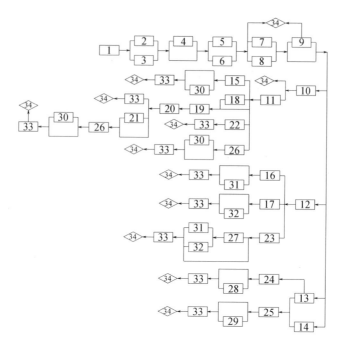

其中：1：炼钢；2：连铸；3：模铸；4：初轧；5：钢坯精整1；6：钢坯精整2；7：热轧轧制1；8：热轧轧制2；9：热轧精整；10：酸洗；11：冷轧轧制1；12：冷轧轧制2；13：冷轧轧制3；14：冷轧轧制4；15：热镀锌1；16：热镀锌2；17：热镀锌3；18：脱脂；19：罩式炉退火；20：调质平整；21：准备；22：连退退火1；23：连退退火2；24：连退退火3；25：连退退火4；26：电镀锌1；27：电镀锌2；28：电镀锡1；29：电镀锡2；30：彩涂1；31：彩涂2；32：彩涂3；33：冷轧精整；34：包装。

图3.3　钢板工艺流程图

由于钢板的生产过程过于复杂，所以本章只考虑其中的一些关键工序和瓶颈工序。图3.4给出了这些工序的结构图。图中的物流沿着箭头的方向移动。各工序的序号被标注在相应的矩形框中。$P_1, \cdots, P_8$ 表示可以销售的产成品，图中定义了它们的生产工艺路线。所要考虑的问题是各生产合同在相应工序上的调度问题，要求满足所有合同的既定交货期，同时最小化总加权合同完成时间。当然调度必须在不超过各道工序生产能力的条件下进行。下一节将给出这一生产合同计划问题的混合整数规划模型。

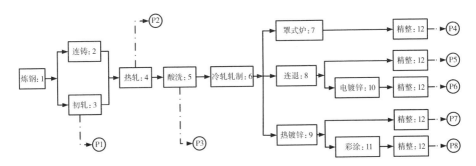

图 3.4　关键工序和瓶颈工序结构图

二、数学模型

（一）假设

本章所考虑的生产合同计划问题的主要任务就是回答下面的问题：各生产合同在各道工序上应该从什么时间开始加工，才能在满足所有合同既定交货期的条件下，最小化所有合同的总加权完成时间？在为这一问题建立数学模型时，考虑了企业提供的下列建议。

1. 基本时间单位为天。

2. 决策区间的长度为 90 天。

3. 每份生产合同只包括一种产品。

4. 每份生产合同仅对应一条工艺路线。

5. 生产合同必须是可拆分的，这有助于平滑各时间段的工序负荷。

6. 生产合同必须在固定的交货期之前完工。

7. 每道工序的可利用生产能力有限。

（二）符号

1. 下面介绍模型中所用到的符号

参数：

• I：生产合同集合，用 i 指代其中的元素；

- J：工序集合，由 j 指代其中的元素；

- T：决策区间，用 t 表示这一区间内的时间段；

- G_i：生产合同 i 的固定交货期，如果没有指定 G_i，则令 $G_i = T$；

- W_i：生产合同 i 的加权系数，由计划员依据合同的重要性给定；

- A_i：生产合同 i 需要经过的工序集合，令 k 表示集合中元素的序号，$A_i = \{1, \cdots, K_i\} \subset J$，$K_i$ 表示集合 A_i 中所包含工序的总数。定义函数 φ_i（·）用于表示 j 和 k 之间的一一对应关系。假设工序 j 是生产合同 i 需要经过的第 k 道工序，即 $j = A_i(k) \in J$，那么 $\varphi_i(k) = j$，$\varphi_i^{-1}(j) = k$；

- H_j：需要在工序 j 上加工的生产合同集合；

- d_{ij}：在工序 j 上加工生产合同 i 中的产品所需的生产周期，即生产合同 i 的原料板坯在工序 j 上的停留时间。图 3.5 以生产合同 i 在热轧工序上的生产周期 d_{i4} 为例直观地解释了这一概念。[d_{ij}] 表示不小于 d_{ij} 的最小整数；

- R_{jt}：工序 j 在时间 t 内可利用的生产能力；

- r_{ij}：完成生产合同 i 需要占用的工序 j 的生产能力；

- l_{ij}：生产合同 i 在工序 j 上的最早可能开始加工时间，即生产合同 i 在工序 j 上进行加工时所需原料的最早可能到达时间；

- u_{ij}：生产合同 i 在工序 j 上的绝对交货期，其迭代公式如下（假设 $j = \varphi_i(k)$）：$u_{i, \varphi_i(K_i)} = G_i$，$u_{i, \varphi_i(k)} = u_{i, \varphi_i(k+1)} - d_{i, \varphi_i(k+1)}$，$k = 1, \cdots, K_i - 1$。显然，生产合同 i 在每道工序上的加工必须在其绝对交货期之前完成，否则整个的生产合同就会拖期。

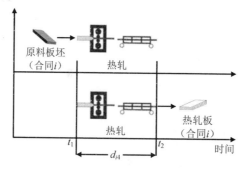

图 3.5　d_{i4} 的示意图

决策变量：

- C_i：生产合同 i 的完工时间；

- $X_{it} = \begin{cases} 1, & \text{如果生产合同 } i \text{ 在 } t \text{ 时刻之前完工} \\ 0, & \text{否则} \end{cases}$；

- $\tilde{x}_{ikt}$：生产合同 i 在第 k 道工序上的加工在 t 时刻之前完工的部分；

- $x_{ikt} = \dfrac{[10^{\alpha} \cdot \tilde{x}_{ikt} + 0.5]}{10^{\alpha}}$，表示当计算结果精确到小数点后 α 位时，$\tilde{x}_{ikt}$

四舍五入后的结果，其中 α 是正整数；为了便于理解，下面举例说明。当计算中保留两位小数时，$\alpha = 2$。此时，如果 $\tilde{x}_{ikt_1} = 0.991$，$\tilde{x}_{ikt_2} = 0.996$，那么，

$$x_{ikt_1} = \frac{[10^{\alpha} \cdot \tilde{x}_{ikt_1} + 0.5]}{10^{\alpha}} = \frac{[10^2 \times 0.991 + 0.5]}{10^2} = 0.99, \quad x_{ikt_2} = \frac{[10^{\alpha} \cdot \tilde{x}_{ikt_2} + 0.5]}{10^{\alpha}} =$$

$$\frac{[10^2 \times 0.996 + 0.5]}{10^2} = 1。$$

（三）生产合同计划模型

利用上述符号和定义可以将本章所研究的生产合同计划问题归结为：

（P）

Minimize $Z \equiv \sum_{i \in I} W_i \cdot C_i$ （3.1）

约束：

$$C_i = \min_{l_{i,\varphi_i(K_i)} + [d_{i,\varphi_i(K_i)}] \leq t \leq u_{i,\varphi_i(K_i)}} \{t + T \cdot (1 - X_{it})\}, \quad i \in I \tag{3.2}$$

$$X_{it} \leq x_{i,\varphi_i(K_i),t}, \quad i \in I, \ t \in l_{i,\varphi_i(K_i)}, \ \cdots, \ u_{i,\varphi_i(K_i)} \tag{3.3}$$

$$X_{i,t} \leq x_{i,t+1}, \quad i \in I, \ t \in l_{i,\varphi_i(K_i)}, \ \cdots, \ u_{i,\varphi_i(K_i)} - 1 \tag{3.4}$$

$$X_{i,k,t} \leq x_{i,k,t+1}, \quad i \in I, \ k = 1, \ \cdots, \ K_1, \ t = l_{i,\varphi_i(K)}, \ \cdots, \ u_{i,\varphi_i(K)} - 1 \tag{3.5}$$

$$X_{i,k+1,t} \leq x_{i,k,t-[d_{i,\varphi_i(K)}]+1}, \quad i \in I, \ k = 1, \ \cdots, \ K_i,$$
$$t = \max \{l_{i,\varphi_i(K+1)}, \ l_{i,\varphi_i(K)} + [d_{i,\varphi_i(K)}] - 1\}, \ \cdots,$$
$$\min \{u_{i,\varphi_i(K+1)}, \ u_{i,\varphi_i(K)} + [d_{i,\varphi_i(K)}] - 1\} \tag{3.6}$$

$$\sum_{i \in H_j} (x_{i,\varphi_i^{-1}(j),t+1} - x_{i,\varphi_i^{-1}(j),t}) \cdot r_{ij} \leq R_{jt}, \quad j \in J, \ t = \min_{i \in I}\{l_{ij}\}, \ \cdots, \ \max_{i \in I}\{u_{ij}\} - 1 \tag{3.7}$$

$$t+B \cdot (1-[x_{i,k,t}]) \geq l_{i,\varphi_i(K)}+[d_{i,\varphi_i(K)}], \; i\in I, \; k=1, \; \cdots, \; K_1$$

$$t=l_{i,\varphi_i(K)}, \; \cdots, \; u_{i,\varphi_i(K)} \tag{3.8}$$

$$t+B \cdot (1-x_{it}) \geq l_{i,\varphi_i(K)}+[d_{i,\varphi_i(K)}], \; i\in I, \; t=l_{i,\varphi_i(K_i)}, \; \cdots, \; u_{i,\varphi_i(K_i)} \tag{3.9}$$

$$x_{i,k,u_{i,\varphi_i(k)}} = 1, \; i\in I, \; k=1, \; \cdots, \; K_i \tag{3.10}$$

$$x_{i,k,l_{i,\varphi_i(k)}} = 0, \; i\in I, \; k=1, \; \cdots, \; K_i \tag{3.11}$$

$$0 \leq x_{i,k,t} \leq 1, \; i\in I, \; k=1, \; \cdots, \; K_i, \; t=l_{i,\varphi_i(k)}, \; \cdots, \; u_{i,\varphi_i(k)} \tag{3.12}$$

$$X_{it} \in \{0, \; 1\}, \; i\in I, \; t=l_{i,\varphi_i(k_i)}, \; \cdots, \; u_{i,\varphi_i(k_i)} \tag{3.13}$$

其中，B 是一个非常大的正整数。

上述模型的目标是在满足上面所有约束的情况下找到能够最小化所有生产合同的总加权完成时间的调度。约束（3.2）定义了生产合同的完成时间。约束（3.3）说明只有当生产合同在其最后一道工序上的加工完成时，该合同才算是彻底完工。约束（3.4）和（3.5）用于保证生产的连续性。约束（3.6）指定了各生产合同需要经过的相邻工序间的优先级关系，确保了在每道工序上加工的部分已经完成了其在前一道工序上的加工。约束（3.7）描述了工序的能力限制。因为 $[x_{i,k,t}]$ 实质上是一个 0-1 变量，用于表示生产合同 i 在第 k 道工序上的加工在 t 时刻之前是否已经完成，因此约束（3.8）说明了生产合同在每道工序上的加工不可能在其最早可能完工时间之前结束。约束（3.9）表示了对于生产合同完工时间的类似约束。约束（3.10）要求生产合同在每道工序上的加工必须在其绝对交货期之前完成。约束（3.11）指出生产合同在每道工序上的加工只能在其最早可能开始加工时间之后。约束（3.12）和（3.13）定义了变量的取值范围。

上面生产合同计划模型（P）中的约束结构与 Redwine 和 Wismer[223] 中的相似。文献[223] 研究了大型钢铁企业中的生产合同计划问题。模型（P）与文献[223] 中的模型的差别在于：

1. 模型（P）反映的是源于宝钢的特定生产合同计划问题。考虑到企业生产过程的复杂性，模型中仅研究了其中的关键工序和瓶颈工序，忽略了那些生产能力很大的工序。

2. 模型（P）的目标函数是最小化所有生产合同的总加权完成时间，而文献[223]考虑的是所有合同的总拖期惩罚。

3. 模型（P）中添加了约束（3.4）和（3.8）—（3.11）用于满足实际生产要求。

4. 模型（P）是基于变量节约的规则建立的，能够明显降低计算时间。

三、求解策略

拉格朗日松弛算法从本质上说属于对偶优化方法，是能够有效求解大规模混合整数规划问题的方法之一。使用拉格朗日松弛算法求解 MIP 问题通常需要将问题中的耦合约束松弛并借助拉格朗日乘子将其引入到目标函数中。拉格朗日松弛算法的主要思想是构造一个比原问题更易求解的松弛问题，该问题通常具有可分解的目标函数和约束，有利于进一步求解。对于最小化问题，如果给定乘子向量的值，松弛问题就能够为 MIP 问题的目标函数值提供下界。最优乘子可以通过使用计算量不大且易实施的次梯度算法求解拉格朗日对偶问题获得。在综合运用拉格朗日松弛、线性规划和启发式算法的基础上，本章提出了可用于求解上述合同计划问题的混合求解策略，下面介绍这一策略的详细情况。

（一）拉格朗日松弛算法

通过观察生产合同计划模型（P）不难发现如果忽略约束（3.3），所得到的拉格朗日松弛问题能够按照变量类型分解为容易求解的子问题。所以，本节使用拉格朗日乘子 $\{\mu_{it}\}$ 将约束（3.3）对偶引入至目标函数中：

（LR）

$$\text{Minimize } Z_{LR} \equiv \sum_{i \in I} W_i \cdot C_i + \sum_{i \in I} \sum_{t=l_{i,\varphi_i(K_i)}}^{u_{i,\varphi_i(K_i)}} \mu_{it} \cdot (X_{it} - x_{i,\varphi_i(K_i),t}) \tag{3.14}$$

满足约束（3.2），（3.4）—（3.13）。

松弛问题（LR）可以分解为下面两个子问题，其中一个是 0-1 整数规划问题，另一个是线性规划问题。

（LR_1）

$$\text{Minimize } Z_{LR1} \equiv \sum_{i \in I} W_i \cdot C_i + \sum_{i \in I} \sum_{t=l_{i,\varphi_i(K_i)}}^{u_{i,\varphi_i(K_i)}} \mu_{it} \cdot X_{it} \qquad (3.15)$$

满足约束（3.2），（3.4），（3.9），（3.13）。

（LR_2）

$$\text{Minimize } Z_{LR2} \equiv -\sum_{i \in I} \sum_{t=l_{i,\varphi_i(K_i)}}^{u_{i,\varphi_i(K_i)}} \mu_{it} \cdot X_{i,\varphi_i(K_i),t} \qquad (3.16)$$

满足约束（3.5）—（3.8），（3.10）—（3.12）。

下面的拉格朗日对偶问题的解为原问题提供了最好的下界：

（LD）

$$\text{Minimize } Z_D(\mu_{it}) \equiv \min Z_{LR} \qquad (3.17)$$

满足约束（3.2），（3.4）—（3.13）及

$$\mu_{it} \geqslant 0, \ i \in I, \ t = l_{i,\varphi_i(K_i)}, \ \cdots, \ u_{i,\varphi_i(K_i)} \qquad (3.18)$$

考虑到上述模型，本章设计了下面的拉格朗日松弛算法来求解 3.2 节中的生产合同计划问题。

Step 1. 对于给定的拉格朗日乘子，通过求解子问题（LR_1）和（LR_2）获得松弛问题的最优解。

Step 2. 开发启发式算法构造基于松弛解的可行调度。

Step 3. 计算对偶间隙（$Z^{Up} - Z^{Low}$）/Z^{Low} 以衡量解的质量。其中，Z^{Low} 为对偶问题的目标函数值，能够为原问题提供下界，Z^{Up} 为可行调度的目标函数值，能够为原问题提供上界。

Step 4. 使用次梯度方法更新乘子，构造新的松弛问题，返回 Step 1。

上述过程将持续到达到最大迭代代数或最小对偶间隙时为止。

后面各节将详细介绍子问题的求解，可行解的构造和次梯度算法。

（二）子问题求解

1. 求解子问题（LR_1）

（LR_1）

$$\text{Minimize } Z_{LR1} \equiv \sum_{i \in I} W_i \cdot C_i + \sum_{i \in I} \sum_{t=l_{i,\varphi_i(K_i)}}^{u_{i,\varphi_i(K_i)}} \mu_{it} \cdot X_{it} = \sum_{i \in I} \left(W_i \cdot C_i + \sum_{t=l_{i,\varphi_i(K_i)}}^{u_{i,\varphi_i(K_i)}} \mu_{it} \cdot X_{it} \right)$$

$$(3.19)$$

满足约束（3.2），（3.4），（3.9），（3.13）。

因为 X_{it} 是一个 0-1 变量，由约束（3.4）能够得到

$$\sum_{i \in I} W_i \cdot C_i + \sum_{i \in I} \sum_{t=l_{i,\varphi_i(K_i)}}^{u_{i,\varphi_i(K_i)}} \mu_{it} \cdot X_{it} = \sum_{i \in I} \left(W_i \cdot C_i + \sum_{t=l_{i,\varphi_i(K_i)}}^{u_{i,\varphi_i(K_i)}} \mu_{it} \cdot X_{it} \right)$$

$$= \sum_{i \in I} \left(W_i \cdot C_i + \sum_{t=C_i+1}^{u_{i,\varphi_i(K_i)}} \mu_{it} \right) \qquad (3.20)$$

由此可以将子问题（LR_1）按照生产合同进一步分解为：

（LR_{1i}）

$$\text{Minimize } Z_{LR1i} \equiv W_i \cdot C_i + \sum_{t=C_i+1}^{u_{i,\varphi_i(K_i)}} \mu_{it} \qquad (3.21)$$

满足约束：

$$l_{i,\varphi_i(K_i)} + \left[d_{i,\varphi_t(K_i)} \right] \leqslant C_i \leqslant u_{i,\varphi_i(K_i)}, \quad i \in I \qquad (3.22)$$

显然，（LR_{1i}）的最优解能够通过全枚举获得。

2. 求解子问题（LR_2）

因为子问题（LR_2）是一个典型的线性规划模型，所以能够直接使用标准线性规划软件包 OSL 进行求解。由（3.16）能够看出，当所有拉格朗日乘子的值都为零时，无论 $x_{i,\varphi_i(K_i),t}$ 取何值，（LR_2）的目标函数值都固定为零。此时的可行解就是最优解，因此 OSL 会以最简单最省时的方式来选取最优解，这对于实现所有合同总加权完成时间最小化的目标非常不利。为了获得一个更好的解，作者以接近于零的正数对拉格朗日乘子进行了重新赋值，形成了一个新问题（LR'_2），这个问题与（LR_2）的区别仅在于目标函数中变量的系数不同。因为这两个问题具有相同的约束，从而具有相同的可行解，所以这里以问题（LR'_2）的最优解作为（LR_2）的最优解。需要注意的是（LR_2）的最优目标函数值仍然是零，而（LR'_2）也是直接使用 OSL 进行求解的。

上面所得到的结果为构造原问题的可行解奠定了基础，下一节将具体讨

论这一问题。

（三） 构造可行解

因为离散决策变量和连续决策变量是在不同的子问题中分别进行计算的，所以它们通常无法满足约束（3.3）所定义的变量一致性要求。为了构造基于（LR_2）最优解的可行解，本节提出了用于建立变量一致性关系的启发式算法。算法的具体步骤如下：

Step 1. 以（LR_2）的解作为初始调度。令 $visit\_mark[i]=0$，$\forall i \in I$。

Step 2. 寻找满足条件：$i \in I$ 且 $visit\_mark[i]=0$ 的生产合同 i。如果不存在这样的生产合同，转 Step 5。

Step 3. 搜索满足条件：$x_{i,K_i,t}=1$ 的最小的 $t \in [l_{i,\varphi_i(K_i)}, u_{i,\varphi_i(K_i)}]$。令 $visit\_mark[i]=1$。

Step 4. 令 $C_i=t-1$；对于任意 $t_1 \in [l_{i,\varphi_i(K_i)}, u_{i,\varphi_i(K_i)}]$，如果 $t_1<t$，令 $X_{it_1}=0$；否则令 $X_{it_1}=1$。

Step 5. 停止。由上述过程所得到的（C_i，X_{it}，x_{ijt}）就是原问题的一个可行解。

（四） 次梯度优化方法

通过在次梯度方向上采用固定的步长进行迭代，次梯度优化方法常用于求解不可微问题。为了求解（3.17）中的拉格朗日对偶问题，基于 Luh 等[233]，Diaby 等[41]，Tragantalerngsak 等[234]，Tang 等[153]，Wang[235] 中的思想构造了下面的次梯度算法。这里 t^m 表示第 m 次迭代的步长，β_m 表示用于调整 t^m 的因子。

Step 1. 初始化：

（1）令 $m=0$，$Z^{Up}=+\infty$，$Z^{Low}=-\infty$，其中 m 表示迭代的代数，Z^{Up} 和 Z^{Low} 分别表示函数 Z 的上界和下界。

（2）令 $\mu_{it}^0=0$，$i \in I$，$t=l_{i,\varphi_i(K_i)}$，…，$u_{i,\varphi_i(K_i)}$，其中 $\{\mu_{it}^m\}$ 表示在第 m 次

迭代中的非负拉格朗日乘子。

Step 2. 求解拉格朗日松弛问题：

（1）对于给定的拉格朗日乘子，通过使用 3.3.2 节中所给出的算法最优求解所有子问题计算出松弛问题的最优解。

（2）如果松弛问题的最优目标函数值 $Z_{LR}^m > Z^{Low}$，则 $Z^{Low} = Z_{LR}^m$。

Step 3. 寻找可行解：

（1）基于 Step 2 中得到的松弛解，使用 3.3.3 节中的启发式算法构造原问题的可行解。

（2）如果可行解的目标函数值 $Z^m < Z^{Up}$，则 $Z^{Up} = Z^m$。

Step 4. 收敛性检查：

如果满足下面的任一条件，停止；否则，转 Step 5。

（1）$(Z^{Up} - Z^{Low})/Z^{Low} < \zeta$，其中 $\zeta > 0$ 是由用户指定的非常小的正数；

（2）$m >$ 用户给定的最大迭代代数。

Step 5. 更新拉格朗日乘子，返回 Step 2。

（1）基于 Tang 等[153] 和 Wang[235] 中的思想，在次梯度最优化中采用了四种不同的方法更新拉格朗日乘子以最大化对偶函数。这四种方法所使用的乘子迭代公式分别为：（其中，$i \in I$，$t = l_{i,\varphi_i(K_i)}$，$\cdots$，$u_{i,\varphi_i(K_i)}$）

$$\mu 1_{it}^{m+1} = Max\{\mu_{it}^m + t^m \cdot \theta^m(\mu_{it}^m)\} \tag{3.23}$$

$$\mu 2_{it}^{m+1} = Max\{\mu_{it}^m + t_1^m \cdot \gamma^m(\mu_{it}^m)\} \tag{3.24}$$

$$\mu 3_{it}^{m+1} = \begin{cases} \mu 1_{it}^{m+1}, & \text{如果 } Z_{LR}(\mu 1_{it}^{m+1}) < Z_{LR}(\mu 2_{it}^{m+1}) \\ \mu 2_{it}^{m+1} & \text{否则} \end{cases} \tag{3.25}$$

$$\mu 4_{it}^{m+1} = \begin{cases} \mu 1_{it}^{m+1}, & \text{如果 } Z_{LR_2}(\mu 1_{it}^{m+1}) < Z_{LR_2}(\mu 2_{it}^{m+1}) \\ \mu 2_{it}^{m+1} & \text{否则} \end{cases} \tag{3.26}$$

（2）其他相关参数的迭代更新公式如下：（其中，$i \in I$，$t = l_{i,\varphi_i(K_i)}$，$\cdots$，$u_{i,\varphi_i(K_i)}$）

$$\theta_{it}^m(\mu_{it}^m) = X_{it} - x_{i,\varphi_i(K_i),t} \tag{3.27}$$

$$\gamma_{it}^m(\mu_{it}^m)=\begin{cases}0, & \text{如果 } \theta_{it}^m(\mu_{it}^m)\le 0 \text{ 且 } \mu_{it}^m=0 \\ \theta_{it}^m(\mu_{it}^m), & \text{否则}\end{cases} \tag{3.28}$$

$$t^m=\beta_m\cdot(Z^U-Z_D(\mu m))/\parallel\theta^m(\mu^m)\parallel^2 \tag{3.29}$$

$$t_1^m=\beta_m\cdot(Z^U-Z_D(\mu m))/\parallel\gamma^m(\mu^m)\parallel^2 \tag{3.30}$$

作者将在 Step 5 中分别使用公式（3.23）—（3.26）的拉格朗日松弛算法，记为 LR_{P1}，LR_{P2}，LR_{P3}，LR_{P4}。众所周知，算法 LR_{P1} 是收敛的，而 $Wang$[235]证明了算法 LR_{P2} 的收敛性。由此保证了由算法 LR_{P1} 和 LR_{P2} 组合而成的算法 LR_{P3} 也一定是收敛的。同理，算法 LR_{P4} 也必收敛。

（五）计算结果

为了检验上面算法的性能，比较四种拉格朗日乘子更新方法的有效性，本章设计了下面的计算实验，使用基于宝钢实际生产数据产生的随机算例进行了测试。

为了产生有代表性的测试问题，首先对宝钢的实际生产数据进行了研究。计划决策区间为 90 天。因为所有的生产合同都是按照图 3.4 中的结构生成的，所以集合 J 中所包含工序的数目为 12。因为宝钢每份生产合同的合同量通常为 100—1500，所以测试问题中所使用的合同量是按照 U[100, 500]，或 U[500, 1000]，或 U[1000, 1500]，或 U[100, 1500] 随机产生的。实验中要求计算结果精确到小数点后六位，因此 $\alpha=6$。为了确保当 $x_{ijt}<1$ 时 t 的取值不受约束（3.8）的影响，这里令 $B=10^{12}$。在对 100 个合同进行调度时，3.2 节中所建立的混合整数规划模型中包含了超过 3000 个整数变量，16000 个连续变量及 60000 个约束。因此，本章将测试的最大规模限制为 100 个合同。对于所有的测试，在停止准则中设置了相同的 OSL 最多调用次数。

采用 C++语言编写了算法程序，并在 Pentium IV 系列主频 2.4G 的计算机上对 400 个测试问题（每种规模 10 个例子）进行了仿真实验。因为拉格朗日松弛不能保证找到最优解，所以使用对偶间隙 $(Z^U-Z^L)/Z^L$ 作为衡量解最优性的标准，其中 Z^U 是原问题的上界，而 Z^L 是下界。表 3.1—3.8 分别给出了使用不同乘子迭代公式的拉格朗日松弛算法对于不同规模问题的最优性能和运行时间。

平均对偶间隙和平均计算时间这两种评价标准对于不同问题的相对重要性是不一样的。平均对偶间隙是一种衡量算法有效性的标准，而平均计算时间决定了一种算法是否适合有时间要求的实际应用问题。尽管给予在线实时最优化或控制问题的计算时间非常有限，但对于离线问题的算法却给予了充足的时间。而生产合同计划问题就是一种离线最优化问题，因此使用者最关心的并不是计算时间。由于解的质量对于提高客户服务水平和降低在制品库存非常重要，所以平均对偶间隙成为这种情况下最重要的考虑因素。由表3.1—3.8中的计算结果，能够得出以下结论。

1. 平均对偶间隙均低于8%。而对偶间隙表示最好可行解和下界之间的相对距离，这就说明当前最好解与最优解之间的距离更小。由此证明了本章所提出的拉格朗日松弛算法的有效性。

2. 计算时间随着生产合同数目的增加而延长。这是因为当生产合同的数目增加时，问题规模变大，能力约束变紧，因而问题更加难于求解。

3. 当各生产合同的合同量比较分散时（见列"Q_4：U［100，1500］"），算法 LR_{P1}、LR_{P2}、LR_{P3} 的对偶间隙随着合同数目的增加而增大。这与算法 LR_{P4} 对偶间隙的变化情况正好相反。在这种情况下，算法 LR_{P4} 在平均对偶间隙和平均计算时间两方面都具有最好的性能。

4. 当各生产合同的合同量比较集中时（见列"Q_1：U［100，500］"，"Q_2：U［500，1000］"和"Q_3：U［1000，1500］"），对于最小规模和中等规模的问题（即 U［100，500］和 U［500，1000］），算法 LR_{P1} 在平均对偶间隙方面具有最好的性能。而对于最大规模问题（即 U［1000，1500］），算法 LR_{P4} 的求解效果最好。

5. 当生产合同的合同量增加时，算法 LR_{P3} 和 LR_{P4} 的对偶间隙缩小，而算法 LR_{P1} 和 LR_{P2} 的对偶间隙相对稳定。

6. 总体来说，算法 LR_{P4} 所消耗的计算时间最少，尤其对于大规模问题。

表3.1　算法 $\mathbf{LR}_{P_1}$ 的平均对偶间隙

问题	问题结构	平均对偶间隙(%)			
序号	合同数	$Q_1:U[100,500]$	$Q_2:U[500,1000]$	$Q_3:U[1000,1500]$	$Q_4:U[100,1500]$
1	10	1.092332	1.092332	1.092332	1.092332
2	20	1.195826	1.195826	1.195824	1.195826
3	30	1.113875	1.113875	1.113875	1.113875
4	40	1.068748	1.070423	1.068747	1.008878
5	50	0.905013	0.898975	1.023428	1.435143
6	60	1.919700	1.804433	1.380953	1.443844
7	70	1.630788	1.648349	1.282601	1.239303
8	80	1.125024	1.096151	1.232974	1.126668
9	90	1.859281	1.634265	1.099614	1.305978
10	100	1.613478	1.261181	1.452233	1.432078
平均值		1.352407	1.281581	1.194258	1.239393

表3.2　算法 $\mathbf{LR}_{P_2}$ 的平均对偶间隙

问题	问题结构	平均对偶间隙(%)			
序号	合同数	$Q_1:U[100,500]$	$Q_2:U[500,1000]$	$Q_3:U[1000,1500]$	$Q_4:U[100,1500]$
1	10	1.092332	1.092332	1.092332	1.092332
2	20	1.195826	1.195826	1.195826	1.195826
3	30	1.113875	1.113875	1.113875	1.113875
4	40	1.068748	1.070428	1.068748	1.008884
5	50	0.905013	0.897286	1.115401	1.561474
6	60	1.919700	1.809931	1.264628	1.498250
7	70	1.630788	1.595438	1.285235	1.346606
8	80	1.125024	1.207663	1.219807	1.207213
9	90	1.859281	2.505284	1.375517	1.306003
10	100	1.613478	1.421134	1.308868	1.439494
平均值		1.352407	1.39092	1.204024	1.276996

表 3.3 算法 LR_{P3} 的平均对偶间隙

问题	问题结构	平均对偶间隙（%）			
序号	合同数	$Q_1:U[100,500]$	$Q_2:U[500,1000]$	$Q_3:U[1000,1500]$	$Q_4:U[100,1500]$
1	10	1.092332	1.092332	1.092332	1.092332
2	20	1.195825	1.195825	1.195824	1.195825
3	30	1.113875	1.113875	1.113875	1.113875
4	40	1.068748	1.068238	1.068746	1.077518
5	50	1.189004	1.251642	1.544787	1.374043
6	60	3.541571	3.689976	1.381916	1.745242
7	70	2.407400	2.597189	1.283191	1.891792
8	80	1.850553	1.120049	1.264933	1.515077
9	90	5.956656	4.470296	1.645144	1.302130
10	100	4.979256	3.595341	2.334185	1.445397
平均值		2.439522	2.119476	1.392493	1.375323

表 3.4 算法 LR_{P4} 的平均对偶间隙

问题	问题结构	平均对偶间隙（%）			
序号	合同数	$Q_1:U[100,500]$	$Q_2:U[500,1000]$	$Q_3:U[1000,1500]$	$Q_4:U[100,1500]$
1	10	1.092332	1.092332	1.092332	1.092332
2	20	1.195825	1.195825	1.160052	1.195825
3	30	1.113875	0.995737	0.870066	0.995832
4	40	1.068748	1.068588	0.570663	0.967780
5	50	1.175156	0.870651	0.587421	1.222200
6	60	3.052392	3.590302	0.315437	1.410010
7	70	1.986815	2.401068	0.110788	0.727596
8	80	1.785414	0.301695	0.243441	1.041033
9	90	7.305318	4.659680	1.843990	0.494572
10	100	5.665275	4.120940	2.368665	0.510572
平均值		2.544115	2.029682	0.916286	0.965775

表 3.5　算法 LR_{P_1} 的平均运行时间

问题	问题结构	平均运行时间(s)			
序号	合同数	$Q_1:U[100,500]$	$Q_2:U[500,1000]$	$Q_3:U[1000,1500]$	$Q_4:U[100,1500]$
1	10	6.597000	6.586000	6.592000	6.731001
2	20	21.003000	20.967999	21.287001	21.123000
3	30	45.353998	45.596002	46.537000	45.792999
4	40	70.813000	78.124994	73.417993	73.820001
5	50	110.054993	108.127002	119.169995	117.301001
6	60	185.433984	195.500989	215.293994	194.343994
7	70	207.125000	213.708008	254.376001	218.579004
8	80	313.176025	306.309009	435.558984	318.620996
9	90	349.943994	386.502979	537.620020	479.085010
10	100	495.056006	488.120996	905.677051	546.592041
平均值		180.455700	184.954400	261.55300	202.198900

表 3.6　算法 LR_{P_2} 的平均运行时间

问题	问题结构	平均运行时间(s)			
序号	合同数	$Q_1:U[100,500]$	$Q_2:U[500,1000]$	$Q_3:U[1000,1500]$	$Q_4:U[100,1500]$
1	10	6.608000	6.617000	6.689000	6.596000
2	20	21.081000	21.086000	21.403000	21.216000
3	30	45.475000	45.742004	46.234000	45.823999
4	40	70.896997	71.707001	73.202002	73.721997
5	50	110.229004	107.378003	114.710010	116.127002
6	60	185.472986	195.814001	212.406982	192.729993
7	70	207.632007	211.898999	238.573999	217.683984
8	80	312.572021	315.164014	385.201001	319.704004
9	90	351.338013	385.538013	486.858936	466.590967
10	100	495.202002	485.677979	809.781006	523.293018
平均值		180.650700	184.662300	239.506000	198.348700

表 3.7 算法 LR_{P3} 的平均运行时间

问题	问题结构	平均运行时间（s）			
序号	合同数	$Q_1 : U[100, 500]$	$Q_2 : U[500, 1000]$	$Q_3 : U[1000, 1500]$	$Q_4 : U[100, 1500]$
1	10	6.067000	6.025000	6.114000	6.035000
2	20	19.203000	19.371001	19.696001	19.294000
3	30	41.665997	42.391000	42.961005	41.846997
4	40	65.052002	66.172998	67.777002	67.757001
5	50	101.701996	102.162000	109.450000	107.314001
6	60	170.102002	180.779016	197.743005	175.970984
7	70	190.532007	196.962000	229.936011	197.839001
8	80	288.059009	284.808008	392.662012	297.141016
9	90	323.878027	357.686035	484.208984	431.436035
10	100	457.992969	458.620020	822.695996	484.969971
平均值		166.425400	171.497700	237.324400	182.960400

表 3.8 算法 LR_{P4} 的平均运行时间

问题	问题结构	平均运行时间（s）			
序号	合同数	$Q_1 : U[100, 500]$	$Q_2 : U[500, 1000]$	$Q_3 : U[1000, 1500]$	$Q_4 : U[100, 1500]$
1	10	6.063000	6.036000	6.091000	10.391000
2	20	19.368001	19.414000	19.188000	19.649001
3	30	41.833997	40.498999	38.689001	40.427997
4	40	65.303003	66.049994	53.393000	61.857001
5	50	101.604999	91.314008	59.563000	80.032996
6	60	170.688013	181.531006	116.884998	158.893005
7	70	189.511987	164.445996	134.927991	129.471008
8	80	289.032031	182.006982	236.732007	191.160999
9	90	326.644971	280.615991	412.748047	308.730005
10	100	455.058984	346.556006	845.141016	338.769995
平均值		166.510900	137.846900	192.335800	133.938300

四、结论

当今世界科技创新不断，需求多种多样，市场竞争尤为激烈，有助于成本节约的生产合同计划因此而成为最受关注的热点问题之一。本章详细描述了宝钢钢板生产过程中的实际生产合同计划问题。建立了一个可分解的混合整数规划模型，目标是在满足能力约束和复杂优先级约束的情况下，确定生产合同在某些关键工序和瓶颈工序上的开始加工时间和完工时间，以实现所有合同的总加权完成时间最小化。为了求解这一问题，本章开发了由拉格朗日松弛、线性规划和启发式算法构成的分解求解策略并进行了仿真实验。实验中使用了基于宝钢实际生产数据产生的测试问题，计算结果显示该拉格朗日松弛算法能够在合理的时间内获得高质量的解。

第四章　钢铁原料采购计划

原料采购作为企业生产的起点主要解决的是如何以适当的价格获得生产所需的适当数量原料的问题。在原料采购计划的编制过程中，需要进行供应商的选择，确定各种原料在各时间段内的采购数量，同时还需要分析采购成本的构成，考虑对于采购预算、库存能力和库存周转率等的限制。

由于原料采购成本通常占据钢铁企业生产总成本的 50% 以上，所以提高采购部门的效率会为企业带来巨大的收益。本章针对宝钢的原料采购问题进行了调查和研究。建立了两个数学规划模型用于在选择供应商的同时确定多种产品在各时间段内的订货量。第一个模型的目标是最小化制造商的采购成本，而第二个模型的目标则是从供应链管理的角度出发，在不损害已选定供应商利益的基础上，最小化采购过程的冗余成本。考虑到模型的复杂性，采用了启发式算法来寻求高质量的解。计算结果充分说明了制造商与供应商之间进行协调的重要性。

一、问题描述

在当今的国际市场中，不再是企业与企业之间的竞争，而是供应链与供应链之间的竞争（Min 和 Zhou[236]）。Xu 等[237]阐述了供应链的成员企业各自为政会带来的负面影响。成本的大量节约和服务水平潜在的提升空间已成为设计计划编制方法和维持物流链中成员企业协调运作的动力源泉（Minner[238]）。很多应用于供应链协调的概念和策略应运而生，参见 Barbarosoǧlu[239]，Xue 等[240]，Dudek 和 Stadtler[241]。供应链协调是供应链管理中的一个重要问题，其核心思想是：供应链的成员企业都朝着共同的目标努力，相互协调，使所有的合作伙伴受益，从而实现企业资源的最优配置，最大限度地降低成本，提高对顾客需求的响应速度，满足客户的个性化需求，最终达到物流、资金流、信息流的高度统一。协调问题是当今供应链管理中最难以解决的问题之一，而企业和供应商之间的协调恰好是其中最重要的一环。如果供需双方能够协调运作犹如同属于一个企业，那么就能够明显减少供应链中的冗余成本，使双方受益。但是直到现在，这一问题仍未能得到很好的解决。

本章以宝钢铁矿石采购为背景，对钢铁企业的原料采购问题进行了研究。宝钢是中国最大最先进的钢铁生产企业，每年要消耗几千万吨的铁矿石，因此铁矿石的采购问题对于宝钢来说具有非常重要的研究价值。与其他工业相比，钢铁工业的生产和物流过程更加复杂，如图 4.1 所示。因此，其原料采购问题具有许多不同于一般采购的特点，详见表 4.1。本章的贡献主要表现在以下五个方面：

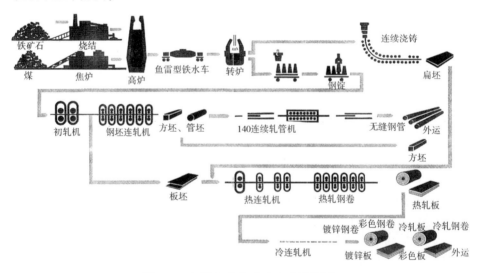

图 4.1　钢铁企业的生产工艺流程图

1. 建立了两个描述采购问题的数学模型，模型特点的对比分析列于表 4.2 中。

2. 在供应商选择阶段考虑了协调的因素。作者所看到的文献都是在选定供应商之后再研究协调的重要性的。

3. 模型能够同时进行供应商的选择和确定多种产品在各时间段内的订货量。

4. 第二个模型采用了动态确定价格和惩罚。

5. 开发了启发式算法用于产生高质量的解，因为使用优化软件 LINGO 所做的实验证明要找寻这些模型的全局最优解几乎是不可能的。

表 4.1　钢铁原料采购特点

○需采购原料的数量大；
○原料需求相对稳定；
○采购提前期较长；
○原料品种繁多；
○缺货损失巨大；
○原料采购成本非常高；
○供应商的选择至关重要，因为通常钢铁企业与其供应商进行的是长期性的合作；
○原料质量和供应商的服务质量是供应商选择中的关键因素。

表 4.2　两个模型特点的对比分析

模型 I	模型 II
○降低买方采购成本；	○减少与买方采购行为相关的供应链冗余成本；
○适用于多时间段、多品种、多供应商的采购问题；能够在选择供应商的同时确定各时间段内的采购数量；	○动态定义价格和惩罚，避免进行重复检测，考虑供应商管理库存策略（VMI），确保订单的连续性；
○在进行供应商选择时主要考虑了以下因素：采购成本，订货成本，建立供应商的固定管理成本，产品质量，订单完成率，缺货损失，检测成本，库存成本，处理成本（包括厂内厂外的运输总成本、在码头或车站的接货成本）。	○适用于多时间段、多品种、多供应商的采购问题；能够在选择供应商的同时确定各时间段内的采购数量；
	○重点考虑了以下问题：重新确定价格和惩罚，确保不缺货，优化检测成本和库存成本，降低供应商的加班生产成本。

二、数学模型

这一节将给出用于选择供应商和确定各时间段内采购数量的决策模型，详细内容如下。

（一）假设

表4.1中所描述的问题特征为决策模型的开发奠定了基础，现将建模过程中所用到的假设条件列举如下：

1. 在钢铁企业的采购计划中只考虑当前决策区间内能够到达的原料。

2. 钢铁企业每年提前 m 个时间段制定采购计划。

3. 所有原料的重量以吨计。

4. 钢铁企业每次都是大批量购入原材料。

5. 原料需求相对稳定且为重复性需求。

6. 每个供应商对于每种原料只提供一种批量价格。

7. 在每个时间段内，钢铁企业至多能向每个供应商订一次货。

8. 决策区间定为 1 年。

9. 决策区间被分割为 T 个时间段。

10. 对于所有原料，每个供应商仅向企业提供一种延期付款的优惠。

11. 每种原料被存储在一个固定的仓库中。

12. 将由不同供应商处采购来的同种原料放置在同一个仓库的不同位置。

13. 采购来的原料需要经过验收，有责任的供应商要受到惩罚，因为供应劣等原料会给企业造成损失。

14. 对于未能及时到货的惩罚相对严重，因为原料缺货会给企业带来巨大的损失。

15. 当考虑供应链协调时不允许缺货，而且如果供应商进行了严格的出厂检验，则无须对采购来的原料进行二次检查。

（二）符号

下面介绍模型中所使用的参数和变量：

参数：

- T：决策区间；

- M：时间段集合，用 t 指代其中的元素，$M=\{1,\cdots,T\}$；

- st_{si}：对于供应商 s，原料 i 的订货提前期；

- $M_{si1}=\{1,\cdots,T-st_{si}\}$，$s\in P$，$i\in N$；

- $M_{si2}=\{\max\{T-m,T+1-st_{si}\},\ldots,T\}$，$s\in P$，$i\in N$；

- $M_{s1}=\bigcup_{i\in N}M_{si1}$，$s\in P$；

- $M_{s2}=\bigcup_{i\in N}M_{si2}$，$s\in P$；

- P：供应商集合，用 s 指代其中的元素；

- N：钢铁企业需采购的原料集合，用 i 指代其中的元素；

- G_0：企业年度采购预算的上限；

- G_t：企业在时间 t 内采购预算的上限；

- $R_{\min}$：选用供应商总数的下限；

- $R_{\max}$：选用供应商总数的上限；

- mc_s：与供应商 s 建立合作关系所需的固定管理成本；

- dc_s：供应商 s 允许延期付款的时间长度；

- $\max b_i$：对于原料 i，允许从一个供应商处采购的最大比例；

- $Z_{i,\min}$：对于原料 i，选用供应商数目的下限；

- $Z_{i,\max}$：对于原料 i，选用供应商数目的上限；

- p_{si}：供应商 s 所提供的原料 i 的价格；

- $disc$：当前的贴现率；

- oc_s：向供应商 s 订货的固定成本；

- pq_i：不考虑协调因素时，对于原料 i 中的单位不合格品，企业所设置的惩罚；

- pq_l_i：考虑协调因素时，对于原料 i 中的单位不合格品，企业所设定的最小惩罚，即企业所能接受的 pq_i 的最小值；

- pl_{si}：由供应商 s 提供的单位不合格原料 i 使企业蒙受的损失；

- hl_{si}：由供应商 s 所提供的原料 i 的单位处理成本，包括接货成本和运输成本；

- lo_{si}：由从供应商 s 处采购的单位原料 i 拖期所造成的损失；

- po_i：企业对于未能准时交货的原料 i 的单位惩罚；

- q_{si}：对于供应商 s，原料 i 的合格率；

- d_{it}：原料 i 在时间 t 内的需求量；

- sp_i：企业对于原料 i 的单位检测成本；

- sps_{si}：供应商 s 对于原料 i 的单位检测成本；

- b_{si}：从供应商 s 处采购来的原料 i 的初始库存；

- $E(o_{sit})$：对于原料 i，供应商 s 在时间 t 内的订单完成率；

- E_{si}：从供应商 s 处采购来的原料 i 的相对有效率（与采购计划中规定的原料质量标准相比）；

- PD_{sit}：在不加班的情况下，在时间 t 内供应商 s 所能提供的原料 i 的数量的上限；

- $\overline{PD}si$：为了获得批量价格优惠，每次钢铁企业必须从供应商 s 处购买原料 i 的数量的下限；

- dec_{si}：由供应商 s 所提供的原料 i 的成粉率；

- pd_{si}：供应商 s 所提供的原料 i 的筛下粉的单价；

- LD_i：对于原料 i，企业所能允许的最长订货提前期；

- SK_i：对于原料 i，企业的最大存贮能力；

- β_{sit}：PD_{sit} 中能够分配给该企业的最大比例；

- h_i：对于钢铁企业，原料 i 的单位库存持有成本；

- h_{si}：对于供应商 s，原料 i 的单位库存持有成本；

- $\triangle_{sit}$：供应商 s 在时间 t 内对于原料 i 的加班生产能力；

● $\bar{\Delta}_{sit}$：供应商 s 在时间 t 内对于原料 i 的加班生产能力中能够分给该企业的部分；

● $\triangle c_{si}$：对于原料 i，供应商 s 的加班生产成本；

● are_s：以往供应商 s 能够从该企业获得的收益或由供应商 s 指定的与该企业进行协作的保底利润，这里将它指定为供应商 s 在模型 I 中所得到的利润；

$$are_s = \sum_{i \in N} \sum_{t \in M_{si1} \cup M_{si2}} \{ (p_{si} - c_{si}) - pq_i \cdot (1 - q_{si}) - \bar{z}_i \cdot sps_{si} - po_i \cdot (1 - E(o_{sit})) \} \cdot$$
$$x_{sit} - \sum_{i \in N} \sum_{t \in M_{si1} \cup M_{si2}} (E(o_{sit}) \cdot x_{sit} - \beta_{sit} \cdot PD_{sit}) + \cdot (\Delta c_{si} - c_{si}) ;$$

● c_{si}：对于原料 i，供应商 s 的正常生产成本（不加班时）；

● $\bar{c}_{si}$：对于原料 i，供应商 s 所能接受的最低价格；

● r：企业将回馈给供应商节约的库存成本的比例，以补偿其为采用 VMI 所付出的代价；

● vl_i：对于原料 i，企业设定的最低的库存周转率；

● $p'_{si} = \dfrac{(p_{si} - dec_{si} \cdot pd_{si})}{1 - dec_{si}} \cdot (1 - dc_s \cdot disc)$ ；

● C：企业以往的采购成本，这里指按照模型 I 的结果进行采购时，企业所必须负担的成本。

决策变量：

● x_{sit}：在时间 t 内，从供应商 s 处采购原料 i 的数量；

● $(x_{sit} - \beta_{sit} \cdot PD_{sit})^+ = \begin{cases} x_{sit} - \beta_{sit} \cdot PD_{sit}, & 如果 x_{sit} > \beta_{sit} \cdot PD_{sit} \\ 0, & 如果 x_{sit} \leq \beta_{sit} \cdot PD_{sit} \end{cases}$ ；

● $(E(o_{sit}) \cdot x_{sit} - \beta_{sit} \cdot PD_{sit})^+ =$

$\begin{cases} E(o_{sit}) \cdot x_{sit} - \beta_{sit} \cdot PD_{sit}, & 如果 E(o_{sit}) \cdot x_{sit} > \beta_{sit} \cdot PD_{sit} \\ 0, & 如果 E(o_{sit}) \cdot x_{sit} \leq \beta_{sit} \cdot PD_{sit} \end{cases}$ ；

● $\bar{x}_{sit} = \begin{cases} x_{si(t-st_{si})}, & t - st_{si} > 0 \text{ 且 } t \in M_{si1} \\ x_{si(T-(st_{si}-t))}, & t - st_{si} \leq 0 \text{ 且 } T - (st_{si} - t) \in M_{si2} \end{cases}$ ；

• inv_{sit}：在 t 时间末，由供应商 s 处采购的原料 i 的库存水平；

• $\bar{inv}_{sit}$：由供应商 s 处采购的原料 i 在时间 t 内的平均库存水平；

$$\bar{inv}_{sit} = \frac{1}{2}(inv_{si(t-1)} + \bar{x}_{sit} + inv_{sit}), \quad t \in M \setminus \{1\}, \quad s \in P, \quad i \in N;$$

$$\bar{inv}_{si1} = \frac{1}{2}(b_{si} + \bar{x}_{si1} + inv_{si1}), \quad s \in P, \quad i \in N;$$

• sd_{sit}：在时间 t 内消耗的从供应商 s 处购得的原料 i 的数量；

• $R_s = \begin{cases} 1, & \text{如果企业在决策区间内从供应商 } s \text{ 处采购了原料} \\ 0, & \text{否则} \end{cases}$；

• $z_{si} = \begin{cases} 1, & \text{如果企业在决策区间内从供应商 } s \text{ 处采购了原料 } i \\ 0, & \text{否则} \end{cases}$；

• $u_{st} = \begin{cases} 1, & \text{如果企业在第 } t \text{ 阶段向供应商 } s \text{ 订了货} \\ 0, & \text{否则} \end{cases}$；

• $\bar{z}_{si} = \begin{cases} 1, & \text{如果在模型 I 中供应商 } s \text{ 已对原料 } i \text{ 进行了出厂检测} \\ 0, & \text{否则} \end{cases}$；

• $\bar{p}_{si}$：企业与供应商 s 共同协定的原料 i 的价格，假定企业与供应商 s 在协商这一价格时共采用了 $n1_{si}$ 个价位，

$$\bar{p}_{si} \in PS = \left\{ \bar{c}_{si}, \quad \bar{c}_{si} + \frac{p_{si} - \bar{c}_{si}}{n1_{si}}, \quad \cdots, \quad \bar{c}_{si} + \frac{(n1_{si} - 1) \cdot (p_{si} - \bar{c}_{si})}{n1_{si}}, \quad p_{si} \right\}, \text{ 这里令}$$

$n1_{si} = 5$, $s \in P$, $i \in N$；

• $\bar{p}'_{si} = \frac{(\bar{p}_{si} - dec_{si} \cdot pd_{si})}{1 - dec_{si}} \cdot (1 - dc_s \cdot disc)$；

• $\bar{pq}_i$：企业与供应商共同协定的对于原料 i 中的不合格品的单位惩罚，假定他们在协商这一惩罚时共采用了 $n2_i$ 个等级，

$$\bar{pq}_i \in PQ = \left\{ pq_{l_i}, \quad pq_{l_i} + \frac{pq_i - pq_{l_i}}{n2_i}, \quad \cdots, \quad pq_{l_i} + \frac{(n2_i - 1) \cdot (pq_i - pq_{l_i})}{n2_i}, \quad pq_i \right\}, \text{ 这}$$

里令 $n2_i = 3$, $i \in N$；

- $\bar{R}_s = \begin{cases} 1, & \text{如果在模型 I 的计算结果中 } R_s = 1 \\ 0, & \text{否则} \end{cases}$;

- $y_{si} = \begin{cases} 1, & \text{如果供应商 } s \text{ 对原料 } i \text{ 进行出厂检测} \\ 0, & \text{否则} \end{cases}$;

- $sign_{si} = \begin{cases} 1, & \text{如果供应商 } s \text{ 与企业就原料 } i \text{ 达成了 VMI 协订} \\ 0, & \text{否则} \end{cases}$;

- $v_{sit} = \begin{cases} 1, & \text{如果企业在第 } t \text{ 阶段向供应商 } s \text{ 采购了原料 } i \\ 0, & \text{否则} \end{cases}$;

- $w_{si} = \min(z_{si}, \ sign_{si}, \ y_{si}) = \begin{cases} 1, & \text{如果 } z_{si} = sign_{si} = y_{si} = 1 \\ 0, & \text{否则} \end{cases}$;

- $INVENTORY_{si} = \sum_{t \in M \setminus \{1\}} (h_i - (w_{si} \cdot h_{si} + (1 - w_i) \cdot h_i)) \cdot \overline{inv}_{sit} +$

$(h_i - (w_{si} \cdot h_{si} + (1 - w_i) \cdot h_i)) \cdot \left(\overline{inv}_{si1} - \frac{1}{2} b_{si} \right), \ i \in N, \ s \in P$;

- $INV_s = \sum_{i \in N} \sum_{t \in M \setminus \{1\}} (h_i - (w_{si} \cdot h_{si} + (1 - w_{si}) \cdot h_i)) \cdot \overline{inv}_{sit} +$

$\sum_{i \in N} (h_i - (w_{si} \cdot h_{si} + (1 - w_{si}) \cdot h_i)) \cdot \left(\overline{inv}_{si1} - \frac{1}{2} b_{si} \right), \ s \in P_{\circ}$

（三）模型 I：不考虑协调的传统采购模型

在不考虑供应链协调时，供应链上的各成员企业独立运作。由于彼此之间没有详细的信息交换，如图 4.2 所示，制造商和供应商都仅从自身的利益出发去制定各自的计划。这样一来，制造商在选择供应商和确定各时间段内的最优订货量时追求的只是自身采购成本的最小化，而被选择的供应商通常按照利润的大小来确定订单加工的先后顺序。结果就会导致制造商的某些订单不能按时完成，势必给其带来额外的损失。在这种情况下，混合整数规划模型 I 能够为制造商提供最好的采购策略。

利用上面定义的符号，可以将钢铁企业的原料采购问题描述如下。目标函数是最小化企业与采购过程相关的成本，即：

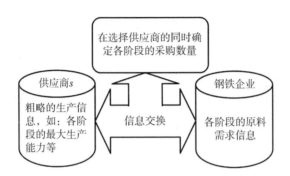

图 4.2 不考虑协调因素时的采购过程

Minimize $C_P \equiv \sum\limits_{s \in P} mc_s R_s + \sum\limits_{s \in P} \sum\limits_{t \in M_{s1} \cup M_{s2}} oc_s \cdot u_{st} + \sum\limits_{s \in P} \sum\limits_{i \in N} \sum\limits_{t \in M} h_i \cdot i\bar{n}v_{sit}$

$+ \sum\limits_{s \in P} \sum\limits_{i \in N} \sum\limits_{t \in M_{si1} \cup M_{si2}} (p'_{si} + (pl_{si} - pq_i) \cdot (1 - q_{si}) + (lo_{si} - po_i) \cdot$

$(1 - E(o_{sit})) + sp_i + hl_{si}) \cdot x_{sit}$ (4.1)

满足约束:

$$\sum\limits_{N \in P} E_{si} \cdot sd_{sit} = d_{it}, \quad \forall\, t \in M,\ i \in N \tag{4.2}$$

$$b_{si} + \bar{x}_{si1} - inv_{st1} = sd_{si1}, \quad \forall\, i \in N,\ s \in P \tag{4.3}$$

$$inv_{si(t-1)} + \bar{x}_{sit} - inv_{sit} = sd_{sit}, \quad \forall\, s \in P,\ i \in N,\ t \in M \setminus \{1\} \tag{4.4}$$

$$\sum\limits_{s \in P} \sum\limits_{t \in M_{si2}} x_{sit} \cdot E_{si} \leqslant \sum\limits_{t \in T} d_{it}, \quad \forall\, i \in N \tag{4.5}$$

$$\sum\limits_{s \in P} x_{sit} \cdot E_{st} \leqslant \sum\limits_{k \in M,\ k \geqslant t} d_{ik}, \quad \forall\, i \in N,\ 1 \leqslant t \leqslant \max\limits_{s \in P,\ i \in N} \{T - st_{si}\} \tag{4.6}$$

$$\sum\limits_{s \in P} \sum\limits_{i \in N} \sum\limits_{t \in M_{si2}} p_{si} \cdot x_{sit} \leqslant G_0 \tag{4.7}$$

$$\sum\limits_{s \in P} \sum\limits_{i \in N} p_{si} \cdot x_{sit} \leqslant G_t, \quad 1 \leqslant t \leqslant \max\limits_{s \in P,\ i \in N} \{T - st_{si}\} \tag{4.8}$$

$$\frac{\sum\limits_{s \in P} sd_{sit}}{\sum\limits_{s \in P} i\bar{n}v_{sit}} > vl_i, \quad \forall\, i \in N,\ t \in M \tag{4.9}$$

$$\sum\limits_{s \in P} i\bar{n}v_{sit} \leqslant SK_i, \quad \forall\, t \in M,\ i \in N,\ s \in P \tag{4.10}$$

$$st_{si} \cdot z_{si} \leqslant LD_i, \quad \forall\, s \in P,\ i \in N \tag{4.11}$$

$$\sum\limits_{t \in M_{si1} \cup M_{si2}} x_{sit} \leqslant \Big(\max b_i \sum\limits_{t \in M} d_{it}\Big) z_{si}, \quad \forall\, s \in P,\ i \in N \tag{4.12}$$

$$\bar{PD}_{si} \cdot v_{sit} \leqslant x_{sit} \leqslant PD_{sit} \cdot v_{sit}, \quad \forall s \in P, \ i \in N, \ t \in M_{si1} \cup M_{si2} \tag{4.13}$$

$$v_{sit} \leqslant z_{si}, \quad \forall s \in P, \ i \in N, \ t \in M_{si1} \cup M_{si2} \tag{4.14}$$

$$\sum_{t \in M_{si1} \cup M_{si2}} v_{sit} \geqslant z_{si}, \quad \forall s \in P, \ i \in N \tag{4.15}$$

$$R_{\min} \leqslant \sum_{s \in P} R_s \leqslant R_{\max} \tag{4.16}$$

$$Z_{i,\,\min} \leqslant \sum_{s \in P} z_{si} \leqslant Z_{i,\,\max}, \quad \forall i \in N \tag{4.17}$$

$$R_s \leqslant \sum_{i \in N} z_{si}, \quad \forall s \in P \tag{4.18}$$

$$z_{si} \leqslant R_s, \quad \forall i \in N, \ s \in P \tag{4.19}$$

$$R_s \leqslant \sum_{t \in M_{s1} \cup M_{s2}} u_{st}, \quad \forall s \in P \tag{4.20}$$

$$u_{st} \leqslant R_s, \quad \forall s \in P, \ t \in M_{s1} \cup M_{s2} \tag{4.21}$$

$$R_s \in \{0, 1\}, \quad \forall s \in P \tag{4.22}$$

$$u_{st} \in \{0, 1\}, \quad \forall s \in P, \ t \in M_{s1} \cup M_{s2} \tag{4.23}$$

$$v_{sit} \in \{0, 1\}, \quad \forall s \in P, \ i \in N, \ t \in M_{s1} \cup M_{si2} \tag{4.24}$$

$$z_{si} \in \{0, 1\}, \quad \forall s \in P, \ i \in N \tag{4.25}$$

$$x_{sit} \geqslant 0, \quad \forall s \in P, \ i \in N, \ t \in M_{si1} \cup M_{si2} \tag{4.26}$$

$$sd_{sit}, \ inv_{sit} \geqslant 0, \quad \forall t \in M, \ s \in P, \ i \in N \tag{4.27}$$

（4.1）中的每一项代表一种成本。从供应商 s 处购得的原料 i 在时间 t 内的消耗量 sd_{sit} 依据约束（4.2）确定。这里的约束（4.3）和（4.4）被称作库存平衡约束。约束（4.5）和（4.6）要求采购量必须低于后期的需求量。各时间段内的采购预算必须满足约束（4.7）和（4.8）。约束（4.9）要求任意原料 i 在各时间段内的库存周转率必须大于 vl_i。约束（4.10）反映了企业的库存能力限制。约束（4.11）有助于减少决策变量的个数，但在求解模型时并不会直接用到。约束（4.12）限定了企业从各供应商处采购各种原料的最大数量。如果模型结果显示应该在时间 t 内从供应商 s 处采购原料 i，那么依据约束（4.13）采购数量 x_{sit} 必须大于 $\bar{PD}_{si}$ 而且小于 PD_{sit}。约束（4.14）—（4.21）用于确保模型的一致性。约束（4.22）—（4.27）定义了变量的取值范围。

（四）模型Ⅱ：考虑供应链协调的采购模型

采用供应链协调后，每个成员企业都在为提高供应链的整体效益而努力，不再仅从自己企业的角度去看待问题。从图 4.3 中能够看出，在这种情况下企业和供应商将向对方提供详细的信息以确保订单不被延迟。协调作为一种有效的管理方法被用来最小化供应链的总成本。VMI 是一种重要的协调方式，它不仅能够降低制造商的库存成本，而且有助于供应商制定出更加精确的生产计划，有利于更好地平衡其生产能力，降低安全库存水平。有鉴于此，本节构造了模型Ⅱ，这个模型要求在降低制造商采购成本但不损害供应商利益的前提下，最小化所有与采购行为相关的冗余成本。

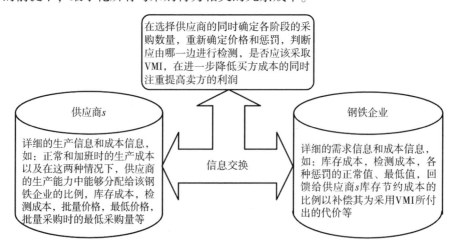

图 4.3 考虑协调因素时的采购过程

模型Ⅱ表述如下：

Minimize $C_P \equiv$

$$\sum_{s \in P} \sum_{i \in N} \sum_{t \in M_{si1} \cup M_{si2}} \left\{ \bar{p}'_{si} - c_{si} + y_{si} \cdot sps_{si} + (1 - y_{si}) \cdot (1 - q_{si}) \cdot \left(pl_{si} - \bar{p}\bar{q}_l \right) + (1 - y_{si}) \cdot sp_i + hl_{si} \right\} \cdot x_{sit} + \sum_{s \in P} mc_s \cdot R_s + \sum_{s \in P} \sum_{t \in M_{s1} \cup M_{s2}} oc_s \cdot u_{st} + \sum_{s \in P} \sum_{i \in N} \sum_{t \in M \setminus \{1\}} (w_{si} \cdot h_{si} + (1 - w_{si}) \cdot h_i) \cdot i\bar{n}v_{sit} + \frac{1}{2} \sum_{s \in P} \sum_{i \in N} h_i \cdot b_{si} + \sum_{s \in P} \sum_{i \in N} (w_{si} \cdot h_{si} + (1 - w_{si}) \cdot h_i) \cdot$$

$$\left(inv_{si1} - \frac{1}{2} b_{si} \right) + \sum_{s \in P} \sum_{i \in N} \sum_{t \in M_{si1} \cup M_{si2}} (x_{sit} - \beta_{sit} \cdot PD_{sit})^+ \cdot (\Delta c_{si} - c_{si}) \tag{4.28}$$

满足约束：

$$INVENTORY_{si} \geq sign_{si}, \quad \forall i \in N, \ s \in P \tag{4.29}$$

这里 A 是一个无穷大的正数 $\tag{4.30}$

$$\sum_{i \in N} \sum_{t \in M_{si1} \cup M_{si2}} \left\{ \left(\bar{p}_{si} - c_{si} - y_{si} \cdot sps_{si} - (1 - y_{si}) \cdot (1 - q_{si}) \cdot \bar{pq}_i \right) \cdot x_{sit} - (\Delta c_{si} - $$

$$c_{si}) \cdot (x_{sit} - \beta_{sit} \cdot PD_{sit})^+ \right\} + INV_s \cdot r \geq \bar{R}_s \cdot are_s, \quad \forall s \in P \tag{4.31}$$

$$\sum_{s \in P} \sum_{i \in N} \sum_{t \in M_{si1} \cup M_{si2}} \left(\bar{p}'_{si} + (1 - y_{si}) \cdot sp_i + hl_{si} + (1 - y_{si}) \cdot (1 - q_{si}) \cdot (pl_i - $$

$$pq_i) \right) \cdot x_{sit} + \sum_{s \in P} mc_s \cdot R_s + \sum_{s \in P} \sum_{t \in M_{s1} \cup M_{s2}} oc_s \cdot u_{st} + \sum_{s \in P} INV_s \cdot r + \sum_{s \in P} \sum_{i \in N} \sum_{t \in M \setminus \{1\}} (w_{si} \cdot $$

$$h_{si} + (1 - w_{si}) \cdot h_i) \cdot \bar{inv}_{sit} + \sum_{s \in P} \sum_{i \in N} (w_{si} \cdot h_{si} + (1 - w_{si}) \cdot h_i) \cdot \left(\bar{inv}_{si1} - \frac{1}{2} b_{si} \right) + $$

$$\frac{1}{2} \sum_{s \in P} \sum_{i \in N} h_i \cdot b_{si} \leq C \tag{4.32}$$

$$\bar{p}_{si} \in PS = \left\{ \bar{c}_{si}, \ \bar{c}_{si} + \frac{p_{si} - \bar{c}_{si}}{5}, \ \cdots, \ \bar{c}_{si} + \frac{4 \cdot (p_{si} - \bar{c}_{si})}{5}, \ p_{si} \right\}, \quad \forall s \in P, \ i \in N$$
$$\tag{4.33}$$

$$\bar{pq}_i \in PQ = \left\{ pq\_l_i, \ pq\_l_i + \frac{pq_i - pq\_l_i}{3}, \ pq\_l_i + \frac{2 \cdot (pq_i - pq\_l_i)}{3}, \ pq_i \right\},$$

$$\forall i \in N \tag{4.34}$$

$$\sum_{s \in P} E_{si} \cdot sd_{sit} = d_{it}, \quad \forall t \in M, \ i \in N \tag{4.35}$$

$$b_{si} + \bar{x}_{si1} - inv_{si1} = sd_{si1}, \quad \forall i \in N, \ s \in P \tag{4.36}$$

$$inv_{si(t-1)} + \bar{x}_{sit} - inv_{sit} = sd_{sit}, \quad \forall s \in P, \ i \in N, \ t \in M \setminus \{1\} \tag{4.37}$$

$$\sum_{s \in P} \sum_{t \in M_{si2}} x_{sit} \cdot E_{si} \leq \sum_{t \in T} d_{it}, \quad \forall i \in N \tag{4.38}$$

$$\sum_{s \in P} x_{sit} \cdot E_{si} \le \sum_{k \in M, \, k \ge 1} d_{ik}, \quad \forall \, i \in N, \; 1 \le t \le \max_{s \in P, \, i \in N} \left\{ T - st_{si} \right\} \qquad (4.39)$$

$$\sum_{s \in P} \sum_{i \in N} \sum_{t \in M_{si2}} p_{si} \cdot x_{sit} \le G_0 \qquad (4.40)$$

$$\sum_{s \in P} \sum_{i \in N} p_{si} \cdot x_{sit} \le G_t, \; 1 \le t \le \max_{s \in P, \, i \in N} \left\{ T - st_{si} \right\} \qquad (4.41)$$

$$\frac{\sum_{s \in P} sd_{sit}}{\sum_{s \in P} \overline{inv}_{sit}} > vl_i, \quad \forall \, i \in N, \; t \in M \qquad (4.42)$$

$$\sum_{s \in P} (1 - w_{si}) \cdot \overline{inv}_{sit} \le SK_i, \quad \forall \, t \in M, \; i \in N \qquad (4.43)$$

$$st_{si} \cdot z_{si} \le LD_i, \quad \forall \, s \in P, \; i \in N \qquad (4.44)$$

$$\sum_{t \in M_{si1} \cup M_{si2}} x_{sit} \le \left(\max b_i \sum_{t \in M} d_{it} \right) z_{si}, \quad \forall \, s \in P, \; i \in N \qquad (4.45)$$

$$\overline{PD}_{si} \cdot v_{sit} \le x_{sit} \le \beta_{sit} \cdot PD_{sit} \cdot v_{sit} + \overline{\Delta}_{sit}, \; \overline{\Delta}_{sit} \le \Delta_{sit}, \quad \forall \, s \in P, \; i \in N, \; t \in M_{si1} \cup$$
$$M_{si2} \qquad (4.46)$$

$$v_{sit} \le z_{si}, \quad \forall \, s \in P, \; i \in N, \; t \in M_{si1} \cup M_{si2} \qquad (4.47)$$

$$z_{si} \le \sum_{t \in M_{si1} \cup M_{si2}} v_{sit}, \quad \forall \, s \in P, \; i \in N \qquad (4.48)$$

$$R_{\min} \le \sum_{s \in P} R_s \le R_{\max} \qquad (4.49)$$

$$Z_{i, \, \min} \le \sum_{s \in P} z_{si} \le Z_{i, \, \max}, \quad \forall \, i \in N \qquad (4.50)$$

$$R_s \le \sum_{i \in N} z_{si}, \quad \forall \, s \in P \qquad (4.51)$$

$$z_{si} \le R_s, \quad \forall \, i \in N, \; s \in P \qquad (4.52)$$

$$R_s \le \sum_{t \in M_{s1} \cup M_{s2}} u_{st}, \quad \forall \, s \in P \qquad (4.53)$$

$$u_{st} \le R_s, \quad \forall \, s \in P, \; t \in M_{s1} \cup M_{s2} \qquad (4.54)$$

$$R_s \in \{0, 1\}, \quad \forall \, s \in P \qquad (4.55)$$

$$v_{sit} \in \{0, 1\}, \quad \forall \, s \in P, \; i \in N, \; t \in M_{si1} \cup M_{si2} \qquad (4.56)$$

$$u_{st} \in \{0, 1\}, \quad \forall \, s \in P, \; t \in M_{s1} \cup M_{s2} \qquad (4.57)$$

$$z_{si} \in \{0, 1\}, \quad \forall \, s \in P, \; i \in N \qquad (4.58)$$

$$y_{si} \in \{0, 1\}, \quad \forall s \in P, \ i \in N \tag{4.59}$$

$$w_{si} \in \{0, 1\}, \quad \forall s \in P, \ i \in N \tag{4.60}$$

$$sign_{si} \in \{0, 1\}, \quad \forall s \in P, \ i \in N \tag{4.61}$$

$$x_{sit} \geqslant 0, \quad \forall s \in P, \ i \in N, \ t \in M_{si1} \cup M_{si2} \tag{4.62}$$

$$sd_{sit}, \ inv_{sit} \geqslant 0, \quad \forall t \in M, \ \forall s \in P, \ i \in N \tag{4.63}$$

在上面的模型中，目标函数（4.28）旨在实现供应链冗余成本的最小化。约束（4.29）用于确保当企业对从供应商 s 处采购的原料 i 不使用 VMI 策略时，变量 $sign_{si}$ 取值为 0。约束（4.30）要求企业向入选供应商采购各种原料的过程具有连续性。约束（4.31）描述了供应商对于利润的期望，而约束（4.32）反映了企业对于总成本的预期。价格和惩罚必须在约束（4.33）和（4.34）指定的范围内选取。约束（4.43）用于限制未采用 VMI 管理的原料的数量，使其满足企业自身的库存能力约束。其余约束的含义与模型 I 中的相同。

三、启发式算法

这一节构造了两种启发式算法分别用于求解上面的两个模型。因为无法获得问题的精确解，所以本节采用这两种算法寻找高质量的约束满意解。算法的主要步骤如下。

（一）用于求解模型 I 的启发式算法

Step 1. 初始化原始数据。

Step 2. 检查原始数据的有效性。如果数据有误，导致问题无可行解，则返回 Step 1。

Step 3. 对于每种原料 i，按照 A_{sk} 升序排列的规则构造序列 $\{s(k)\}_i$，$k = 1, \cdots, p'$，其中：

（1）p' 表示集合 P 中所包含的供应商的总数；

（2）$A_{s(k)} = (p_{s(k)i} - dec_{s(k)i} \cdot pd_{s(k)i} \cdot (1 - dc_{s(k)} \cdot disc))/((1 - dec_{s(k)i}) \cdot$

$$E_{s(k)i)} + hl_{s(k)i} + \sum_{t \in T} E(o_{s(k)it}) \cdot (lo_i - po_i) , \quad s(k) \in P_{\circ}$$

Step 4. 对于每种原料 i，令：

（1） $z_{s(1)i} = \cdots = z_{s(Z_{i,\max})i} = 1$；

（2） $R_{s(1)} = \cdots = R_{s(Z_{i,\max})} = 1_{\circ}$

Step 5. 如果不满足约束（4.16），必须追加或者删除一些供应商。

Step 6. 修改 d_{it} 的值以确保企业在时间 t 内对于原料 i 的采购量不超过所有供应商所能提供的总量。

Step 7. 基于在 Step 2 中得到的序列，使用贪婪算法在满足所有约束的条件下，确定在时间 t 内从供应商 s 处采购原料 i 的数量 x_{sit}。

（1） 如果 $x_{sit} = 0$，令 $v_{sit} = 0$；

（2） 如果 $x_{sit} > 0$，令 $v_{sit} = 1$，$u_{st} = 1$；

（3） 如果 $v_{sit} = 0$，$\forall i \in N$，令 $u_{st} = 0_{\circ}$

Step 8. 停止。由上面所得到的序列 $\{x_{sit}\}$ 构成了一个满足所有约束条件的采购计划。

（二） 用于求解模型 Ⅱ 的启发式算法

Step 1—Step 5 与 4.3.1 节中所述相同。

Step 6. 如果 $z_{si} = 1$，令 $v_{sit} = u_{st} = 1$，$\forall \in \bigvee \in T_{\circ}$ 对于每种原料 i，将满足 $z_{si} = 1$ 的供应商按照 q_{si} 的值升序排列，构成序列 $Q = \{s_1(1) , \cdots , s_1(n)\}$，其中，$n$ 表示为原料 i 选择的供应商的数目。

Step 7. 同 4.3.1 节中的 Step 6。

Step 8. 基于在 Step 2 中得到的序列，使用贪婪算法在满足所有约束的条件下，确定在时间 t 内从供应商 s 处采购原料 i 的数量 x_{sit}。

Step 9. 分别计算制造商的采购成本 C_1 和供应商 s 的利润 $are1_s$，$\forall s \in P_{\circ}$ 如果 $C_1 < C$ 且 $are1_s > are_s$，$\forall s \in P$，转 Step 14。

Step 10. 如果 $C_1 > C$，寻找满足条件：$are1_s > are_s$ 的供应商 s；然后搜索满足条件：$y_{si} = w_{si} = sign_{si} = 0$，$z_{si} = 1$ 的原料 i。令 $y_{si} = w_{si} = sign_{si} = 1$，计算 C_1 和

$are1_s$ 的值。如果 $C_1 > C$ 且 $are1_s > are_s$，寻找另外一种满足条件的原料。如果不存在这样的原料，搜索其他满足条件的供应商。如果不存在可供选择的供应商，转 Step 13；否则，这一过程将重复进行直至实现 $C_1 < C$ 为止。

Step 11.　如果 $C_1 < C$，寻找满足条件：$are1_s < are_s$ 的供应商 s；如果不存在这样的供应商，转 Step 14。

Step 12.　如果 $C_1 < C$，寻找满足条件：$are1_s < are_s$ 的供应商 s；然后试着寻找满足条件：$z_{si} = y_{si} = w_{si} = sign_{si} = 1$ 的原料。令 $y_{si} = w_{si} = sign_{si} = 0$，计算 C_1 和 $are1_s$ 的值。如果 $are1_s < are_s$ 或者 $C_1 > C$，寻找另外一种满足条件的原料。如果不存在这样的原料，转 Step 13；否则，这一过程将重复进行直至实现 $are1_s > are_s$ 为止。最后返回 Step 11。

Step 13.　停止。启发式算法失效。

Step 14.　停止。由上面所得到的序列 $\{x_{sit}\}$ 构成了一个满足所有约束条件的采购计划。

（三）计算结果

为了分析上述算法的性能，本章使用了基于宝钢实际生产数据所产生的算例。所有算法均采用 C++ 语言编写，并在 Pentium IV 系列主频 2.4G 的计算机上进行了仿真实验。因为启发式算法不能保证能够找到最优解，所以采用相对误差 $(L-H)/L$ 作为衡量解质量的标准，其中 L 表示由 LINGO 所得到的局部最优解的目标函数值，H 代表由本章算法所得到的最好目标函数值。对于上述启发式算法已经测试到了 $P_1 = 20$ 的规模。但是由于 LINGO 试用版解决此问题的规模仅限于 $P_1 = 2$，$N_1 = 1$，其中 P_1 表示集合 P 中供应商的总数，N_1 表示需采购原料的品种数，所以这里仅将这一规模问题的计算结果列于表 4.3—4.6 中。由计算结果能够看出：

1. 由启发式算法得到的解与由 LINGO 所产生的局部最优解非常接近，充分证明了本章所提出的算法的优越性。

2. 无论使用 LINGO 还是启发式算法均能从模型 II 获得更好的解，这一结论充分说明了制造商和供应商之间进行协调的重要性。

表4.3　模型 I 的计算结果：$P_1=2$，$N_1=1$

	LINGO	启发式算法	相对误差
采购成本（元）	0.5004261E+10	5004260882.801	0
供应商1的利润（元）	0.1164649E+08	11646488.427	0
供应商2的利润（元）	0.2357827E+09	235782717.820	0

表4.4　模型 II 的计算结果：$P_1=2$，$N_1=1$

	LINGO	启发式算法	相对误差
采购成本（元）	0.4881855E+10	4882110102.729	5.226E-4
供应商1的利润（元）	0.1992915E+08	19675861.654	0.0127
供应商2的利润（元）	0.2357827E+09	236369585.984	2.489E-3

表4.5　模型 I 和模型 II 计算结果的对比分析（**LINGO**）：$P_1=2$，$N_1=1$

	模型 I	模型 II	升高（+）/降低（−）
采购成本（元）	0.5004261E+10	0.4881855E+10	−2.446%
供应商1的利润（元）	0.1164649E+08	0.1992915E+08	71.12%
供应商2的利润（元）	0.2357827E+09	0.2357827E+09	0%

表4.6　模型 I 和模型 II 计算结果的对比分析（启发式算法）：$P_1=2$，$N_1=1$

	模型 I	模型 II	升高（+）/降低（−）
采购成本（元）	5004260882.801	4882110102.729	−2.441%
供应商1的利润（元）	11646488.427	19675861.654	68.94%
供应商2的利润（元）	235782717.820	236369585.984	0.2489%

四、结论

现如今全球市场竞争激烈，钢铁企业的管理者一直致力于降低他们的采购成本。因此，迫切需要一种决策支持工具来帮助他们制定采购计划。有鉴于此，本章在详细分析宝钢原料采购问题的基础上，针对考虑和不考虑供应链协调两种不同情况，建立了用于描述钢铁原料采购问题的混合整数规划模型Ⅰ和模型Ⅱ。考虑到模型的复杂性，本章提出了能够获得高质量满意解的启发式算法。通过对比分析启发式算法与优化软件 LINGO 的计算结果，证明了启发式算法的有效性；通过对比分析模型Ⅰ和模型Ⅱ的计算结果，充分说明了制造商与供应商之间进行协调的重要性。

第五章　钢铁原料单级生产库存计划

原料库存管理是现代企业生产管理中的一项重要内容，其目的是在保证企业正常生产的前提下，通过对企业原料库存水平的控制，用最低的采购费用、生产费用和存储费用在适宜的时间采购或生产适当数量的原材料、半成品和最终产品。

中国钢铁企业的库存成本通常占产品总成本的 32%—36%，超过生产的直接成本。迫于不断降低生产成本的压力，库存管理问题已经引起了钢铁企业管理者的普遍关注。虽然库存能够弥补由不确定因素所带来的损失，保持生产的连续性，但也会吞噬企业的利润，造成资金的大量积压。如何在满足能力限制的条件下优化库存和需求之间的平衡已经成为钢铁企业所面临的严峻课题。本章以上海宝钢为背景，对钢铁企业的原料库存问题进行了研究。首先引入了安全库存和安全提前期的概念，然后建立了库存优化模型用于确定各种原料的最佳库存水平和补库时间间隔，以实现库存相关成本的最小化。同时给出了相应的求解方法，即结合使用拉格朗日松弛算法、序贯引入约束法和启发式算法，并根据宝钢的实际生产数据进行了仿真实验，实验结果证明该方法能够在合理的时间内得到高质量的解。

一、问题描述

库存是指企业生产的或从外部购买的，因超出目前需求而处于可储存状态的原材料、半成品和产成品的总称。在企业的经营过程中，库存物资所占用的资金数量很大。钢铁企业每年要耗费 20%—40% 的利润去维持其所有的库存，企业要想在激烈的市场竞争中得以生存和发展就必须从库存入手，降低生产成本，提升企业的资金周转率和回报率。库存管理已成为钢铁企业生产与经营管理中的重要环节，而原料库存占据了钢铁企业总库存量的绝大部分，所以提高企业的原料库存管理水平就显得格外重要了。由于降低库存水平和减少缺货是一对相互矛盾的目标，如何处理和平衡这二者之间的关系是生产库存管理的中心任务，也是本章研究的主要目的。

本章以降低原料库存相关成本为出发点，以宝钢为背景进行了钢铁企业原料库存问题研究。作为中国最大最先进的钢铁生产企业，宝钢每年要消耗大量的原材料（部分列于表 5.1 中），因此提升原料库存管理的水平对于宝钢来说具有重要的战略意义。

表 5.1　宝钢所用到的部分原料

主原料	副原料
粉矿	精块矿
球团矿	球团矿粉
原矿、整粒矿	锰粉
锰矿	粉碎粉
未选石灰石	氧化铁皮
未选蛇纹石	高炉灰
蛇纹石	硅石
块白云石	烧结矿粉

钢铁企业原料库存补充的大致过程为：负责管理原料库存的控制中心依据生产部门提交的原料需求计划制定出相应的库存策略交由采购部门执行，如图 5.1 所示。由于钢铁企业的原料库存问题具有成本高、数量大、不允许缺货等特点，因此为大型钢铁企业制定有效的原料库存管理策略是一项非常艰巨的任务。本章的主要研究任务就是帮助控制中心在原料需求计划给定的情况下，确定各种原料的最佳库存水平和进货时间间隔。

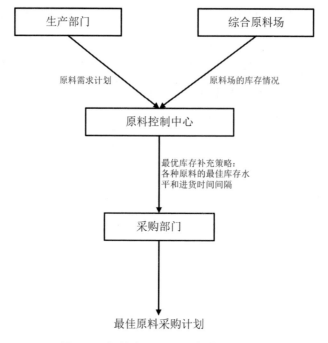

图 5.1　钢铁企业原料库存的补充过程

　　宝钢的原料全部存放于综合原料场，该料场对全厂的原料进行集中管理与科学处理，以向全厂供应精料为服务宗旨。它是由一二期料场和三期料场组成的，图 5.2—5.4 给出了其场地示意图。为了便于研究，文中对原料进行了逻辑分组，其与物理分组的区别在于：逻辑分组是将原料按其自身属性归类，而物理分组则是按原料的实际存放位置进行分类。采用逻辑分类法的目的是将料场中存放同种性质原料的分散库存能力集中化，有利于确定出料场对于每组原料的整体存贮能力。应用这种方法可以将宝钢综合料场中的多个副原料场看成是一个大型的副原料总场，其库存能力等于所有分料场能力的总和，而其中存放的原料归于（副原料组）。因为宝钢的铁矿石基本上靠进口，采购提前期较长，所以一旦原料的供应出现问题，将会给企业造成不可估量的损失，所以本章的研究以不允许缺货为前提。

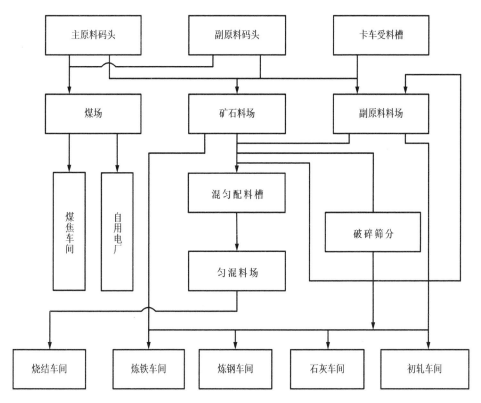

图 5.2　宝钢综合原料场工艺流程

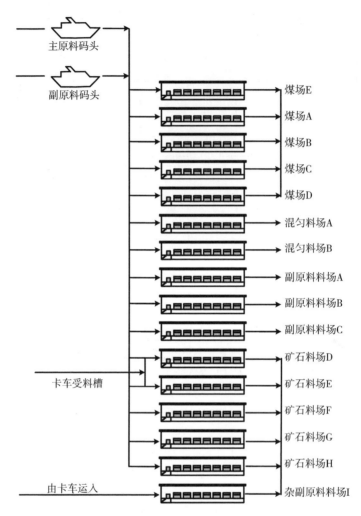

图 5.3　宝钢一二期料场的场地示意图

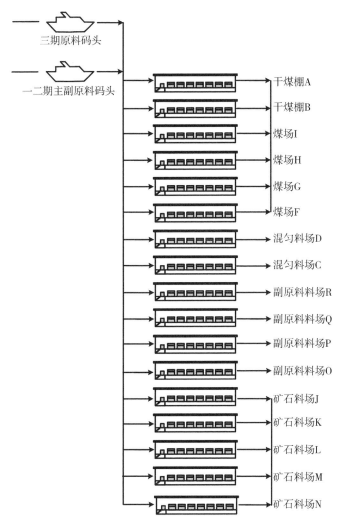

图 5.4　宝钢三期料场的场地示意图

二、数学模型

EOQ 模型适用于单品种无约束问题，是确定订货批量和订货间隔的传统方法。为了使其适用于各种不同的实际情况，人们已对它进行了多种改进。EOQ 模型的主要优点有：1. 简单易懂；2. 目标函数在最小值点处的平滑性较好。本章所要研究的原料库存管理问题涉及多种产品，要求同时考虑库存能力、原料需求率、订货启动成本及库存成本等多种因素。这一问题通常被看作是一种经济批量问题。传统的经济批量模型（ELSM）只是在订货费用和库存成本之间进行简单的折中，只适用于处理无约束问题。为了提高其实际可用性，必须考虑相关的能力约束。为了解决宝钢的原料库存问题，延用EOQ模型的思想，建立一个带有能力约束的库存优化模型，能够同时考虑表5.2中所列举的所有特点，其目标是为每种原料确定最佳的库存水平和补库时间间隔。

表 5.2　钢铁原料库存特点

○原料的需求量非常大而且相对稳定；
○订货提前期较长；
○库存原料品种繁多；
○不允许缺货；
○库存成本高；
○部分原料有保存期限。

（一）假设

在充分考虑钢铁企业原料库存特点的基础上构造了下面的数学模型，下面首先给出在建模过程中需要用到的假设条件：

1. 已知订货提前期和需求分布函数；

2. 所购原料均以吨计；

3. 原料的需求量非常大而且相对稳定；

4. 决策区间假定为 1 年；

5. 决策区间被分割为 T 个时间段；

6. 不允许缺货。

（二）安全库存和安全提前期

在实际生产中，需要设置原料的安全库存和安全提前期以分别应对需求和运输时间上的随机波动，下面给出它们的具体估计方法。

1. 安全库存的估计方法

下面以原料 i 为例介绍确定原料安全库存水平的方法。其他原料可以按照类似的方法来进行处理。假设原料 i 的需求量的分布函数、数学期望及方差已知，且分别为 $F_i(s) = P(S \leq s)$，μ_{i1}，σ_{i1}^2，则可按下面的步骤确定其安全库存水平：

（1）计算 s_{i1}，使其满足条件：$P(S \geq \mu_{i1} + s_{i1}) = \alpha_{i1}$，$\alpha_{i1}$ 是预先由宝钢计划员指定的一个非常小的正数；

（2）确定 s_{i2}，s_{i2} 是由计划员给定的最低安全库存水平；

（3）计算 $s_{i3} = \mu_{i1} \cdot t_{i2}$，$t_{i2}$ 是指从距离最近的大型供应商或原料市场采购该原料所需的最短时间。

则原料 i 的安全库存水平应为 $s_{0i} = \max\{s_{i1}, s_{i2}, s_{i3}\}$。

2. 安全提前期的估计方法

如果使用提高安全库存的方法来降低由运输方面的不确定因素所带来的损失，往往会造成原料的大量积压，所以需要引入安全提前期的概念。安全提前期是为了确保已采购的原料按时到货而设置的超出正常采购提前期的订货时间。如果原料 i 的采购提前期的分布函数、数学期望和方差均已知，且分别为 $F_i(t) = P(T \leq t)$，μ_{i2}，σ_{i2}^2，则原料 i 的安全提前期可按照下面的方法进行估计：

（1）计算 t_{i1}，使其满足条件 $P(T \geq \mu_{i2} + t_{i1}) = \beta_{i1}$，$\beta_{i1}$ 是预先由管理人员指定的一个非常小的正数；

（2）确定 t_{i2}，企业处理原料采购的相关事宜所需的最短的提前期；

（3）计算 t_{i3}，从其他地方采购该原料所需的最短时间；

（4）确定原料 i 的安全提前期 t_{0i}：$t_{0i} = \max\{t_{i1}, t_{i2} + t_{i3}\}$。

（三）符号

下面介绍模型中所用到的参数和变量。

参数：

- T：决策区间；
- N：综合料场中所存放的原料集合，用 i 指代其中的元素；
- D_i：原料 i 的需求率；
- h_i：原料 i 的单位库存成本，这里主要指原料 i 的单位库存所占用的资金；
- K_i：每次采购原料 i 所需的固定启动费用；
- vl_i：原料 i 的储存期限，即原料 i 可以存储的最长时间；
- I_k：将原料按逻辑分组法归类后得到的第 k 个原料组，$1 \leqslant k \leqslant n$，且有 $I_1 \cup I_2 \cup \cdots \cup I_n = N$，$I_i \cap I_j = \Phi$，$\forall j \neq i$；
- V_k：综合料场对于 I_k 中原料的最大存储能力，$1 \leqslant k \leqslant n$。

决策变量：

- Q_i：原料 i 的库存水平；
- t_i：原料 i 的进货时间间隔；
- m_i：在决策区间内原料 i 的进货次数。

（四）钢铁原料单级生产库存模型

借助上面的符号定义，可将旨在确定最佳库存水平和进货时间间隔的宝钢原料库存问题描述如下。

目标函数是最小化企业的相关成本，即：

$$\text{Minimize } C \equiv \sum_{i \in N} K_i \cdot m_i + \sum_{i \in N} \frac{1}{2} \cdot h_1 \cdot (Q_i + s_{0i}) \tag{5.1}$$

满足约束：

$$m_i \cdot t_i = T, \quad \forall i \in N \tag{5.2}$$

$$Q_i = s_{0i} + t_i \cdot D_i, \quad \forall i \in N \tag{5.3}$$

$$\sum_{i \in I_k} Q_i \leqslant V_k, \quad \forall 1 \leqslant k \leqslant n \tag{5.4}$$

$$Q_i \leqslant vl_i \cdot D_i, \quad \forall i \in N \tag{5.5}$$

$$0 < t_i \leqslant T, \quad \forall i \in N \tag{5.6}$$

m_i 是正整数，$\forall i \in N$ (5.7)

$Q_i > 0$，$\forall i \in N$ (5.8)

目标函数（5.1）由启动成本和库存费用两部分构成。约束（5.2）揭示了 m_i，t_i 和 T 三者之间的关系。约束（5.3）说明原料 i 的库存水平 Q_i 是由该原料的安全库存 s_{0i} 及其在进货时间间隔 t_i 内的需求量共同决定的。约束（5.4）是库存能力限制约束。约束（5.5）要求库存水平 Q_i 必须低于原料 i 在存储期限 vl_i 内的消耗量。约束（5.6）—（5.8）定义了变量的取值范围。从图 5.5 中能够直观地看出 Q_i 和 t_i 之间的关系。

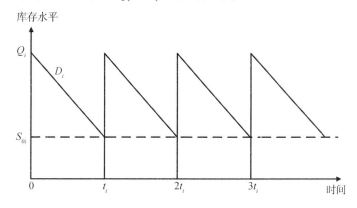

图 5.5 原料 i 的库存水平和时间的函数关系图

三、求解策略

由于整数变量的存在，使得上述库存问题的直接求解变得非常困难。而拉格朗日松弛（LR）是求解约束最优化问题使用最广泛也最有效的方法之一。它的主要思想是构造一个比原问题易于求解且具有可分解结构的松弛问题。基于 Luh 等[233]、Diaby 等[41] 和 Tang 等[153] 中的思想，本节建立了适用于此问题的 LR 算法，并把它作为了主要的求解策略。对于最小化问题，拉格朗日对偶问题的解为其提供下界而可行解则为其提供上界。

（一）拉格朗日松弛算法

由前面的问题描述能够看出，只有约束（5.4）是涉及多种原料的"耦合约束"。如果将它松弛，原问题就能够分解为多个易于求解的子问题，每个子问题只涉及一种原料。所以，使用拉格朗日乘子 $\{u_k\}$ 将约束（5.4）引入到目标函数中得到了下面的松弛问题：

（LR）

$$\text{Minimize } C_{LR} \equiv \sum_{i \in N} K_i \cdot m_i + \sum_{i \in N} \frac{1}{2} \cdot h_i \cdot (Q_i + s_{0i}) + \sum_{k=1}^{n} u_k \cdot \left(\sum_{i \in l_k} Q_i - V_k \right)$$

$$(5.9)$$

满足约束（5.2），（5.3），（5.5）——（5.8）。

如果以 $\{\{m_i^*\}\}$，$\{\{Q_i^*\}\}$，$\{\{t_i^*\}\}$ 表示松弛问题对于某组给定乘子的最优解，那么（LR）的对偶问题就可以表示为最大化对偶函数 $C_D(u)$：

（LD）

$$\text{Maximize} \quad C_D(u) = C_{LR}(\{u_k\}, \{\{m_i^*\}, \{Q_i^*\}, \{t_i^*\}\}) \qquad (5.10)$$

满足约束（5.2），（5.3），（5.5）——（5.8）及

$$u_k \geqslant 0, \quad \forall 1 \leqslant k \leqslant n \qquad\qquad (5.11)$$

其中 u 表示由 $\{u_k\}$ 所构成的非负拉格朗日乘子向量。因为约束（5.2），（5.3）及约束（5.5）——（5.8）相互独立，所以上面的松弛问题能够分解为下面的原料级子问题：

（LR$_i$）

$$\text{Minimize } C_{LR}(i) \equiv \left\{ K_i \cdot m_i + \frac{1}{2} \cdot h_i \cdot (Q_i + s_{0i}) + u_{\varphi(i)} \cdot Q_i \right\} \qquad (5.12)$$

满足约束（5.2），（5.3），（5.5）——（5.8）。

其中 $\varphi(i)$ 表示原料 i 所属的原料组。

（二）序贯引入约束法

基于约束（5.2）和（5.3）可以将 m_i，Q_i 表示为 t_i 的函数：$m_i = \dfrac{T}{t_i}$，$Q_i = s_{0i} + t_i \cdot D_i$。由此，约束（5.5）就可以表示为 $t_i \leqslant vl_i - s_{0i} / D_i$，结合考虑约束

（5.6）能够得到约束：$0 < t_i \leqslant \min\left\{vl_i - \dfrac{s_{0i}}{D_i}, \ T\right\}$。不难看出，当 $t_i > 0$ 时约束

（5.8）能够自动得到满足。所以，子问题（LR$_i$）可以重新描述如下：

$$\text{Minimize } C_{LR}(i) \equiv \left\{ K_i \cdot \frac{T}{t_i} + \left(\frac{1}{2} \cdot D_i \cdot h_i + u_{\varphi(i)} \cdot D_i\right) \cdot t_i + h_i \cdot s_{0i} + u_{\varphi(i)} \cdot s_{0i} \right\}$$

$$\tag{5.13}$$

满足约束：$0 < t_i \leqslant \min\left\{vl_i - \dfrac{s_{0i}}{D_i}, \ T\right\}$ $\qquad(5.14)$

$\dfrac{T}{t_i}$ 为整数 $\qquad\qquad(5.15)$

注意到目标函数具有如下的形式：

$$y(t) = \frac{a_1}{t} + a_2 \cdot t + b$$

其中：$a_1 = K_i \cdot T$；$a_2 = \left(\dfrac{1}{2} \cdot D_i \cdot h_i + u_{\varphi(i)} \cdot D_i\right)$；$b = h_i \cdot s_{0i} + u_{\varphi(i)} \cdot s_{0i}$。

显然，a_1，a_2，b 都是正数。通过检验函数 $y(t)$ 的一阶导数和二阶导数，不难发现 $y(t)$ 是一个严格凸函数。图 5.6 以 $a_1 = 100$，$a_2 = 70$，$b = 29$ 为例给出了函数 y 的曲线图。

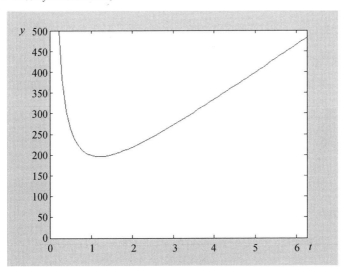

图 5.6　当 $a_1 = 100$，$a_2 = 70$，$b = 29$ 时严格凸函数 $y(t)$ 的曲线图

因此，子问题（LR_i）实质上就是要在某个固定的区间上，在满足整数约束的条件下，最小化只含有一个变量的严格凸函数。该子问题可以使用序贯引入约束法进行求解，具体的算法步骤如下：

Step 1. 令 $y'(t)=0$，求解无约束最优化问题（5.13），将其最优解记为 t_1^*；

Step 2. 如果 $0<t_1^* \leqslant \min\left\{vl_i-\dfrac{s_{0i}}{D_i},\ T\right\}$，令 $t_2^*=t_1^*$；否则，令 $t_2^*=\min\left\{vl_i-\dfrac{s_{0i}}{D_i},\ T\right\}$。其中，$t_2^*$ 表示约束最优化问题(5.13)—(5.14)的最优解；

Step 3. 如果 $\dfrac{T}{t_2^*}$ 是整数，令 $t^*=t_2^*$；否则，令 $c_1=\left[\dfrac{T}{t_2^*}\right]$，$t_1=\dfrac{T}{c_1}$，$t_2=\dfrac{T}{(c_1+1)}$。分别计算 $y(t_1)$ 和 $y(t_2)$。如果 $y(t_1)<y(t_2)$，令 $t*=t_1$；否则，令 $t^*=t_2$。此时所得到的 t^* 就是约束最优化问题(5.13)—(5.15)的最优解。

（三）构造原问题的可行解

松弛问题（LR）的解一般都不能满足库存能力约束（5.4），所以它不是原问题的可行解。为了得到原问题的可行解，本节构造了一个启发式算法，详细步骤如下：

Step 1. 寻找违反库存能力约束的原料组 I_k，$1 \leqslant k \leqslant n$。如果不存在这样的原料组，令 $flag=1$，转 Step 6；否则，计算 $sum=\sum\limits_{i\in l_k}(Q_i-s_{0i})$。

$sum1=\sum\limits_{i\in l_k}Q_i$。

Step 2. 计算 $sub=sum1-V_k$。如果 $sub>sum$，则启发式算法失效，令 $flag=0$，转 Step 6。

Step 3. 将原料组 I_k 中的元素按 $K_i-0.5\cdot D_i\cdot\left(T/m_i-T/(m_i-1)\right)$ 的值升序排列，$i\in I_k$。

Step 4. 选择上面序列中未经使用的第一个元素 i。令 $a=Q_i$，$m_i=m_i+1$，

更新 $t_i = T/m_i$，$Q_i = s_{0i} + D_i \cdot t_i$，然后计算 $sub = sub - (a - Q_i)$。

Step 5. 如果 $sub > 0$，转 Step 3；否则，返回 Step 1。

Step 6. 停止。如果 $flag = 1$，则由上述过程所得到的 $\{(m_i, Q_i, t_i) \mid i \in N\}$ 即为原问题的可行解，满足所有约束条件。如果 $flag = 0$，企业必须降低原料组 I_k 中原料的安全库存或者想办法增大库存容量 V_k。

（四）更新拉格朗日乘子

因为次梯度算法是求解拉格朗日对偶问题的常用方法，为了求解对偶问题（LD），本节采用这一算法来更新拉格朗日乘子 u 的值：

$$u^{m+1} = \max \ \{0, u^m + t^m \theta^m (u^m)\}, \ 1 \leqslant k \leqslant n \tag{5.16}$$

其中：

（1）t^m 表示第 m 次迭代的步长；

（2）$\theta^m(u_k^m) = \sum_{i \in l_k} Q_i - V_k$，$1 \leqslant k \leqslant n$ 是与第 k 个料场相关的次梯度分量。

此时，步长 t^m 的迭代公式如下：

（1）$t^m = \beta_m (C^U - C^L) \ \| \theta^m (u^m) \|^2$；

（2）$\beta_{m+1} = \beta_m \cdot exp \ (-0.5\eta_m^2)$；

（3）$\eta_m = 0.15 \cdot [m/20]$。

其中：C^U 表示当前的最优目标函数值；C^L 则等于 $C_D(u)$ 在第 m 次迭代时的值。

如果满足下述条件之一，算法即停止。

（1）$(C^U - C^L) / C^L < \zeta$，其中 $\zeta > 0$ 是一个非常小的正数；

（2）$m > $ 用户指定的最大迭代代数。

（五）改进策略

当连续十次迭代都无法更新当前最好解时，启用下面的三阶段改进算法。令 $\{(m_{1i}, Q_{1i}, t_{1i}) \mid i \in N\}$，$\{(m_i, Q_i, t_i) \mid i \in N\}$，$up\_bound$ 和 lo_bound 分别表示松弛问题的解，当前最好解，原问题的上界和下界。算法的具体步骤如下：

阶段Ⅰ：

Step 1. 以松弛问题的解作为初始解，即对于任意原料 $i \in N$，置 $m_i^{(1)} = m_{1i}$，$Q_i^{(1)} = Q_{1i}$，$t_i^{(1)} = t_{1i}$。

Step 2. 寻找违反库存能力约束的原料组 I_k，$1 \leqslant k \leqslant n$。如果不存在这样的原料组，令 $flag = 1$，转 Step 7；否则，计算 $sum = \sum_{i \in I_k} \left(Q_i^{(1)} - s_{0i} \right)$，$sum1 = \sum_{i \in I_k} Q_i^{(1)}$。

Step 3. 计算 $sub = sum1 - V_k$。如果 $sub > sum$，令 $flag = 0$，转 Step 10。

Step 4. 寻找未被选择过的序号最小的原料 $l \in I_k$ 且满足条件：$Q_l^{(1)} - s_{0l} \geqslant D_l \cdot \left(T/m_l^{(1)} - T/\left(m_l^{(1)} + 1 \right) \right)$，$m_l^{(1)} + 1 < T$。如果不存在这样的原料，令 $flag = 0$，转 Step 10。

Step 5. 令 $m_l^{(1)} = m_l^{(1)} + 1$，$t_l^{(1)} = T/m_l^{(1)}$，$Q_l^{(1)} = s_{0l} + D_l \cdot t_l^{(1)}$，$sub = sub - \Delta Q_l$，其中 ΔQ_l 表示 $Q_l^{(1)}$ 的缩减量。

Step 6. 如果 $sub > 0$，而原料 l 仍满足 Step 4 中的条件，返回 Step 5；如果 $sub > 0$，但原料 l 已不满足 Step 4 中的条件，返回 Step 4；如果 $sub \leqslant 0$，返回 Step 2。

Step 7. 计算目标函数值 $C_1 = \sum_{i \in N} K_i \cdot m_i^{(1)} + \sum_{i \in N} \frac{1}{2} \cdot h_i \cdot \left(Q_i^{(1)} + s_{0i} \right)$，如果 $C_1 < up\_bound$，转 Step 10；否则，令 $flag = 0$。

Step 8. 基于松弛问题的解构造违反库存能力限制的原料组集合 S。

Step 9. 寻找存在可用顺序变换的原料组 I_k，$k \in S$。如果所有可能的交换均已完成，不再存在这样的原料组，令 $flag = 0$；否则，交换 I_k 中原料的顺序，返回 Step 1。

Step 10. 停止。如果 $flag = 1$，更新 $up\_bound = C_1$，令：

$\{ (m_i^{(1)}, Q_i^{(1)}, t_i^{(1)}) \mid i \in N \} \rightarrow \{ (m_i, Q_i, t_i) \mid i \in N \}$；否则，启发式算法失效。

阶段Ⅱ：

Step 1. 以当前最好解作为初始解，即对于任意原料 $i \in N$，置 $m_i^{(2)} = m_i$，$Q_i^{(2)} = Q_i$，$t_i^{(2)} = t_i$。

Step 2. 寻找未被选择过的序号最小的原料 $l \in N$ 且满足条件：$\dfrac{T}{(m_l^{(2)} - 1)}$ $\leq \min\left\{ vl_l - \dfrac{s_{0l}}{D_l}, \ T \right\}$，$m_l^{(2)} \geq 2$；如果不存在这样的原料，停止。

Step 3. 搜索原料 l 所属的原料组 I_k。如果通过将 $m_l^{(2)}$ 减小至 $m_l^{(2)}$ 能够得到一个更好的解且其对应的目标函数值为 C_2，则更新 $up\_bound = C_2$，令 $\left\{ (m_i^{(2)}, Q_i^{(2)}, t_i^{(2)}) \mid i \in N \right\} \rightarrow \left\{ (m_i, Q_i, t_i) \mid i \in N \right\}$，返回 Step 1。

Step 4. 搜索满足条件：$r \in I_k$ 且 $r \neq l$ 的原料 r。如果通过将 $m_l^{(2)}$ 减小至 $m_l^{(2'')}$，并将 $m_r^{(2)}$ 增加至 $m_r^{(2'')}$ 能够得到一个更好的解且其对应的目标函数值为 C_3，则更新 $up\_bound = C_3$，令 $\left\{ (m_i^{(2'')}, Q_i^{(2'')}, t_i^{(2'')}) \mid i \in N \right\} \rightarrow \left\{ (m_i, Q_i, t_i) \mid i \in N \right\}$；返回 Step 1。

阶段Ⅲ：

Step 1. 以当前最好解作为初始解，即对于任意原料 $i \in N$，置 $m_i^{(3)} = m_i$，$Q_i^{(3)} = Q_i$，$t_i^{(3)} = t_i$。

Step 2. 寻找未被选择过的序号最小的原料 $l \in N$；如果不存在这样的原料，停止。

Step 3. 搜索原料 l 所属的原料组 I_k。

Step 4. 搜索满足条件：$r \in I_k$ 且 $r \neq l$ 的原料 r。如果通过将 $m_l^{(3)}$ 增加至 $m_l^{(3')}$，同时将 $m_r^{(3)}$ 降低至 $m_r^{(3')}$，能够得到一个更好的解且其对应的目标函数值为 C_4，更新 $up\_bound = C_4$，令 $\left\{ (m_i^{(3)}, Q_i^{(3)}, t_i^{(3)}) \mid i \in N \right\} \rightarrow \left\{ (m_i, Q_i, t_i) \mid i \in N \right\}$；返回 Step 1。

（六）计算结果

1. 参数设计

为了检验上述算法的性能进行了两类实验：在第一类实验中，原料组的数目是固定的；而在第二类实验中，原料的品种数是固定的。为了生成有代表性的测试用例，首先对宝钢的实际生产数据进行了分析。确定以天为基本时间单位，决策区间的长度为一年。原料组的数目 $n \in \{2, 3, 5, 8, 10\}$，而原料品种数的变化范围是从 4—200。对于原料品种数和原料组数的每一种组合，设置了 10 个随机产生的算例，所以在这项研究中共使用了 1030 个测试问题。原料的相关参数是基于宝钢的实际数据生成的。以 G 表示能够获得实际数据的原料集合。下面以原料 j 为例说明参数的产生过程。

（1）为了产生原料 j 的相关参数，从集合 G 中随机抽取原料 i。

（2）原料 j 的需求率在区间 $[0.8 \times D_i, 3 \times D_i]$ 内随机产生。

（3）原料 j 的单位库存成本在 $[0.5 \times h_i, 1.5 \times h_i]$ 范围内随机选取。

（4）原料 j 的安全库存和固定启动成本分别按照 s_{0i} 和 K_i 的 $[0.5, 1.5]$ 倍随机产生。

（5）为了贴近实际生产，原料 j 的存储期限在 $[60, 365]$ 的范围内随机产生。

（6）宝钢综合料场对于每个原料组的最大存储能力是按照原料组中所有原料安全库存总量的 $[1.05, 1.1]$ 倍随机产生的。

2. 测试结果

作者采用 C++ 语言编写了算法程序，并在 Pentium IV 系列主频 2.4G 的计算机上进行了仿真实验。因为拉格朗日松弛不能保证找到最优解，所以采用对偶间隙 $(C^{UB} - C^{LB})/C^{LB}$ 作为衡量解质量的标准，其中 C^{UB} 表示原问题的上界，而 C^{LB} 表示下界。在停止准则中，最大迭代代数设置为 4000。正如前面所提到的，对于每种问题结构随机产生并求解了 10 个算例。计算结果列于表 5.3 和 5.4 中。这些表中的数值代表的是每种问题结构的 10 个算例的平均性能和运行时间。依据表中的数据能够计算出所使用的拉格朗日松弛算法的总平均对偶间隙为 0.090648%，总平均计算时间为 25.2603 秒。通过观察和分析计算结果能够发现：

（1）当原料组的数目固定时，随着原料品种数的增加，对偶间隙逐渐缩小，但计算时间随之增加。

（2）当原料的品种数固定时，随着原料组数目的增加，对偶间隙不断扩大，同时运行时间也显著增加。

表5.3 平均对偶间隙（%）

原料品种数	原料组数				
	2	3	5	8	10
4	0.016664				
6	0.737173	0.096731			
8	0.013334	0.040305			
10	0.009391	0.078186	0.476428		
20	0.004203	0.004371	0.094818	0.812137	0.722313
30	0.003634	0.005042	0.504785	0.455958	0.514772
40	0.003676	0.004381	0.023636	0.493823	0.369827
50	0.003889	0.009497	0.008296	0.212416	0.788269
60	0.004054	0.003773	0.004827	0.336061	0.331341
70	0.003267	0.003783	0.031582	0.098539	0.147511
80	0.003597	0.004074	0.049304	0.161772	0.106913
90	0.003757	0.004349	0.004813	0.106769	0.232951
100	0.004077	0.003907	0.004521	0.005471	0.040730
110	0.003526	0.023673	0.004109	0.052178	0.035269
120	0.003329	0.003908	0.004793	0.004641	0.007379
130	0.003471	0.004540	0.003941	0.005099	0.024059
140	0.003757	0.003871	0.003800	0.005493	0.057286
150	0.003760	0.003186	0.079443	0.072584	0.054176
160	0.003135	0.003575	0.068496	0.013035	0.011364
170	0.003265	0.003091	0.004296	0.004849	0.114604
180	0.003730	0.003458	0.063535	0.024556	0.259759
190	0.003401	0.003532	0.004213	0.013025	0.017685
200	0.003420	0.003078	0.004280	0.007403	0.011008
平均值	0.036761	0.014287	0.072196	0.151885	0.202485
总平均值	0.090648				

表5.4 平均运行时间（s）

原料品种数	原料组数				
	2	3	5	8	10
4	0.160800				
6	0.982600	0.271900			
8	0.543700	0.312500			
10	0.157900	3.307600	14.292101		
20	0.128000	0.260800	9.601601	38.751501	44.201398
30	2.307900	0.693800	11.720500	27.578000	44.878201
40	0.545300	2.326500	9.861000	17.979601	33.843802
50	1.361100	15.449899	7.347000	22.758000	25.220099
60	0.515600	3.718800	3.909700	21.403398	35.228403
70	2.646900	1.203100	17.971901	16.618900	31.476599
80	2.240400	3.779800	15.758002	38.637302	35.910999
90	3.940701	10.295199	9.584401	36.884598	26.009302
100	12.762801	2.112400	3.364100	18.796701	28.615698
110	15.373401	12.764200	8.557701	53.254700	63.378003
120	17.917201	5.374899	8.740400	13.289001	27.435999
130	31.987500	13.568600	8.134500	20.856200	33.331198
140	41.909302	8.482699	2.472000	45.303296	33.029602
150	30.010999	12.267200	39.753000	37.211002	56.367004
160	10.154501	50.643796	54.053101	162.504700	74.253101
170	15.651401	10.577800	14.679500	19.775000	60.817102
180	38.757898	9.690700	81.965704	51.501703	54.181201
190	39.093698	22.845200	4.315500	34.504398	69.220398
200	231.968896	25.743701	17.623300	26.140601	60.149902
平均值	21.78776	9.804141	17.18525	37.0394	44.08147
总平均值	25.2603				

四、结论

由于钢铁工业属于资源密集型工业，有效的库存管理在这一工业领域中显得格外重要。本章研究了宝钢的原料库存问题，建立了描述这一问题的混合整数规划模型，同时构造了求解该问题的拉格朗日松弛算法。在这一算法中，通过松弛库存能力约束，构造了一个可分解的松弛问题。松弛问题的子问题能够使用序贯引入约束法进行最优求解，拉格朗日乘子是沿着次梯度方向进行迭代更新的，计算结果显示该算法能够在比较短的时间内得到高质量的解。

第六章 钢铁原料多级生产库存计划

本章针对宝钢炼铁生产系统中的生产库存问题进行了研究。这个问题实质上是一个多阶段、多品种、多时间段、带有能力约束的批量问题。此外，这一问题还具有许多实际特征：（1）产品结构中包含了环状结构，考虑了反向物流问题；（2）生产过程中会产生可回收再利用的副产品；（3）某些产品具有多种可供选择的生产路径。

为了解决这一问题，本章建立了一个基于生产库存成本最小化的混合整数规划模型用于确定各种原料在各时间段内的生产量和库存量。因为模型中包含了大规模的变量和约束，所以使用了基于拉格朗日松弛的分解方法。这种方法将变量一致性约束而不是库存能力约束松弛并借助拉格朗日乘子引入到了目标函数中。松弛问题被分解为两个子问题，一个是线性规划，另一个是整数规划。线性规划子问题只涉及连续变量并能使用优化软件 OSL 直接求解，而整数规划子问题能通过一个多项式算法快速求出最优解。为了加快求解线性子问题的速度，首先对解的性质进行了分析。随后引入了有效不等式用以提高下界，设计了启发式策略用于改进上界。为了进一步改进解的质量，构造了一个基于变量分离的拉格朗日松弛算法，在这个算法中对某些原变量进行了复制，并使用这些复制变量重新构造了原问题。原变量与复制变量之间的关系是通过一些等式约束进行精确描述的，这些约束也同时被追加到新构造的原问题中。当这些等式约束被松弛后，新的原问题就可以被分解为两个独立的子问题，每个子问题对应一种类型的变量。这两个子问题均能求出最优解。基于宝钢的实际生产数据对提出的拉格朗日松弛算法进行了详细的性能评估。尽管计算结果显示，所有算法都能够在合理的时间内获得高质量的解，但是基于变量分离的算法效果最好，可作为首选。

本章的主要贡献在于：首先，针对一种极其复杂的带有环状结构的实际生产系统进行了研究。这种系统非常特殊，不仅包括反向物流，而且还同时具有收敛和发散的特征，对于此类系统的研究十分有限，这是本章最重要的贡献。其次，在充分考虑表 6.1 中所有问题特点的基础上，将一个复杂的生产库存系统描述成了一个可分解的混合整数规划模型。这个模型具有很好的通用性，能够直接或经过简单修改应用于其他的生产系统。最后，给出了一系列有效的拉格朗日松弛算法来求解这一问题。

表 6.1 宝钢炼铁原料生产库存问题的特点

○每种原料可能有多个前序和后序。

○能力约束包括多种资源的能力限制。

○只有终端产品具有独立需求，所有中间产品的需求都属于依赖性需求。

○每种原料可能有多条生产路径。

○允许产品结构中出现环状结构。

○生产系统中同时存在分散性和收敛性结构。

○必须严格满足各时间段内的需求，不允许延期供货。

一、问题描述

由于钢铁企业每年要耗费 20%—40% 的利润去维持其所有的库存，所以许多企业的高层领导都已逐渐意识到整合生产和库存管理的重要性。有效的多阶段生产库存管理能够通过同时优化生产量和库存量实现企业利润的提升，因此这是一项非常重要的任务，已成为各种研究的关注焦点。本章针对宝钢炼铁原料的生产库存问题进行了研究。由于炼铁原料需要经过多个阶段的处理，所以这个问题本质上是一个多阶段带有能力限制的批量问题，而且该问题同时具备装配和化工生产系统的特征。目标是在满足各时间段内给定需求的条件下最小化启动成本、生产成本及库存成本的总和。

本章研究这一生产库存问题的主要原因是：第一，对于多阶段库存的有效管理既是企业的一项常规任务也是一项至关重要的运作管理行为，但是到目前为止对于现代制造企业来说这仍然是一项艰巨的任务。因此，值得深入研究。第二，该问题是一个源于钢铁生产实际的大规模工业问题。第三，物料需求计划系统（MRP）的广泛应用提高了生产库存计划的重要性。第四，对于反向物流的密切关注肯定了这一研究的必要性。然而，为一个大型的钢铁企业制定有效的生产库存策略并非易事，原因如下：首先，能力受限的多品种生产库存问题是一个 NP 难问题，因为单品种带有能力约束的批量问题已经是 NP 难问题了。其次，因为需求依赖于后面各阶段的生产决策，所以问题变得更加复杂。此外，带有分解、混合和循环特征的特殊产品结构额外增加了问题的难度。分解是一种发散性结构，意味着由某一种产品可以加工生产出两种或者两种以上的其他产品。混合是一种收敛性结构，表示某种产品是由其他几种产品加工而成的。循环是一种环状结构，表明某种产品被回收再利用了。这种特殊的产品结构能够被描绘成一个带有环状结构的图，其特点总结于表 6.1 中。图 6.1 中给出了这种特殊结构的一个示例，工序序号标注在直线上方。从图中能够清楚地看出分别加工原料 1、2 和 9 都能够直接得到原料 5。显然，由原料 5、8 和 9 构成的环状结构实际上就是一种典型的反向物流。反向物流是指企业回收副产品和边角余料以实现资源再利用、再销售、再生产、再循环或正确处理的过程。（Johnson[242]）

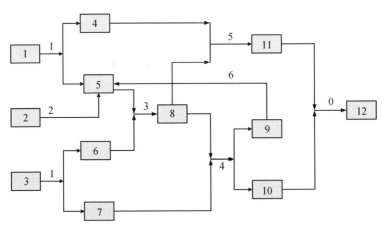

图 6.1　带有分解、混合和循环特征的特殊产品结构示例

通过对宝钢铁前物流系统的调查与研究发现可以将该企业的炼铁生产过程归结为图 6.2 所示的连续批量生产过程。这一生产过程主要由六道工序构成：全破碎、破碎筛分、粉碎筛分、混匀、烧结和炼铁。从图 6.2 中能够看出，这一过程可以简要描述如下。第 1 步：采购原料。第 2 步：对到货原料进行相应的加工处理，如破碎、筛分等。经过第 3 步"混匀"和第 4 步"烧结"就能够生产出烧结矿，它是最重要的炼铁原料之一。第 5 步，为了改进铁水的质量在入炉前要对烧结矿进行筛分处理。在这一过程中产生了一种有用的副产品烧结粉，它能够被返回到第 3 步中进行再利用。这就意味着第 3 步中所使用的烧结粉可以由采购和反向物流两种途径获得。第 6 步，炼铁。需要注意的是这里所使用的原料和产生的中间产品在每一步都要进行储存。

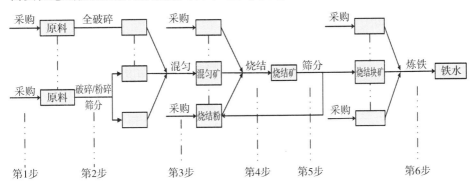

图 6.2　宝钢炼铁生产系统的工艺流程图

二、数学模型

（一）定义

首先给出文中所用到的一些名词的定义：

1. 最终产品：宝钢炼铁生产系统的最终产品就是铁水。

2. 工序：一道工序指的是一套生产设备，它可以是一部机器、一台处理机或者一条生产线。为了便于建模，这里将采购和反向供应也作为工序处理。

3. 发散工序：能够将原料转变成多种产品的工序称之为发散工序。按照工序所使用原料的品种数可以将它分为两类：一对多工序和多对多工序。

4. 一对多工序：仅使用一种原料就能够生产出多种产品的工序被称为一对多工序。图6.3（a）对这种工序进行了举例说明。

5. 多对多工序：需要使用多种原料来生产多种产品的工序被视为多对多工序。图6.3（b）给出了相应的示例。

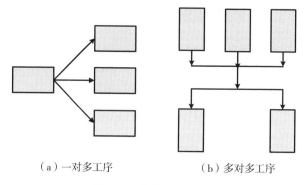

（a）一对多工序　　　　　　（b）多对多工序

图6.3　发散工序示例

6. 收敛工序：将只能生产出一种产品的工序定义为收敛工序。同样将它按照所使用原料的品种数进行分类，可以分为两类，一类为一对一工序，另一类为多对一工序。

7. 一对一工序：仅需要使用一种原料的收敛工序被称之为一对一工序。图6.4（a）举例说明了这种工序。这里将"采购"工序视为一对一工序。

8. 多对一工序：将需要使用多种原料的收敛工序称为多对一工序。图6.4（b）给出了这种工序的示例。"炼铁"工序在这里被看作是一种多对一工序。

9. 中间产品：指代由采购和炼铁工序以外的其他工序所生产出来的产品。

10. 主产品和副产品：主产品表示由一对多或多对多工序生产出来的最主要的产品，而其他次要的产品均为副产品。

注意：对于每道发散工序来说，每种原料集合对应的主产品与各种副产品的生产比例是固定的。

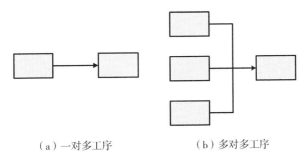

（a）一对多工序　　　　　　（b）多对多工序

图 6.4　收敛工序示例

（二）假设

1. 在任一时间段内，只要进行生产就会产生相应的生产成本和启动成本。

2. 不允许延期供货。

3. 允许多道工序同时使用同一种原料。

4. 对于每道工序来说，不同的原料集合必须对应完全不同的产品集合。

图 6.5 对这一假设进行了解释和说明。

5. 允许将副产品回收再利用作为前面工序的原料。

6. 最终产品的外部需求已知且随时间变化。

7. 不考虑最终产品的库存能力限制。

8. 最终产品只具有独立需求。

9. 每种最终产品的生产路径唯一。

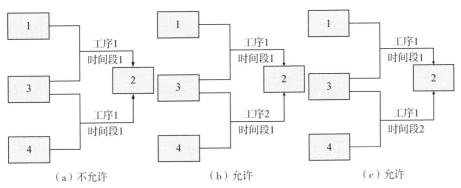

（a）不允许　　　　　　（b）允许　　　　　　（c）允许

图 6.5　对假设 4 的解释

（三）符 号

参数：

- K：料场的总数；

- T：时间段集合，即决策区间；

- N：所有采购来的原料和中间产品所构成的集合，不包括最终产品；

- N_r：原料集合，$N_r \subset N$；

- N_l：中间产品集合，$N_l \subset N$；

- N_f：最终产品集合；

- L：除反向供应和炼铁工序外的所有工序所构成的集合；

- L_1：由集合 L 中的发散工序所构成的集合，包括一对多工序和多对多工序；

- L_2：由集合 L 中的收敛工序所构成的集合即 $L - L_1$，包括一对一工序和多对一工序；

- L_p：采购工序，$L_p \subset L_2$；

- L_f：炼铁工序；

- L_R：反向供应工序；

- F_{lt}：工序 l 在时间 t 内的主产品集合，$l \in L_1$，$t \in T$；

- B_{ilt}：工序 l 在时间 t 内与主产品 i 对应的副产品集合，$l \in L_1$，$t \in T$，$i \in F_{lt}$；

- J_{lt}：工序 l 在时间 t 内的产品集合，$l \in L_2$，$t \in T$；

- D_{it}：最终产品 i 在时间 t 内的需求量，$i \in N_f$，$t \in T$；

- E_{it}：在时间 t 内产品 i 的紧接前序集合，$i \in N$，$t \in T$；

- S_{it}：在时间 t 内产品 i 的紧接后序集合，$i \in N$，$t \in T$；

- h_i：产品 i 的单位库存持有成本，$i \in N$；

- pr_{it}：由在时间 t 内能够生产产品 i 的工序所构成的集合，$i \in N \cup N_f$，$t \in T$；当 $j \in N_f$，$t \in T$ 时，$pr_{jt} = \{L_f\}$；

- A_{lt}：工序 l 在时间 t 内的原料产品集合，$l \in L \cup \{L_R\}$，$t \in T$；

- rs_i：由产品 i 通过工序 L_R 反向供应的产品集合，$i \in N$；当 $j \in N_r$ 时，$rs_j = \Phi$；

- ld_{ij}：由产品 i 经由工序 L_R 反向提供产品 j 所需的提前期，$i \in N$，$j \in rs_i$；

- $LI_{it} = \{j \mid j \in rs_i, \ t + ld_{ij} \in T, \ i \in N\}$；

- $H_{ijt} = \{l \mid l \in prt_j, \ j \in S_{it}, \ i \in N, \ t \in T\}$；当 $j \in N_f$，$i \in E_{jt}$，$t \in T$ 时，$Ht_{ij} = \{L_f\}$；

- bk_i：能够通过工序 L_R 反向提供产品 i 的产品集合，$i \in N$；

- ρ_{ij}：生产单位产品 j 所需产品 i 的数量，即由产品 i 生产产品 j 的投料比，$i \in N$，$j \in rs_i$；

- R_{ilt}：工序 l 在时间 t 内生产产品 i 的启动成本，$i \in N$，$l \in L$，$t \in T$；

- ms_{ilt}：工序 l 在时间 t 内生产产品 i 的单位生产成本，$i \in N$，$l \in L$，$t \in T$；

- r_{ijlt}：工序 l 在时间 t 内生产单位产品 j 所需产品 i 的数量，$l \in L_1$，$t \in T$，$i \in A_{lt}$，$j \in F_{lt} \cap S_{it}$；

- $r_{ijlt} = 0$，$l \in L_1$，$t \in T$，$i \in A_{lt}$，$j \in B_{ilt} \cap S_{it}$；

- r_{ijlt}：工序 l 上在时间 t 内生产单位产品 j 所需产品 i 的数量，$l \in L_2$，$t \in T$，$i \in A_{lt}$，$j \in S_{it}$；

- r_{ijlt}：工序 l 在时间 t 内每生产单位主产品 i 同时附带生产出的副产品 j 的数量，$l \in L_1$，$t \in T$，$i \in F_{lt}$，$j \in B_{ilt}$；

- P_{it}：原料 i 在时间 t 内的采购价格，$i \in N_r$，$t \in T$；

- p_{ilt}：工序 l 在时间 t 内生产产品 i 的能力消耗系数，$l \in L_2$，$t \in T$，$i \in J_{lt}$ 当 $l \in L_2$，$t \in T$，$i \in J_{lt}$ 时，$p_{i,L_p,t} = P_{it}$；

- p_{ilt}：工序 l 在时间 t 内生产产品 i 的能力消耗系数，$l \in L_1$，$t \in T$，$i \in F_{lt}$；

- Bg_t：时间 t 内的采购预算，$t \in T$；

- cap_{lt}：工序 l 在时间 t 内的生产能力，$l \in L$，$t \in T$；当 $l = L_p$ 时，$cap_{L_p,t} = Bg_t$，$t \in T$；

  - V_k：料场 k 的最大库存能力，$1 \leq k \leq K$；

  - U_k：料场 k 所储存的产品集合，$1 \leq k \leq K$；

  - M：一个非常大的正数。

决策变量：

- x_{it}：产品 i 在时间 t 内的生产量，$i \in N$，$t \in T$；

- I_{it}：产品 i 在 t 时间末的库存量，$i \in N$，$t \in T$；

- z_{ilt}：工序 l 在时间 t 内生产产品 i 的数量，$i \in N$，$l \in L$，$t \in T$；

- y_{ilt}：二进制变量，如果工序 l 在时间 t 内生产产品 i，则该变量的值为 1，$i \in N$，$l \in L$，$t \in T$；

- w_{ijt}：产品 i 通过工序 L_R 反向供应的产品 j 能够在时间 t 内投入使用的数量，$i \in N$，$j \in rs_i$，$t \in T$。

（四）钢铁原料多级生产库存模型

本章所研究的多阶段生产批量问题的目标是在满足最终产品的外部需求的前提下，确定所有产品的产量以实现决策区间内包括启动成本、生产/采购成本与库存持有成本在内的总成本的最小化。利用上述符号定义可以将这一问题描述为：

（CP）

$$\text{Minimize } C \equiv \sum_{t \in T} \sum_{l \in L_1} \sum_{i \in F_{lt}} (R_{ilt} \cdot y_{ilt} + ms_{ilt} \cdot z_{ilt})$$

$$+ \sum_{t \in T} \sum_{l \in L_2} \sum_{i \in J_{lt}} (R_{ilt} \cdot y_{ilt} + ms_{ilt} \cdot z_{ilt})$$

$$+ \sum_{i \in N} \sum_{t \in T} \frac{1}{2} \cdot h_i \cdot (I_{i,t-1} + x_{it} + I_{it}) \tag{6.1}$$

满足约束：

$$I_{i,t-1} + x_{it} - I_{it} - \sum_{j \in S_{it}} \sum_{l \in H_{ijt}} r_{ijlt} \cdot z_{jlt} - \sum_{j \in LI_{it}} \rho_{ij} \cdot w_{i,j,t} + ld_{ij} = 0, \quad \forall i \in N, \ t \in T$$

$$\tag{6.2}$$

$$\sum_{l \in pr_{it}} z_{jlt} + \sum_{j \in bk_i} w_{jit} = x_{it}, \quad \forall\, i \in N,\ t \in T \tag{6.3}$$

$$z_{j,\ pr_{jt},\ t} = z_{j,\ L_f,\ t} = D_{jt}, \quad \forall\, j \in N_f,\ t \in T \tag{6.4}$$

$$z_{jlt} = r_{ijlt} \cdot z_{ilt}, \quad \forall\, l \in L_1,\ t \in T,\ i \in F_{lt},\ j \in B_{ilt} \tag{6.5}$$

$$z_{ilt} \leqslant M \cdot y_{ilt}, \quad \forall\, i \in N,\ t \in T,\ l \in pr_{it} \tag{6.6}$$

$$\sum_{i \in F_{lt}} p_{ilt} \cdot z_{ilt} \leqslant cap_{lt}, \quad \forall\, l \in L_1,\ t \in T \tag{6.7}$$

$$\sum_{i \in J_{lt}} p_{ilt} \cdot z_{ilt} \leqslant cap_{lt}, \quad \forall\, l \in L_2,\ t \in T \tag{6.8}$$

$$\frac{1}{2} \cdot \sum_{i \in U_k} (I_{i,t-1} + x_{it} + I_{it}) \leqslant V_k, \quad \forall\, k = 1,\ \cdots,\ K,\ t \in T \tag{6.9}$$

$$x_{it},\ I_{it} \geqslant 0, \quad \forall\, i \in N,\ t \in T \tag{6.10}$$

$$z_{ilt} \geqslant 0, \quad \forall\, i \in N \cup N_f,\ tT,\ l \in pr_{it} \tag{6.11}$$

$$w_{ijt} \geqslant 0, \quad \forall\, iN,\ jrs_i,\ t \in T \tag{6.12}$$

$$y_{ilt} \in \{0,\ 1\}, \quad \forall\, i \in N,\ t \in T,\ l \in pr_{it} \tag{6.13}$$

这个模型在全面考虑上面所有约束的情况下，有效解决了钢铁企业中包括采购、生产和库存问题在内的绝大部分亟待解决的问题，因此具有重要的学术和应用研究价值。目标函数（6.1）要求最小化决策区间内的启动成本、生产/采购成本及库存持有成本。约束（6.2）和（6.3）是物料平衡方程，说明了产品的所有需求是由产品的库存量、生产量和反向供应量共同满足的，而且由约束（6.3）可以看出每种原料或中间产品可以具有包括反向物流在内的多条生产路径。约束（6.4）要求最终产品在各时间段内的产量必须与其需求量相等，不能产生多余的库存。约束（6.5）用于确保每种主产品的产量和随它产生的各种副产品的产量满足特定的比例。约束（6.6）和约束（6.13）用于保证只要进行生产就一定会产生相应的启动费用。约束（6.7）和（6.8）强调生产必须在可获得的能力范围内进行。约束（6.9）是库存能力限制约束。约束（6.10）—（6.13）给出了变量的取值范围。

如果将下面的性质引入到上面的模型中可以在某种程度上起到提升下界的作用：

性质1：若①在第一个时间段内只有工序 l 能用于生产产品 i；②产品 i 无法由工序 L_R 反向供应；③产品 i 的当期需求量大于零；④产品 i 的初始库存量为零，则在第一个时间段内必须在工序 l 上生产产品 i，此时相应的启动变量的值必为1，即 $y_{il1}=1$。

三、拉格朗日松弛算法

混合整数规划问题因其内在的组合复杂性通常很难求解，而拉格朗日松弛算法是能够有效求解这类问题的方法之一。在拉格朗日松弛算法中，首先需要将耦合约束松弛并借助拉格朗日乘子引入到目标函数中得到松弛问题。松弛问题必须比原问题易于求解且能够求出最优解。随后需要采用次梯度最优化技术调整拉格朗日乘子。如果原问题为最小化问题，这个更新乘子的过程能够实现对偶函数的最大化，对偶函数的目标函数值可为原问题提供下界，构造启发式算法调整松弛问题的解生成满足所有约束的可行解，可为原问题提供上界。程序将迭代至问题的上下界无法继续改进为止。

通过对钢铁原料多级生产库存模型的仔细观察和研究能够发现，如果忽略约束（6.6），所得到的拉格朗日松弛问题可以按照变量类型分解为容易求解的子问题。因此本节构造了由拉格朗日松弛、线性规划和启发式算法构成的求解策略。下面介绍这一策略的详细内容。

首先通过拉格朗日乘子 $u_{ilt} \geqslant 0$ 将约束（6.6）松弛并引入到目标函数中，得到下面的拉格朗日松弛问题：

（LR）

$$\text{Minimize } C_{LR} \equiv \sum_{t \in T} \sum_{l \in L_1} \sum_{i \in F_{lt}} (R_{ilt} \cdot y_{ilt} + ms_{ilt} \cdot z_{ilt}) + \sum_{t \in T} \sum_{l \in L_2} \sum_{i \in J_{lt}} (R_{ilt} \cdot y_{ilt} +$$

$$ms_{ilt} \cdot z_{ilt}) + \sum_{i \in N} \sum_{t \in T} \frac{1}{2} \cdot h_i \cdot (I_{i,\,t-1} + x_{it} + I_{it}) + \sum_{i \in N} \sum_{t \in T} \sum_{l \in pr_{it}} u_{ilt}$$

$$\cdot (z_{ilt} - M \cdot y_{ilt}) \tag{6.14}$$

满足约束（6.2）—（6.5），（6.7）—（6.13）。

按照变量类型，可将松弛问题（LR）分解为两个子问题，每个子问题只包含一种类型的变量，即整数子问题（LR_1）和连续子问题（LR_2）：

（LR_1）

$$\text{Minimize} C_{LR_1} \equiv \sum_{t \in T} \sum_{l \in L_1} \sum_{i \in F_{lt}} R_{ilt} \cdot y_{ilt} + \sum_{t \in T} \sum_{l \in L_2} \sum_{i \in J_{lt}} R_{ilt} \cdot y_{ilt}$$

$$- M \cdot \sum_{i \in N} \sum_{t \in T} \sum_{l \in pr_{it}} u_{ilt} \cdot y_{ilt} \tag{6.15}$$

满足约束（6.13）。

（LR_2）

$$\text{Minimize} \ C_{LR2} \equiv \sum_{t \in T} \sum_{l \in L_1} \sum_{i \in F_{lt}} ms_{ilt} \cdot z_{ilt} + \sum_{t \in T} \sum_{l \in L_2} \sum_{i \in J_{lt}} ms_{ilt} \cdot z_{ilt} + \sum_{i \in N} \sum_{t \in T} \sum_{l \in pr_{it}} u_{ilt}$$

$$\cdot z_{ilt} + \sum_{i \in N} \sum_{t \in T} \frac{1}{2} \cdot h_i \cdot (I_{i,t-1} + x_{it} + I_{it}) \tag{6.16}$$

满足约束（6.2）—（6.5），（6.7）—（6.12）。

由此，问题（CP）的拉格朗日对偶问题（LD）就可以表示为：

（LD）

$$\text{Maximize} \ C_D (u_{ilt}) \equiv \min C_{LR} \tag{6.17}$$

满足约束（6.2）—（6.5），（6.7）—（6.13）及

$$u_{ilt} \geqslant 0, \ \forall iN, \ tT, \ l \in pr_{it} \tag{6.18}$$

依据上述模型设计了下面的拉格朗日松弛算法来求解本章所研究的生产库存问题：

Step 1. 对于给定的拉格朗日乘子，通过求解子问题（LR_1）和（LR_2），得到松弛问题的最优解。

Step 2. 因为松弛解通常都不满足约束（6.6），不是原问题（CP）的可行解，所以这里采用启发式算法构造基于松弛解的可行计划方案。对偶函数的目标函数值可为原问题的最优解提供下界，可行解的目标函数值可为原问题的最优解提供上界。这里采用当前最好上界和下界之间的对偶间隙作为衡量解质量的标准。

Step 3. 依据次梯度最优化的标准规则更新拉格朗日乘子的值，利用更新后的乘子构造出新的松弛问题，返回 Step 1。

在算法的实施过程中，要求这一迭代过程持续到达到最大迭代代数或最小对偶间隙时为止。下面将详细介绍子问题的求解、可行解的构造以及次梯度算法。

（一）子问题求解

（LR_1）

$$
\begin{aligned}
\text{Minimize} C_{LR_1} &\equiv \sum_{t \in T} \sum_{l \in L_1} \sum_{i \in F_{lt}} R_{ilt} \cdot y_{ilt} + \sum_{t \in T} \sum_{l \in L_2} \sum_{i \in J_{lt}} R_{ilt} \cdot y_{ilt} - M \cdot \sum_{i \in N} \sum_{t \in T} \sum_{l \in pr_{it}} u_{ilt} \\
&\cdot y_{ilt} \equiv \sum_{t \in T} \sum_{l \in L_1} \sum_{i \in F_{lt}} (R_{ilt} - M \cdot u_{ilt}) \cdot y_{ilt} + \sum_{t \in T} \sum_{l \in L_2} \sum_{i \in J_{lt}} (R_{ilt} - \\
&M \cdot u_{ilt}) \cdot y_{ilt} - M \cdot \sum_{t \in T} \sum_{l \in L_1} \sum_{i \in F_{lt}} \sum_{j \in Bt_{il}} u_{jlt} \cdot y_{jlt}
\end{aligned} \tag{6.19}
$$

满足约束（6.13）。

考虑到 y_{ilt} 是 0-1 变量，所以采用了一个简单而快速的多项式算法来最优求解这一子问题。

Step 1. 计算变量的系数。

Step 2. 对于每个变量 y_{ilt}，如果它的系数是正数，令 $y_{ilt} = 0$；否则，令 $y_{ilt} = 1$。

正如前面所提到的，子问题（LR_2）是一个典型的线性规划问题，所以能够直接使用优化软件 OSL 进行求解。基于上面所得到的松弛解能够构造出原问题的可行解，在下一节中将对此进行详细介绍。

（二）构造可行解

因为在松弛问题中离散决策变量和连续决策变量是在不同的子问题中分别进行计算的，所以松弛解通常都无法满足由约束（6.4）所定义的变量一致性要求。为了基于子问题（LR_2）的最优解构造原问题的可行解，本节设计了一个用于修复其可行性的启发式算法，具体步骤如下：

Step 1. 以子问题（LR_2）的最优解作为连续型变量的初始值。将所有整型变量 y_{ilt} 的初始值设为 0。令 $visit\_mark [i] = 0, i \in I$。

Step 2. 寻找满足条件：$i \in I$ 且 $visit\_mark[i]=0$ 的产品 i。如果不存在这样的产品，转 Step 5。

Step 3. 搜索满足条件：$z_{ilt}>0$ 的工序 l，令相应的 $y_{ilt}=1$。

Step 4. 如果不存在这样的工序，令 $visit\_mark[i]=1$，转 Step 2；否则转 Step 3。

Step 5. 停止。由上述过程所得到的 $(I_{it}, x_{it}, z_{ilt}, y_{ilt}, w_{ijt})$ 就是原问题的一个可行解。

（三）启发式策略 I

如果连续两次迭代都无法更新当前最好解，将启用基于当前最好解和最好拉格朗日乘子开发的启发式策略。这个启发式策略的基本步骤为：

Step 1. 初始化：令 $flag=1$，$visit\_mark[i][l][t]=0$，$i \in N$，$t \in T$，$l \in pr_{it}$。

Step 2. 在当前最好解中寻找满足条件 $z_{ilt}>0$，$z_{i,l,(t-1)}>0$ 且 $visit\_mark[i][l][t]=0$ 的变量 z_{ilt}。如果不存在这样的变量令：$flag=0$，转 Step 7。

Step 3. 如果 $R_{ilt}>h_i \cdot z_{ilt}$，令 $z_{ilt}=0$，$visit\_mark[i][l][t]=1$；否则，返回 Step 2。

Step 4. 将约束 $z_{ilt}=0$ 引入子问题（LR_2）中形成一个约束更紧的新问题（LR_3）。

Step 5. 使用优化软件 OSL 求解问题（LR_3）。如果没有可行解，令 $flag=0$，转 Step 7。

Step 6. 基于 Step 5 中得到的解构造可行解。

Step 7. 停止。如果 $flag=1$，由上述过程所得到的 $(I_{it}, x_{it}, z_{ilt}, y_{ilt}, w_{ijt})$ 即为原问题的一个可行解。如果其目标函数值低于上界，更新当前最好解和上界；否则，启发式算法失效。

（四）求解问题（LD）的次梯度算法

次梯度最优化是用于求解拉格朗日对偶问题最常用的方法，算法沿次梯

度方向采用固定步长进行迭代，常被用于求解不可微问题。为了求解
（6.17）中的拉格朗日对偶问题（LD），基于 Chen 和 Luh[231]，Tang 等[153]，
Tragantalerngsak 等[234]，Luh 等[227,233]，Luh 和 Hoitomt[225]，Held 等[243] 中的
思想构造了一个次梯度算法，主要步骤如下：t^m 表示在第 m 次迭代中更新乘
子所使用的步长；β_m 表示在第 m 次迭代中用于更新乘子的步长调整因子。

Step 1. 初始化：

（1）对原问题（CP）进行线性松弛：将所有的二进制变量 y_{ilt} 松弛为
［0，1］之间的连续变量。

（2）求解得到的线性松弛问题。令 C_1 表示其最优目标函数值。

（3）基于线性松弛问题的解，使用"构造可行解"中的启发式算法构造
原问题的可行解。将对应的目标函数值记为 C_2。

（4）置 $m=0$，$flag=0$；$C^U=C_2$，$C^L=C_1$；$u_{ilt}^0=0$，$i \in N$，$l \in pr_{it}$，$t \in T$，
其中 m 表示迭代代数，$\{u_{ilt}^m\}$ 表示第 m 次迭代中所使用的非负拉格朗日乘
子，C^U 和 C^L 分别表示函数 C 的上界和下界。

Step 2. 求解拉格朗日松弛问题：

（1）对于给定的拉格朗日乘子，通过使用"构造可行解"中所介绍的启
发式算法最优求解所有子问题，计算出松弛问题的最优解。

（2）如果其目标函数值 $C_D(u_{ilt}^m)>C^L$，则令 $C^L=C_D(u_{ilt}^m)$。

Step 3. 寻找可行解：

（1）基于 Step 2 中得到的松弛解，使用"构造可行解"中的启发式算法
构造原问题的可行解。

（2）如果其目标函数值 $C^m<C^U$，则令 $C^U=C^m$，$flag=0$。

（3）如果其目标函数值 $C^m \geqslant C^U$，则令 $flag=flag+1$。

Step 4. 改进上界：

（1）如果 $flag>=2$，调用启发式策略 I。

（2）如果更新了上界，令 $flag=0$。

Step 5. 收敛性检查：

如果满足下面任一条件，停止；否则，转 Step 6。

（1）$(C^U - C^L)/C^U < \zeta$，其中 $\zeta > 0$ 是一个非常小的正数；

（2）$m >$ 最大迭代代数。

Step 6.　更新拉格朗日乘子，返回 Step 2：

在迭代过程中，拉格朗日乘子按照下面的公式进行更新，形成新的乘子集合 $\{u_{ilt}^{m+1}\}$：

（1）$\theta_{ilt}^m(u_{ilt}^m) = z_{ilt} - M \cdot y_{lt}$，$i \in N$，$l \in pr_{it}$，$t \in T$；

（2）$t^m = \beta_m \cdot (C^U - C_D(u_{ilt}^m)) / \| \theta^m(u_{ilt}^m) \|^2$；

（3）$u_{ilt}^{m+1} = \mathrm{Max} \{0, u_{ilt}^m + t^m \theta^m (u_{ilt}^m) \}$，$i \in N$，$l \in pr_{it}$，$t \in T$；

（4）$\eta_m = 0.15 \cdot [m/20]$；

（5）$\beta_{m+1} = \beta_m \cdot \exp(-0.5\eta_m^2)$。

为了验证性质 1 的有效性开发了三种拉格朗日松弛算法：未使用性质 1 的算法 LR_{P_1}，仅在 Step 1 中使用了性质 1 的算法 LR_{P_2}，在 Step 1 和 Step 4 中都使用了性质 1 的算法 LR_{P_3}。为了检验这三种算法的性能，在下一节中进行了实验测试。

（五）实验 A

本实验以图 6.2 中所描绘的宝钢炼铁生产系统为实际背景。考虑到实际生产中所使用的原料和中间产品的最大数量不超过 75，所以这里将测试的最大规模局限于图 6.6 中所描述的产品结构。采用 C++ 语言编写了所有的算法程序，使用了 1750 个算例对这些算法的性能进行了评估。在测试问题集合中，原料和中间产品的数量由 15 增加到 75，时间段数由 6 递增至 30。为了便于研究，所有产品的初始库存量均设置为零。除了采购预算以外的所有资源均使用了统一的基本单位吨。为了生成有代表性的测试用例，实验中所使用的问题参数都是基于宝钢炼铁生产系统中的实际生产数据产生的。时间的基本单位定为月。对于产品数（不包括终端产品）和时间段数的每一种组合，产生了 10 个测试问题。每个时间段内的需求在 [207604，316333] 范围内随机产生。因为宝钢铁前生产系统的最大启动成本远低于 2700000，所有测试问题的启动成本都在［30000，2700000］内随机选取。为了测试启动成本对于算法性能的影响，本章将启动成本的选取区间划分为五部分：R_1：$U[30000，1000000]$，R_2：$U[100000，800000]$，R_3：$U[800000，1500000]$，R_4：$U[1500000，2200000]$，R_5：$U[2200000，2700000]$，并将实验结果进行了对比分析。采购工序的单位生产成本是在 $U[100，300]$ 范围内随机选择的，而其他工序的单位生产成本则是在 $U[10，50]$ 范围内随机产生的，单位库存成本在 8—25 之间随机选取。在任何情况下，正数 M 的取值都不应该对可行的生产批量产生限制，因此这里将它定义为所有终端产品需求总量的五倍：$M = \sum_{i \in N} \sum_{t \in T} 5 \cdot D_{it}$。对于所有的算法测试，在停止准则中设置了相同的最大迭代代数 100。

基于图 6.6，按照下面的规则构造了包含 N 种（$N = 15$，25，35，45，55，65）产品的测试问题：

1. 对于每道工序，至少要分配一种待加工的原料产品。

2. 如果选定了一种产品，那么必须同时保留它所有的前序和后序产品。

3. 终端产品集合始终保持不变。

4. 尽量按照序号选取产品。

因为拉格朗日松弛不能保证得到最优解，所以使用对偶间隙（$C^{UB} - C^{LB}$）/C^{LB} 作为衡量解质量的标准，其中 C^{UB} 表示原问题的上界，而 C^{LB} 表示下界。三种拉格朗日松弛算法对于不同规模问题的性能和所需运行时间分别列于表 6.2—表 6.7 中。从图 6.7—图 6.9 能够直观地看出平均对偶间隙的发展趋势。分析表 6.2—表 6.7 以及图 6.7—图 6.9 能够发现：

1. 计算时间随着产品数的增加而增长。因为当产品数增加时，问题的规模变大，能力限制约束变紧，因而问题更难求解。

2. 计算时间随着时间段数的增加而延长。因为当时间段数增加时，产生了更多的变量，加大了问题的求解难度。

3. 对偶间隙随着启动成本的增加而扩大，但当产品数或时间段数增加时对偶间隙却相对稳定。

4. 算法 LR_{P_2} 能产生比算法 LR_{P_1} 更好的解，说明了性质 1 的重要性。

5. 因为算法 LR_{P_2} 的性能总是好于算法 LR_{P_3}，所以仅在 Step 1 中使用性质 1 是最好的选择。

6. 从整体上来说，算法 LR_{P_2} 的性能最好，它的平均对偶间隙最小，所需的平均计算时间与其他算法相比仅差几秒，完全可以忽略不计。

7. 当启动成本相对较小时，它们对于目标函数的影响非常有限，此时问题（CP）可以近似看成是一个线性规划问题，因而能够求出非常好的近优解。

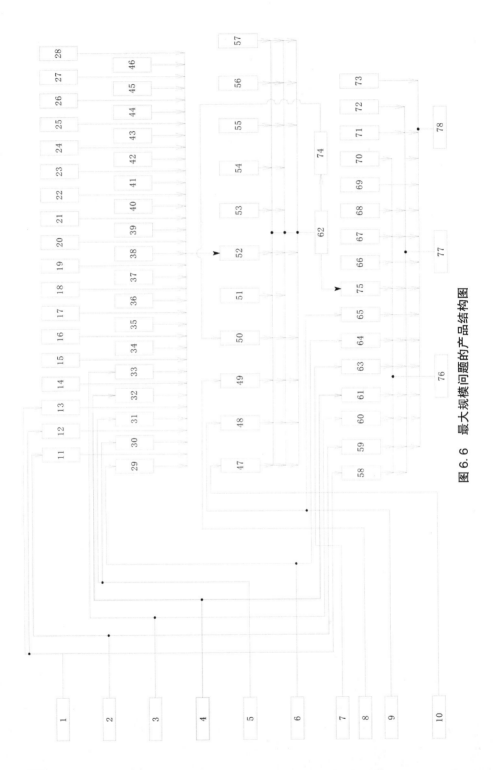

图 6.6　最大规模问题的产品结构图

表 6.2 算法 LR_{P1} 的平均对偶间隙 (%)

问题	问题结构	平均对偶间隙 (%)				
序号	产品×时间段	R_1	R_2	R_3	R_4	R_5
1	15×6	0.202469	1.928568	5.359038	7.170256	7.903070
2	25×6	0.254914	1.975201	5.093102	7.332852	9.720954
3	35×6	0.301825	2.939738	6.909345	8.108726	15.184298
4	45×6	0.235569	2.065515	5.808780	8.075083	11.592167
5	55×6	0.233842	2.436759	5.897981	8.457834	11.532333
6	65×6	0.289538	2.995570	7.161119	7.884828	12.748376
7	75×6	0.315392	2.764865	7.696828	8.423616	13.617491
8	15×12	0.194190	1.996294	4.571718	7.496192	9.472914
9	25×12	0.166149	1.500083	3.531469	6.218108	8.732890
10	35×12	0.259121	2.532602	6.078715	7.000885	11.439859
11	45×12	0.213418	2.143596	5.049674	7.675784	10.444456
12	55×12	0.245723	2.386831	5.427257	8.725208	11.047658
13	65×12	0.282310	2.393977	5.971349	9.122872	11.531398
14	75×12	0.277403	2.491353	6.148234	8.364739	12.114782
15	15×18	0.250540	2.102592	5.277270	8.434425	9.867030
16	25×18	0.177518	1.382192	3.680579	5.652753	7.776268
17	35×18	0.264942	2.374418	5.430866	6.561400	11.064651
18	45×18	0.197027	1.957155	4.187277	7.376240	9.138345
19	55×18	0.224662	1.994519	4.391437	6.979398	9.819112
20	65×18	0.260781	2.315823	5.632724	8.826180	11.004622
21	75×18	0.302105	2.114626	5.796966	7.096072	12.673543
22	15×24	0.214932	1.966069	4.953428	7.954791	9.286824
23	25×24	0.155742	1.587962	4.028244	6.000545	7.793828
24	35×24	0.245775	2.218151	6.143510	7.920392	9.558593
25	45×24	0.197695	1.793767	4.700732	6.458184	9.341564
26	55×24	0.200938	1.727660	4.964799	7.222006	11.064878

续表

问题	问题结构	平均对偶间隙（%）				
序号	产品×时间段	R_1	R_2	R_3	R_4	R_5
27	65×24	0.227620	2.277305	5.607150	7.312229	10.345296
28	75×24	0.260500	2.168226	6.061637	8.176787	11.301877
29	15×30	0.227446	1.692752	4.321683	6.217441	8.194074
30	25×30	0.158730	1.427827	4.183208	5.481730	7.427963
31	35×30	0.252745	1.873983	5.022227	7.743419	10.146344
32	45×30	0.179026	1.375343	3.818661	6.571436	8.655785
33	55×30	0.200541	2.060244	4.317890	7.343899	9.213060
34	65×30	0.245721	2.006517	4.945735	7.707365	9.903688
35	75×30	0.244524	2.022904	5.177609	8.060221	10.214926
平均值	5.065882	0.233182	2.085457	5.238521	7.461540	10.310710

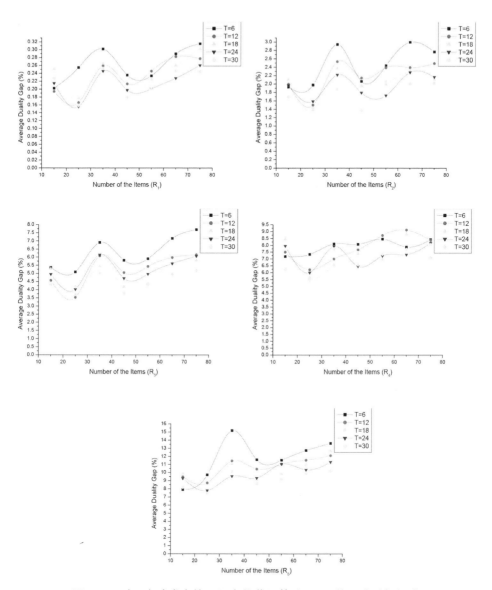

图 6.7　对于启动成本的不同变化范围算法 $\mathbf{LR}_{P_1}$ 的平均对偶间隙

表6.3 算法 LR_{P_1} 的平均运行时间（s）

问题	问题结构	平均运行时间（s）				
序号	产品×时间段	R_1	R_2	R_3	R_4	R_5
1	15×6	1.301000	1.424000	1.392000	1.417000	1.347000
2	25×6	4.667000	4.243000	3.792000	3.772000	3.969000
3	35×6	11.724000	9.078000	9.800999	7.884000	7.972000
4	45×6	7.209000	10.197000	10.658999	10.298000	11.560001
5	55×6	18.183000	15.053999	11.923000	14.360999	13.321001
6	65×6	22.239999	19.382001	18.114000	18.201999	17.993001
7	75×6	17.839000	19.134000	21.656999	22.685999	22.645999
8	15×12	4.195000	4.284000	4.539000	4.321000	4.543000
9	25×12	8.555000	9.252000	9.189999	9.207000	10.186000
10	35×12	18.207001	18.412001	20.447000	20.165001	20.170999
11	45×12	24.730000	26.589001	28.232001	29.484000	30.294998
12	55×12	38.647000	41.457001	44.225000	45.787000	47.939001
13	65×12	52.035999	58.627997	60.725000	64.278003	64.490997
14	75×12	65.740002	72.720996	77.981995	80.316998	79.839001
15	15×18	8.697000	8.634000	8.991000	8.757000	9.269002
16	25×18	18.665001	20.081999	20.006999	20.328001	21.275000
17	35×18	36.752997	41.053998	41.170999	42.203998	43.044000
18	45×18	52.578998	54.940002	60.254999	64.412006	66.481995
19	55×18	85.331006	89.088000	94.071997	97.716003	99.709003
20	65×18	114.732007	127.209998	132.117004	135.839990	136.038989
21	75×18	157.728003	177.620007	180.451013	182.445984	180.353992
22	15×24	14.499998	16.337999	15.147002	16.425999	16.062000
23	25×24	32.697000	33.495999	34.642999	37.195999	36.329004
24	35×24	65.763995	68.569006	71.998004	72.952002	72.308002
25	45×24	91.209003	100.477002	104.359009	109.729993	107.681006
26	55×24	157.914001	166.043018	167.302002	170.943005	174.467993

续表

问题	问题结构	平均运行时间（s）				
序号	产品×时间段	R_1	R_2	R_3	R_4	R_5
27	65×24	215.904004	232.361011	237.612012	241.482007	241.335986
28	75×24	283.491992	317.939014	320.859985	321.695972	318.364990
29	15×30	21.966000	22.485001	23.126001	22.842999	22.737001
30	25×30	48.803000	49.704001	54.035999	56.465002	55.433997
31	35×30	104.629004	110.503003	113.187000	113.331006	113.446008
32	45×30	151.118005	167.067993	170.104004	173.473999	179.751990
33	55×30	253.009985	257.404004	260.699023	263.828003	263.917017
34	65×30	342.135986	361.640991	364.150000	359.802002	369.304980
35	75×30	421.347998	472.320020	464.032031	471.103027	467.040039
平均值	91.91916	84.9785100	91.5666000	93.1713400	94.7186600	95.1606900

表6.4 算法 LR_{P_2} 的平均对偶间隙（%）

问题	问题结构	平均对偶间隙（%）				
序号	产品×时间段	R_1	R_2	R_3	R_4	R_5
1	15×6	0.202432	1.900283	5.068862	6.979276	7.903041
2	25×6	0.235261	1.942138	4.862419	7.277542	9.720938
3	35×6	0.266746	2.743013	6.891615	8.083761	14.935796
4	45×6	0.221956	1.840793	5.659024	7.898050	11.376373
5	55×6	0.204960	2.336833	5.772908	8.332396	11.269117
6	65×6	0.193610	2.544253	6.787778	7.852786	12.177459
7	75×6	0.291707	2.553905	7.510904	8.321829	13.346272
8	15×12	0.194167	1.904848	4.571696	7.372943	9.467672
9	25×12	0.138393	1.347915	3.423497	6.121500	8.562933
10	35×12	0.237446	1.800828	5.995831	7.000875	11.404983
11	45×12	0.184779	1.878629	4.775632	7.580312	10.275945
12	55×12	0.221300	2.314160	5.394546	8.572676	10.876347
13	65×12	0.241116	2.278456	5.944181	8.932985	11.443790

续表

问题	问题结构	平均对偶间隙（%）				
序号	产品×时间段	R_1	R_2	R_3	R_4	R_5
14	75×12	0.138685	2.349057	5.965682	8.272121	11.972971
15	15×18	0.250522	2.072056	5.191539	8.396502	9.867016
16	25×18	0.175642	1.382180	3.680568	5.645686	7.771206
17	35×18	0.232610	2.360596	5.412890	6.561391	11.064344
18	45×18	0.155718	1.841446	4.143707	7.320655	9.111388
19	55×18	0.161539	1.881606	4.295036	6.951141	9.770800
20	65×18	0.252792	2.244636	5.554235	8.791584	10.963592
21	75×18	0.154529	2.030509	5.683016	6.984902	12.559484
22	15×24	0.214914	1.962991	4.953130	7.954776	9.286811
23	25×24	0.155734	1.478099	3.827843	5.831005	7.708885
24	35×24	0.236688	2.190656	6.094842	7.920382	9.532598
25	45×24	0.175096	1.751782	4.661826	6.416722	9.313707
26	55×24	0.193941	1.711516	4.853919	7.205386	10.966694
27	65×24	0.149720	2.234314	5.571039	7.308793	10.334833
28	75×24	0.183024	1.926492	5.908557	8.137918	11.250872
29	15×30	0.201083	1.670074	4.321663	6.217415	8.176248
30	25×30	0.134371	1.397664	4.057719	5.470979	7.364100
31	35×30	0.209980	1.865593	4.979091	7.705791	10.132463
32	45×30	0.147178	1.357357	3.765254	6.511878	8.562166
33	55×30	0.187919	1.966883	4.311455	7.319003	9.165274
34	65×30	0.229924	1.911086	4.878589	7.684026	9.849881
35	75×30	0.175163	1.942591	4.957115	7.973464	9.744161
平均值	4.981326	0.198590	1.969007	5.135075	7.397384	10.20658

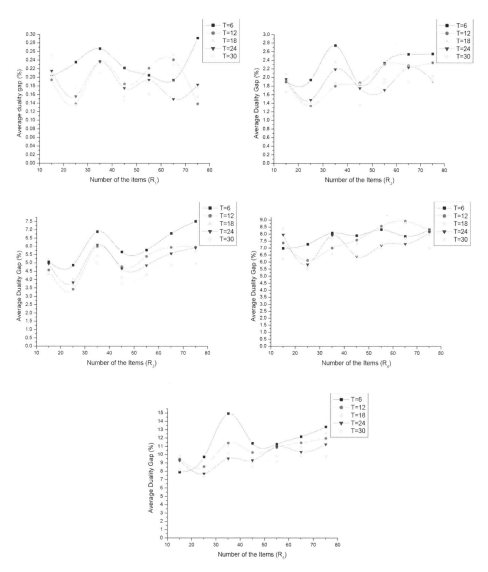

图 6.8 对于启动成本的不同变化范围算法 $\mathbf{LR}_{P_2}$ 的平均对偶间隙

表6.5 算法 $\mathbf{LR}_{P_2}$ 的平均运行时间（s）

问题	问题结构	平均运行时间（s）				
序号	产品×时间段	R_1	R_2	R_3	R_4	R_5
1	15×6	1.380000	1.588000	1.470000	1.459000	1.409000
2	25×6	5.225000	8.559000	6.219000	6.516000	6.679000
3	35×6	9.812000	6.118000	6.994000	6.340001	5.923000
4	45×6	6.700999	24.518001	21.979001	17.052002	15.481999
5	55×6	15.112001	18.103001	27.685001	18.762001	19.359999
6	65×6	14.076001	18.164000	32.847000	33.789005	20.841000
7	75×6	23.239000	21.876001	34.770001	32.771002	27.942999
8	15×12	4.289000	4.584999	4.832000	4.579000	4.808000
9	25×12	6.924999	10.240001	10.089000	10.080001	11.238000
10	35×12	16.556999	19.830000	25.052000	22.058998	22.072000
11	45×12	19.976999	26.641998	34.332001	35.303998	34.930002
12	55×12	38.872000	41.729001	56.537000	51.429004	53.740002
13	65×12	52.217999	58.764008	71.688000	72.252997	72.632001
14	75×12	55.154999	72.720996	89.216003	92.596002	89.714001
15	15×18	8.822000	9.389999	9.755000	9.545999	10.062000
16	25×18	18.934000	23.779002	22.628000	23.139998	24.259000
17	35×18	33.524002	46.914001	51.086002	48.235004	48.534998
18	45×18	42.014999	55.179004	74.216992	77.349994	75.810999
19	55×18	70.464001	89.425000	115.514001	110.760999	113.114001
20	65×18	115.368994	127.671008	152.614001	154.782007	155.157007
21	75×18	129.013989	176.932007	212.553003	207.684009	206.108008
22	15×24	14.732001	18.148001	16.578999	18.139999	17.664000
23	25×24	32.887000	38.410001	38.887997	41.954001	41.220999
24	35×24	66.048993	78.900995	89.127997	83.222003	82.757001
25	45×24	91.694006	101.178003	130.889001	125.881995	123.895996
26	55×24	157.068994	166.323987	205.870996	195.019995	194.783997

续表

问题	问题结构	平均运行时间（s）				
序号	产品×时间段	R_1	R_2	R_3	R_4	R_5
27	65×24	177. 169995	231. 805005	275. 066016	279. 362012	275. 260010
28	75×24	264. 804004	317. 621997	370. 847974	369. 495996	363. 122998
29	15×30	20. 165001	25. 209000	25. 557999	25. 590999	25. 103000
30	25×30	46. 544000	55. 872998	65. 517004	63. 481000	64. 272998
31	35×30	94. 073999	127. 539001	139. 984009	129. 829004	129. 244995
32	45×30	119. 879004	168. 303992	210. 379004	199. 465991	206. 473999
33	55×30	259. 500977	256. 701001	318. 209009	301. 734033	303. 345972
34	65×30	346. 276001	362. 456006	422. 402002	416. 231006	416. 112988
35	75×30	346. 161963	472. 652979	545. 128027	545. 039014	541. 995947
平均值		100. 3489	77. 8481700	93. 8242900	111. 900700	109. 455300	108. 716300

表 6.6　算法 LR_{P_3} 的平均对偶间隙（%）

问题	问题结构	平均对偶间隙（%）				
序号	产品×时间段	R_1	R_2	R_3	R_4	R_5
1	15×6	0. 209224	1. 996702	5. 237832	7. 153668	8. 180611
2	25×6	0. 238135	1. 955306	4. 914104	7. 370582	9. 838294
3	35×6	0. 269574	2. 749611	6. 944354	8. 155389	15. 074278
4	45×6	0. 224736	1. 861135	5. 711520	7. 960423	11. 494136
5	55×6	0. 207895	2. 360147	5. 816355	8. 387632	11. 352249
6	65×6	0. 194833	2. 554431	6. 836661	7. 892443	12. 247911
7	75×6	0. 293951	2. 573817	7. 540852	8. 355574	13. 400404
8	15×12	0. 198435	1. 932083	4. 628911	7. 470718	9. 602339
9	25×12	0. 140829	1. 356269	3. 463725	6. 177126	8. 636937
10	35×12	0. 239080	1. 811625	6. 040642	7. 051186	11. 460187
11	45×12	0. 186565	1. 892769	4. 804125	7. 619322	10. 320633
12	55×12	0. 221746	2. 328566	5. 416572	8. 596942	10. 908342
13	65×12	0. 241402	2. 285144	5. 965465	8. 970351	11. 477355

问题	问题结构	平均对偶间隙（%）				
序号	产品×时间段	R_1	R_2	R_3	R_4	R_5
14	75×12	0.139066	2.354457	5.982327	8.296401	12.004862
15	15×18	0.251491	2.094451	5.232544	8.468686	9.960223
16	25×18	0.177285	1.385127	3.704386	5.689924	7.817252
17	35×18	0.233662	2.369133	5.439583	6.594549	11.123060
18	45×18	0.156304	1.846488	4.157326	7.340491	9.143103
19	55×18	0.162393	1.885246	4.309890	6.966068	9.796198
20	65×18	0.253258	2.253050	5.568001	8.809155	10.990341
21	75×18	0.154686	2.032395	5.697269	6.997034	12.585161
22	15×24	0.215403	1.967432	4.976309	8.004750	9.344034
23	25×24	0.156882	1.489667	3.849713	5.851129	7.740135
24	35×24	0.236756	2.203599	6.122479	7.941957	9.562854
25	45×24	0.175971	1.757844	4.676519	6.433496	9.338469
26	55×24	0.194063	1.715749	4.863437	7.218183	10.991818
27	65×24	0.149953	2.237291	5.581513	7.320197	10.351309
28	75×24	0.183463	1.928789	5.914321	8.148438	11.266643
29	15×30	0.203295	1.672763	4.353404	6.255418	8.226600
30	25×30	0.134722	1.399038	4.070662	5.496682	7.394651
31	35×30	0.211147	1.872706	4.996403	7.723474	10.161612
32	45×30	0.147510	1.360409	3.775768	6.524725	8.583777
33	55×30	0.188120	1.971865	4.317822	7.332185	9.180116
34	65×30	0.230167	1.914691	4.884780	7.697262	9.867539
35	75×30	0.175402	1.945392	4.963071	7.983781	9.755375
平均值	5.008602	0.199926	1.980434	5.164533	7.435867	10.26225

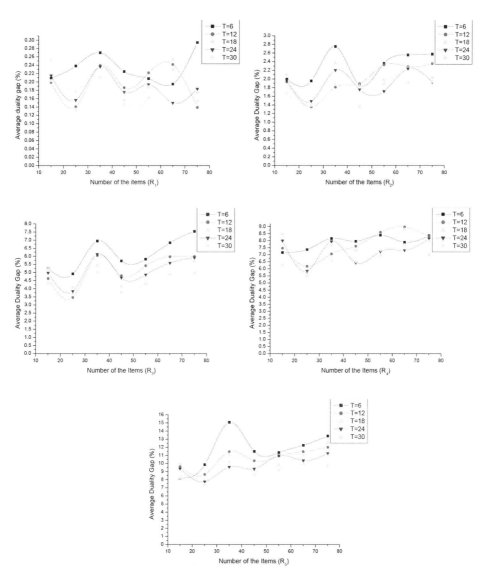

图 6.9　对于启动成本的不同变化范围算法 $\mathbf{LR}_{P_3}$ 的平均对偶间隙

表 6.7　算法 $\mathbf{LR}_{P_3}$ 的平均运行时间（s）

问题	问题结构	平均运行时间（s）				
序号	产品×时间段	R_1	R_2	R_3	R_4	R_5
1	15×6	1.414000	1.482000	1.451000	1.490000	1.490000
2	25×6	4.658000	4.466000	4.105000	3.910000	4.426000
3	35×6	9.355000	10.603999	10.139999	12.456000	8.061000
4	45×6	7.248000	9.632999	10.569000	15.354001	11.514999
5	55×6	16.792000	13.518001	13.411000	14.939999	14.763000
6	65×6	14.017999	15.842000	19.495001	17.904999	18.895000
7	75×6	24.193001	23.195001	25.040999	24.231999	24.350002
8	15×12	4.310000	4.350000	4.755000	4.365000	4.667000
9	25×12	7.052000	9.482999	9.577000	9.359999	10.439000
10	35×12	16.606000	18.911000	21.204001	20.414001	20.272000
11	45×12	20.423001	28.034003	28.717001	29.978000	31.203000
12	55×12	39.804999	42.012000	45.194998	45.702002	48.374997
13	65×12	53.857001	59.652002	62.113995	65.881995	67.385004
14	75×12	56.575000	75.140997	78.209998	81.527002	80.730005
15	15×18	8.663000	8.516000	9.159000	8.776000	9.252000
16	25×18	18.753999	20.401001	20.056999	20.112000	21.384001
17	35×18	33.904999	41.627002	42.115997	43.107001	43.560001
18	45×18	42.804999	54.719000	61.223004	66.557007	67.995001
19	55×18	69.903998	89.281995	95.038995	96.981995	99.978003
20	65×18	118.733008	128.571008	135.690991	139.820996	138.741992
21	75×18	131.530005	180.463989	183.223010	186.040002	182.719995
22	15×24	14.214999	16.185001	15.482001	16.288000	16.228001
23	25×24	32.581000	34.057001	34.755002	37.381998	36.324002
24	35×24	67.533002	70.704004	72.816003	75.563000	73.459009
25	45×24	92.280005	101.299994	107.079004	112.814001	111.190991
26	55×24	158.463000	164.970996	168.473999	171.166992	170.638013

续表

问题	问题结构	平均运行时间（s）				
序号	产品×时间段	R_1	R_2	R_3	R_4	R_5
27	65×24	178. 128003	237. 010010	238. 330005	243. 599023	243. 462012
28	75×24	263. 818018	317. 901025	322. 107007	325. 673022	319. 382007
29	15×30	20. 152000	22. 114999	22. 847000	22. 846001	22. 530000
30	25×30	45. 118002	50. 545996	54. 160999	57. 115997	55. 946997
31	35×30	94. 598999	110. 377002	115. 806995	114. 400000	114. 652002
32	45×30	121. 692993	167. 287000	169. 404993	174. 567004	175. 990991
33	55×30	253. 971997	258. 591992	264. 455005	266. 680005	267. 450000
34	65×30	353. 961011	368. 721997	372. 491968	373. 641016	368. 451025
35	75×30	354. 796021	485. 544971	489. 047949	485. 472998	478. 933008
平均值	91. 8619	78. 62597	92. 72043	95. 07857	96. 74626	96. 13829

四、有效不等式和改进策略

考虑到目前最好的算法 LR_{P_2} 对于最大规模问题的平均对偶间隙亦超过 10%，因此本节提出了用于进一步改进解的质量的新方法。

（一）有效不等式

很多研究人员发现有效不等式是加强下界的有效工具。为了提高下界，作者通过线性组合原问题的约束产生了一系列有效不等式。由约束（6.7）和（6.8）能够得到：

$$p_{ilt} \cdot z_{ilt} \leqslant cap_{lt} \cdot y_{ilt}, \quad \forall lL_1, \ t \in T, \ i \in F_{lt} \tag{6.20}$$

$$p_{ilt} \cdot z_{ilt} \leqslant cap_{lt} \cdot y_{ilt}, \quad \forall lL_2, \ t \in T, \ i \in J_{lt} \tag{6.21}$$

基于（6.20）和（6.21）能够得到下面的表达式：

$$\sum_{i \in F_{lt}} p_{ilt} \cdot z_{ilt} \leqslant cap_{lt} \cdot \sum_{i \in F_{lt}} y_{ilt}, \quad \forall l \in L_1, \ t \in T \tag{6.22}$$

$$\sum_{i \in J_{lt}} p_{ilt} \cdot z_{ilt} \leqslant cap_{lt} \cdot \sum_{i \in J_{lt}} y_{ilt}, \quad \forall l \in L_2, \ t \in T \tag{6.23}$$

显然，问题（CP）与下面的问题（ECP）等价：

（ECP）

$$\begin{aligned}
\text{Minimize } C_E \equiv & \sum_{t \in T} \sum_{l \in L_1} \sum_{i \in F_{lt}} (R_{ilt} \cdot y_{ilt} + ms_{ilt} \cdot z_{ilt}) \\
& + \sum_{t \in T} \sum_{l \in L_2} \sum_{i \in J_{lt}} (R_{ilt} \cdot y_{ilt} + ms_{ilt} \cdot z_{ilt}) \\
& + \sum_{i \in N} \sum_{t \in T} \frac{1}{2} \cdot h_i \cdot (I_{i,\,t-1} + x_{it} + I_{it})
\end{aligned} \tag{6.24}$$

满足约束（6.2）—（6.13），（6.20）—（6.23）。

为了避免由约束（6.6）所带来的求解困难，将这一约束作为惩罚项整合至目标函数（6.24）形成了一个新的松弛问题。令 $\{\lambda_{ilt}\}$ 表示相应的非负拉格朗日乘子，则有：

（ELR）

$$\begin{aligned}
\text{Minimize } C_{ELR} \equiv & \sum_{t \in T} \sum_{l \in L_1} \sum_{i \in F_{lt}} (R_{ilt} \cdot y_{ilt} + ms_{ilt} \cdot z_{ilt}) \\
& + \sum_{t \in T} \sum_{l \in L_2} \sum_{i \in J_{lt}} (R_{ilt} \cdot y_{ilt} + ms_{ilt} \cdot z_{ilt}) \\
& + \sum_{i \in N} \sum_{t \in T} \frac{1}{2} \cdot h_i \cdot (I_{i,\,t-1} + x_{it} + I_{it}) \\
& + \sum_{i \in N} \sum_{t \in T} \sum_{l \in pr_{it}} \lambda_{ilt} \cdot (z_{ilt} - M \cdot y_{ilt})
\end{aligned} \tag{6.25}$$

满足约束（6.2）—（6.5），（6.7）—（6.13），（6.20）—（6.23）。

按照变量类型，将松弛问题（ELR）分解为如下两个子问题：

（ELR$_1$）

$$\begin{aligned}
\text{Minimize } C_{ELR_1} \equiv & \sum_{t \in T} \sum_{l \in L_1} \sum_{i \in F_{lt}} R_{ilt} \cdot y_{ilt} + \sum_{t \in T} \sum_{l \in L_2} \sum_{i \in J_{lt}} R_{ilt} \cdot y_{ilt} \\
& - M \cdot \sum_{i \in N} \sum_{t \in T} \sum_{l \in pr_{it}} \lambda_{ilt} \cdot y_{ilt}
\end{aligned} \tag{6.26}$$

满足约束（6.13）。

（ELR$_2$）

$$\text{Minimize } C_{ELR_2} \equiv \sum_{t \in T} \sum_{l \in L_1} \sum_{i \in F_{lt}} ms_{ilt} \cdot z_{ilt} + \sum_{t \in T} \sum_{l \in L_2} \sum_{i \in J_{lt}} ms_{ilt} \cdot z_{ilt}$$

$$+ \sum_{i \in N} \sum_{t \in T} \sum_{l \in pr_{it}} \lambda_{ilt} \cdot z_{ilt}$$

$$+ \sum_{i \in N} \sum_{t \in T} \frac{1}{2} \cdot h_i \cdot (I_{i,t-1} + x_{it} + I_{it}) \tag{6.27}$$

满足约束（6.2）—（6.5），（6.7）—（6.12），（6.20）—（6.23）。

为了找到"最好"的拉格朗日乘子，必须求解下面的对偶问题（ELD）：

（ELD）

$$\text{Maximize } C_{ED}(\lambda_{ilt}) \equiv \min C_{ELR} \tag{6.28}$$

满足约束（6.2）—（6.5），（6.7）—（6.13），（6.20）—（6.23）及

$$\lambda_{ilt} \geq 0, \quad \forall i \in N, \ t \in T, \ l \in pr_{it} \tag{6.29}$$

（二）新启发式算法

考虑到启动成本对于计算结果的影响最大，本节提出了三种启发式策略用于更新上界，下面详细介绍这些启发式算法的具体步骤。

1. 启发式策略 II

Step 1. 使用 OSL 求解下面的线性规划问题。令 C_G 表示其最优目标函数值。

（GCP）

$$\text{Minimize } C_G \equiv \sum_{t \in T} \sum_{l \in L_1} \sum_{i \in F_{lt}} R_{ilt} \cdot y_{ilt} + \sum_{t \in T} \sum_{l \in L_2} \sum_{i \in J_{lt}} R_{ilt} \cdot y_{ilt} \tag{6.30}$$

满足约束（6.2）—（6.12），（6.20）—（6.23）及

$$0 \leq y_{ilt} \leq 1, \quad \forall i \in N, \ t \in T, \ l \in pr_{it} \tag{6.31}$$

Step 2. 以问题（GCP）的最优解为初始解，使用"构造可行解"中的启发式算法构造可行解。如果其目标函数值低于上界，更新当前最好解和上界。

2. 启发式策略 III

Step 1. 使用 OSL 求解下面的（LGCP）问题。令 C_{LG} 表示其最优目标函

数值。

（LGCP）

$$\text{Minimize } C_{LG} \equiv \sum_{t \in T} \sum_{l \in L_1} \sum_{i \in F_{lt}} (R_{ilt} - M \cdot \lambda_{ilt}) \cdot y_{ilt}$$

$$+ \sum_{t \in T} \sum_{l \in L_2} \sum_{i \in J_{lt}} (R_{ilt} - M \cdot \lambda_{ilt}) \cdot y_{ilt} \qquad (6.32)$$

$$- M \cdot \sum_{t \in T} \sum_{l \in L_1} \sum_{i \in F_{lt}} \sum_{j \in B_{il}^t} \lambda_{jlt} \cdot y_{jlt}$$

满足约束（6.2）—（6.12），（6.20）—（6.23），（6.31）。

Step 2. 以问题（LGCP）的最优解为初始解。使用"构造可行解"中的启发式算法构造可行解。如果其目标函数值低于上界，更新当前最好解和上界。

除了上述两个启发式策略外，作者还设计了用于改进问题（ECP）上界的启发式算法Ⅳ，其基本思想是：通过改变可行的生产计划，反复最小化（6.24）中的总成本。

3. 启发式策略Ⅳ

这种策略是以一个对偶可行解（I_{it}，x_{it}，z_{ilt}，y_{ilt}，w_{ijt}）为出发点，通过调整 $\{z_{ilt}\}$ 的值进行解的改进，具体步骤如下：

Step 1. 初始化：令 $flag = 1$，$visit\_mark[i][l][t] = 0$，$i \in N$，$t \in T$，$l \in pr_{it}$。

Step 2. 在这个可行解中，寻找满足条件：$z_{ilt} > 0$，$z_{ilt_1} > 0$，$t_1 \geq t$，$visit\_mark[i][l][t_1] = 0$ 的变量 z_{ilt}。如果不存在这样的变量，令 $flag = 0$，转 Step 7。

Step 3. 如果 $(ms_{ilt} - ms_{ilt_1}) \cdot z_{ilt_1} + h_i \cdot z_{ilt_1} \cdot (t_1 - t) - R_{ilt_1} < 0$，令 $z_{ilt_1} = 0$，$visit\_mark[i][l][t_1] = 1$；否则，返回 Step 2。

Step 4. 将约束 $z_{ilt_1} = 0$ 引入到问题（ELR_2）中形成一个约束更紧的新问题（ELR_3）。

Step 5. 使用优化软件 OSL 求解问题（ELR_3）。如果没有可行解，令 $flag$

$=0$，转 Step 7。

Step 6. 基于 Step 5 中得到的解构造可行解。

Step 7. 停止。如果 $flag=1$，就得到了一个新的可行解（$I_{it}^{(1)}$，$x_{it}^{(1)}$，$z_{ilt}^{(1)}$，$y_{ilt}^{(1)}$，$w_{ijt}^{(1)}$）。如果其目标函数值低于上界，更新当前最好解和上界。否则，启发式算法失效。

基于上述启发式策略，作者提出了用于求解（6.28）中的拉格朗日对偶问题的次梯度算法，随后将给出算法的详细步骤。

（三）求解问题（ELD）的次梯度算法（SAE）

求解问题（ELD）的次梯度算法（SAE）的主要步骤为：

Step 1. 初始化：

（1）求解问题（ECP）的线性松弛问题。令 EC_1 表示其最优目标函数值。将函数 C_E 的上界和下界分别记为 C^{EU} 和 C^{EL}。

（2）基于（ECP）的线性松弛解，构造原问题的可行解。将相应的目标函数值记为 EC_2。

（3）令 $C^{EL}=0$，以 EC_2 作为上界 C^{EU} 的初始值。

（4）连续执行启发式策略Ⅳ和Ⅱ以更新上界。

（5）其他参数的初始化详见 133—134 页。

Step 2. 求解拉格朗日松弛问题：

对于给定的拉格朗日乘子，使用 OSL 和"子问题求解"中的多项式算法最优求解（ELR₁）和（ELR₂），以获得（ELR）的最优解。

Step 3. 寻找可行解：

基于 Step 2 中得到的松弛解，使用"构造可行解"中的启发式算法构造问题（ECP）的可行解。

Step 4. 改进上界和下界：

（1）连续执行启发式策略Ⅳ和Ⅲ以更新上界。

（2）如果 $flag \geqslant 10$ 且 $C^{EL} < EC_1$，以 EC_1 作为下界。

Step 5. 收敛性检查。

Step 6. 更新拉格朗日乘子，返回 Step 2。

（四）实验 B

为了测试上述算法的有效性，本节使用实验 A 中的算例进行了实验 B。对于不同问题规模的计算结果列于表 6.8 和 6.9 中，图 6.10 给出了平均对偶间隙的发展趋势。综合分析表 6.6—6.9 中的数据，能够发现算法 SAE 具有如下优点：

1. 平均对偶间隙降为算法 LR_{P_2} 的 0.5952 倍，充分证明了改进的有效性。

2. 与算法 LR_{P_2} 相比，对偶间隙对于不同范围启动成本的平均增长率减少了 40.87%。下面以算法 SAE 为例介绍对偶间隙平均增长率的计算方法。

算法 SAE 的对偶间隙平均增长率＝（（1.21924−0.139483）＋（3.079076−1.21924）＋（4.329696−3.079076）＋（6.057172−4.329696））/4＝（6.057172−0.139483）/4＝1.47942225。

3. 如果不考虑运行时间，算法 SAE 在任何情况下的性能都好于算法 LR_{P2}。

4. 虽然平均运行时间增加至算法 LR_{P_2} 的 3.4646 倍，但仍然是可以忍受的。

显然，算法 SAE 的最大缺陷就是需要消耗大量的计算时间。为了克服这一缺点，本章采用变量分离技术重新分析了问题（CP），在下一节中将给出具体的分析过程。

表 6.8 算法 SAE 的平均对偶间隙（%)

问题	问题结构	平均对偶间隙（%)				
序号	产品×时间段	R_1	R_2	R_3	R_4	R_5
1	15×6	0.063621	0.478535	1.519549	1.636014	1.976942
2	25×6	0.154384	1.141939	2.854159	4.237522	5.873144
3	35×6	0.179219	1.629347	4.041965	4.431108	8.833394
4	45×6	0.145141	1.314314	3.609244	5.075761	7.247500
5	55×6	0.135845	1.335040	3.131770	4.609910	6.191429

续表

问题	问题结构	平均对偶间隙（%）				
序号	产品×时间段	R_1	R_2	R_3	R_4	R_5
6	65×6	0.177972	1.651282	4.137492	4.441764	7.237483
7	75×6	0.204934	1.806594	4.977965	5.503114	8.857133
8	15×12	0.068507	0.746535	1.547994	2.766144	3.111809
9	25×12	0.089817	0.807268	1.931095	3.600126	4.624601
10	35×12	0.148553	1.474238	3.362245	3.785061	6.261254
11	45×12	0.138461	1.430100	3.366056	4.944123	6.603957
12	55×12	0.159508	1.586280	3.476825	5.849951	7.249957
13	65×12	0.179993	1.509413	3.910314	5.793761	7.510250
14	75×12	0.192035	1.579744	4.017209	5.378781	8.087241
15	15×18	0.105136	0.795218	1.999345	3.030558	3.408453
16	25×18	0.104135	0.804457	2.120249	3.222377	4.510133
17	35×18	0.149740	1.259676	2.987474	3.430619	5.966216
18	45×18	0.131500	1.309270	2.814553	4.946607	6.086580
19	55×18	0.142003	1.239358	2.804503	4.364369	6.176969
20	65×18	0.184084	1.607552	3.904782	6.091538	7.520074
21	75×18	0.210173	1.504838	4.110400	5.020411	8.802276
22	15×24	0.086995	0.710632	1.963812	2.889602	3.386851
23	25×24	0.093711	0.942299	2.400020	3.429783	4.609063
24	35×24	0.142000	1.205170	3.324906	4.262515	5.056760
25	45×24	0.134131	1.175130	3.101660	4.290368	6.282278
26	55×24	0.129253	1.119255	3.313426	4.802749	7.370181
27	65×24	0.156058	1.529943	3.949153	4.938474	7.098433
28	75×24	0.185809	1.556249	4.275123	5.727059	7.945413
29	15×30	0.085370	0.607539	1.538996	2.097308	2.817714
30	25×30	0.089130	0.862366	2.477960	3.151252	4.467598
31	35×30	0.142490	1.048291	2.667012	4.109479	5.430481

问题	问题结构	平均对偶间隙（%）				
序号	产品×时间段	R_1	R_2	R_3	R_4	R_5
32	45×30	0.115505	0.906394	2.478667	4.202968	5.432056
33	55×30	0.122427	1.256204	2.698935	4.452940	5.628246
34	65×30	0.157433	1.302938	3.178655	5.249702	6.815222
35	75×30	0.176819	1.440000	3.774143	5.775548	7.523927
平均值	2.964933	0.139483	1.21924	3.079076	4.329696	6.057172

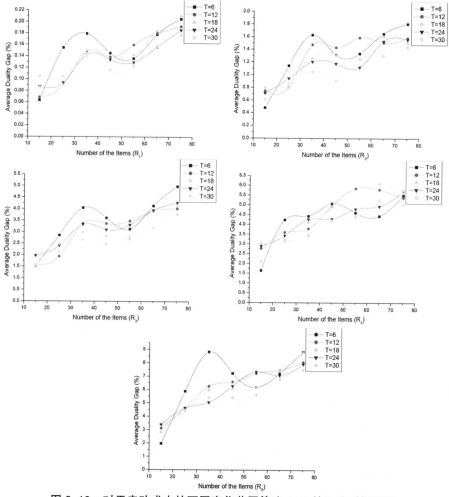

图 6.10　对于启动成本的不同变化范围算法 SAE 的平均对偶间隙

表 6.9　算法 SAE 的平均运行时间（s）

问题 序号	问题结构 产品×时间段	平均运行时间（s）				
		R_1	R_2	R_3	R_4	R_5
1	15×6	1.038000	13.694000	11.749001	11.753000	11.782001
2	25×6	13.162001	21.800000	21.823999	21.980000	22.067999
3	35×6	22.299001	27.932999	28.262000	28.800998	28.226999
4	45×6	35.426004	55.189001	53.627002	55.007001	55.144006
5	55×6	58.798999	55.702002	55.535004	53.596002	55.290002
6	65×6	72.232001	75.742993	73.527002	77.691003	74.683997
7	75×6	89.425000	92.383008	94.099005	103.535010	94.580005
8	15×12	2.038000	25.025000	24.911002	24.661000	24.945999
9	25×12	15.480000	47.825006	48.356000	48.413995	48.805002
10	35×12	68.003003	74.144000	77.104999	78.406000	79.010992
11	45×12	105.476990	120.884998	121.051001	122.546997	124.505005
12	55×12	174.925012	174.219995	175.590015	175.641016	179.995996
13	65×12	229.489014	228.577026	232.808008	234.293994	236.779004
14	75×12	294.384009	296.102979	305.813989	301.927002	302.106030
15	15×18	24.126001	45.187997	45.262003	45.053000	45.566000
16	25×18	45.289996	90.483008	89.560999	91.172992	93.515002
17	35×18	142.975000	149.151001	149.479993	151.801001	150.590002
18	45×18	229.812988	252.539014	257.769995	264.520996	262.005005
19	55×18	348.863037	343.672021	344.108984	353.709033	351.205981
20	65×18	489.013965	491.902979	501.608984	496.074023	492.522949
21	75×18	661.287988	673.513965	670.194043	681.351074	664.684961
22	15×24	22.143001	67.097992	67.016998	67.243994	68.087994
23	25×24	68.765002	155.918005	158.242993	158.981006	160.348010
24	35×24	241.023999	241.224976	246.665015	251.832007	255.901001
25	45×24	374.535986	405.966992	406.517017	415.566992	407.162036
26	55×24	579.197949	621.166016	609.769092	628.710986	610.741992

续表

问题	问题结构	平均运行时间（s）				
序号	产品×时间段	R_1	R_2	R_3	R_4	R_5
27	65×24	879.045020	867.100977	862.326074	863.908008	866.624023
28	75×24	1161.711035	1143.584863	1187.925977	1208.748047	1168.708008
29	15×30	32.724002	93.520001	94.037000	94.058008	94.492999
30	25×30	83.742999	227.557983	228.458984	231.934985	230.859009
31	35×30	337.733984	362.744995	386.656006	369.450049	368.671997
32	45×30	526.382031	657.787988	637.798975	670.679980	633.518994
33	55×30	723.219971	927.564941	936.223926	931.222949	941.265039
34	65×30	1370.417188	1308.403027	1292.229102	1323.440918	1284.507031
35	75×30	1872.491992	1856.000000	1855.978125	1838.015820	1837.661133
平均值	347.6707	325.6194	351.1803	352.9168	356.4494	352.1875

五、变量分离

变量分离是一种新的松弛技术，是由 Jörnsten 等[244]提出并命名的。对于这一技术的应用包括 Jörnsten 和 Näsberg[245]，Guignard 和 Kim[246]，Barcelo 等[247]，Barcia 和 Jörnsten[248]，Sridharan[249]等。其主要思想是通过复制原变量构造原问题的等价问题。显然，等价问题中包含了两倍的变量。这个等价问题通常可以使用传统的拉格朗日松弛算法进行松弛求解。利用这种技术求解本章所研究的生产库存问题的过程如下：

引入一个新的变量集合 $\{y_{ilt}^1 = y_{ilt}\}$，将问题（CP）改写为：

（SCP）

$$
\begin{aligned}
\text{Minimize } C_S \equiv & \sum_{t \in T} \sum_{l \in L_1} \sum_{i \in F_{lt}} (R_{ilt} \cdot y_{ilt}^1 + ms_{ilt} \cdot z_{ilt}) \\
& + \sum_{t \in T} \sum_{l \in L_2} \sum_{i \in J_{lt}} (R_{ilt} \cdot y_{ilt}^1 + ms_{ilt} \cdot z_{ilt}) \\
& + \sum_{i \in N} \sum_{t \in T} \frac{1}{2} \cdot h_i \cdot (I_{i,t-1} + x_{it} + I_{it})
\end{aligned}
\tag{6.33}
$$

满足约束：

$$I_{i,\ t-1} + x_{it} - I_{it} - \sum_{j \in S_{it}} \sum_{l \in H_{ijt}} r_{ijlt} \cdot z_{jlt} - \sum_{j \in LI_{it}} \rho_{ij} \cdot w_{i,\ j,\ t+ld_{ij}} = 0, \quad \forall\, i \in N,\ t \in T$$

(6.34)

$$\sum_{l \in pr_{it}} z_{jlt} + \sum_{j \in bk_i} w_{jit} = x_{it}, \quad \forall\, i \in N,\ t \in T$$

(6.35)

$$z_{j,pr_{jt},t} = z_{j,L_{f},t} = D_{jt}, \quad \forall\, j \in N_f,\ t \in T$$

(6.36)

$$z_{jlt} = r_{ijlt} \cdot z_{ilt}, \quad \forall\, l \in L_1,\ t \in T,\ i \in F_{lt},\ j \in B_{ilt}$$

(6.37)

$$z_{ilt} \leqslant M \cdot y_{ilt}, \quad \forall\, i \in N,\ t \in T,\ l \in pr_{it}$$

(6.38)

$$\sum_{i \in F_{lt}} p_{ilt} \cdot z_{ilt} \leqslant cap_{lt}, \quad \forall\, l \in L_1,\ t \in T$$

(6.39)

$$\sum_{i \in J_{lt}} p_{ilt} \cdot z_{ilt} \leqslant cap_{lt}, \quad \forall\, l \in L_2,\ t \in T$$

(6.40)

$$\frac{1}{2} \cdot \sum_{i \in U_k} (I_{i,\ t-1} + x_{it} + I_{it}) \leqslant V_k, \quad \forall\, k = 1,\ \cdots,\ K,\ t \in T$$

(6.41)

$$y_{ilt} = y_{ilt}^1, \quad \forall\, i \in N,\ t \in T,\ l \in pr_{it}$$

(6.42)

$$0 \leqslant y_{ilt}^1 \leqslant 1, \quad \forall\, i \in N,\ t \in T,\ l \in pr_{it}$$

(6.43)

$$x_{it},\ I_{it} \geqslant 0, \quad \forall\, i \in N,\ t \in T$$

(6.44)

$$z_{ilt} \geqslant 0, \quad \forall\, i N \cup N_f,\ t T,\ l \in pr_{it}$$

(6.45)

$$w_{ijt} \geqslant 0, \quad \forall\, i \in N,\ j rs_i,\ t \in T$$

(6.46)

$$y_{ilt} \in \{0,\ 1\}, \quad \forall\, i \in N,\ t \in T,\ l \in pr_{it}$$

(6.47)

（一）拉格朗日松弛算法

注意到问题（SCP）中存在两种类型的变量，即二进制变量和连续变量，而等式约束（6.42）是唯一涉及这两种类型变量的约束。如果不考虑这些等式约束，问题就可以分解为两个独立的子问题，一个只包含二进制变量，另一个只包含连续变量，因此有必要松弛这些约束。以 μ_{ilt} 作为问题（SCP）中等式约束（6.42）对应于产品 i、工序 l 及时间段 t 的对偶变量，能够得到下面的松弛问题（SLR）：

（SLR）

$$\text{Minimize } C_{SLR} \equiv \sum_{t \in T} \sum_{l \in L_1} \sum_{i \in F_{lt}} (R_{ilt} \cdot y_{ilt}^1 + ms_{ilt} \cdot z_{ilt})$$

$$+ \sum_{t \in T} \sum_{l \in L_2} \sum_{i \in J_{lt}} (R_{ilt} \cdot y_{ilt}^1 + ms_{ilt} \cdot z_{ilt})$$

$$+ \sum_{i \in N} \sum_{t \in T} \frac{1}{2} \cdot h_i \cdot (I_{i, t-1} + x_{it} + I_{it}) \qquad (6.48)$$

$$+ \sum_{i \in N} \sum_{t \in T} \sum_{l \in pr_{it}} \mu_{ilt} \cdot (y_{ilt} - y_{ilt}^1)$$

满足约束（6.34）—（6.41），（6.43）—（6.47）。

按照变量类型，可将松弛问题（SLR）分解为两个独立的子问题（SLR_1）和（SLR_2）：

（SLR_1）

$$\text{Minimize } C_{SLR_1} \equiv \sum_{t \in T} \sum_{l \in L_1} \sum_{i \in F_{lt}} (R_{ilt} \cdot y_{ilt}^1 + ms_{ilt} \cdot z_{ilt})$$

$$+ \sum_{t \in T} \sum_{l \in L_2} \sum_{i \in J_{lt}} (R_{ilt} \cdot y_{ilt}^1 + ms_{ilt} \cdot z_{ilt})$$

$$+ \sum_{i \in N} \sum_{t \in T} \frac{1}{2} \cdot h_i \cdot (I_{i, t-1} + x_{it} + I_{it}) \qquad (6.49)$$

$$- \sum_{i \in N} \sum_{t \in T} \sum_{l \in pr_{it}} \mu_{ilt} \cdot y1_{ilt}$$

满足约束（6.34）—（6.41），（6.43）—（6.46）。

（SLR_2）

$$\text{Minimize } C_{SLR_2} \equiv \sum_{i \in N} \sum_{t \in T} \sum_{l \in pr_{it}} \mu_{ilt} \cdot y_{ilt} \qquad (6.50)$$

满足约束（6.47）。

为了寻找能够产生最紧下界的拉格朗日乘子集合，需要求解下面的拉格朗日对偶问题（SLD）：

（SLD）

$$\text{Maximize } C_{SD}(\mu_{ilt}) \equiv \min C_{SLR} \qquad (6.51)$$

满足约束（6.34）—（6.41），（6.43）—（6.47）。

显然，问题（SLR₁）和（SLR₂）仍然能够直接使用 OSL 和"子问题求解"中的多项式算法分别进行求解。下面介绍用来求解问题（SLD）的次梯度算法。

（二）求解问题（SLD）的次梯度算法（SAS）

求解问题（SLD）的次梯度算法的具体步骤如下：

Step 1.　初始化：

将函数 C_S 的上界和下界分别记为 C^{SU} 和 C^{SL}。令 $\mu_{ilt}^0 = -M$，$C^{SU} = +\infty$，$C^{SL} = 0$，$flag\_v = 0$。其他参数的初始化详见"求解问题（LD）的次梯度算法"。

Step 2.　求解拉格朗日松弛问题（SLR）。

Step 3.　寻找可行解：

基于 Step 2 中得到的松弛解，使用"构造可行解"中的启发式算法构造问题（SCP）的可行解。

Step 4.　改进上界和下界：

如果 $flag >= 10$ 且 $flag\_v = 0$，求解（SLR）的线性松弛问题，令 $flag\_v = 1$，以 SC_1 表示其最优目标函数值。基于（SLR）的线性松弛解，构造原问题的可行解，将相应的目标函数值记为 SC_2。

（1）如果 $C^{SL} < SC_1$，将 SC_1 作为下界。

（2）如果 $C^{SU} > SC_2$，将 SC_2 作为上界。

（3）如果 $flag < 10$，执行启发式策略Ⅳ以更新上界。

Step 5.　收敛性检查。

Step 6.　更新拉格朗日乘子，返回 Step 2。

（三）实验 C

为了检验上述算法的性能，在实验 C 中使用实验 A 的算例进行了测试。计算结果列于表 6.10 和 6.11 中，图 6.11 直观地反映了平均对偶间隙的发展趋势。在图6.12中，基于平均对偶间隙和平均运行时间两种衡量标准，对算法 LR_{P_1}、LR_{P_2}、LR_{P_3}、SAE、SAS 的性能进行了比较。算法 SAS 的优点主要表现在以下几个方面。

1. 与算法 SAE 相比，对偶间隙降低了 1.649%，充分证明了这一算法的有效性。

2. 对偶间隙对于不同范围启动成本的平均增长率降为算法 SAE 的 0.9812 倍。

3. 平均运行时间为算法 SAE 的 72.58%。

4. 算法 SAS 在所有方面都超越了算法 SAE。

5. 如果以对偶间隙作为衡量算法好坏的标准，那么算法 SAS 的性能最好。由于本章所研究的生产库存问题是一个离线最优化问题，最关心的是解的质量。因此，作者推荐使用算法 SAS。

表 6.10　算法 SAS 的平均对偶间隙（%）

问题	问题结构	平均对偶间隙（%）				
序号	产品×时间段	R_1	R_2	R_3	R_4	R_5
1	15×6	0.064865	0.456061	1.304912	1.469335	1.746652
2	25×6	0.150931	1.111181	2.730329	4.081159	5.650718
3	35×6	0.174242	1.588785	3.911268	4.294080	8.496389
4	45×6	0.143380	1.290602	3.545244	4.970428	7.040873
5	55×6	0.134433	1.303222	3.056768	4.496362	6.079207
6	65×6	0.175899	1.630547	4.064969	4.365901	7.100291
7	75×6	0.203588	1.790333	4.935644	5.438166	8.708100
8	15×12	0.069780	0.706980	1.484203	2.617586	2.877434
9	25×12	0.088965	0.777596	1.884457	3.490922	4.531084
10	35×12	0.145876	1.449949	3.296745	3.707165	6.113657
11	45×12	0.137481	1.409096	3.321066	4.879991	6.506573
12	55×12	0.158144	1.561836	3.440524	5.773742	7.123040
13	65×12	0.178322	1.499527	3.872741	5.717322	7.366020

续表

问题序号	问题结构 产品×时间段	平均对偶间隙（%）				
		R_1	R_2	R_3	R_4	R_5
14	75×12	0.190550	1.567115	3.982262	5.346023	8.024812
15	15×18	0.102674	0.759299	1.935952	2.885630	3.215219
16	25×18	0.103292	0.790694	2.093205	3.180161	4.438794
17	35×18	0.147471	1.245012	2.924624	3.390488	5.865893
18	45×18	0.130138	1.296231	2.791872	4.881190	6.014440
19	55×18	0.140919	1.228115	2.789012	4.349262	6.087984
20	65×18	0.183059	1.596342	3.882353	6.043990	7.475513
21	75×18	0.209296	1.499191	4.095093	4.998631	8.671709
22	15×24	0.086202	0.682937	1.890197	2.849832	3.252705
23	25×24	0.093295	0.930869	2.369252	3.389241	4.511287
24	35×24	0.140355	1.185591	3.289926	4.223836	4.951801
25	45×24	0.133116	1.167126	3.074189	4.256707	6.209682
26	55×24	0.128699	1.112749	3.298273	4.768717	7.311802
27	65×24	0.155280	1.520361	3.933182	4.904429	7.042474
28	75×24	0.184844	1.547975	4.224388	5.683824	7.858074
29	15×30	0.084558	0.588553	1.505115	2.015250	2.754336
30	25×30	0.088631	0.852067	2.445224	3.110983	4.393134
31	35×30	0.141344	1.038854	2.652212	4.073314	5.390221
32	45×30	0.115180	0.899754	2.468449	4.179338	5.389807
33	55×30	0.121981	1.253320	2.692568	4.433237	5.608032
34	65×30	0.155586	1.298256	3.161209	5.220101	6.790602
35	75×30	0.176179	1.434588	3.755640	5.739195	7.470512
平均值	2.916039	0.138244	1.202020	3.031516	4.263587	5.944825

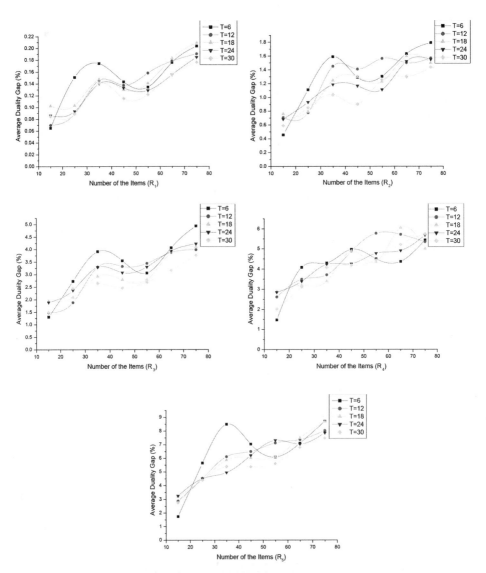

图 6.11　对于启动成本的不同变化范围算法 SAS 的平均对偶间隙

表 6.11　算法 SAS 的平均运行时间（s）

问题	问题结构	平均运行时间（s）				
序号	产品×时间段	R_1	R_2	R_3	R_4	R_5
1	15×6	1.246000	3.511000	3.633000	3.733000	3.607000
2	25×6	8.742999	10.117001	11.556999	12.190001	19.104999
3	35×6	16.793999	18.843999	20.650000	19.723001	28.066998
4	45×6	22.617999	26.318002	33.172000	25.500999	27.638000
5	55×6	28.560999	33.968997	35.212000	50.195007	34.524002
6	65×6	44.788995	46.370001	51.838000	52.567004	49.775000
7	75×6	65.898999	65.142999	76.933997	70.859003	74.548993
8	15×12	4.143000	11.998000	12.064000	12.607000	12.813000
9	25×12	11.784000	29.622998	29.586996	30.300998	30.264001
10	35×12	51.594995	50.885001	53.330005	56.306995	56.507001
11	45×12	75.584003	83.541003	87.556995	92.221997	87.469995
12	55×12	115.482007	125.983008	126.108008	132.119006	144.375000
13	65×12	156.420020	163.969006	169.741003	176.805994	173.721021
14	75×12	190.225000	207.237012	233.440039	217.884009	236.481006
15	15×18	18.253000	25.106000	26.220999	26.569998	27.542999
16	25×18	35.973999	58.313000	59.955005	61.128003	62.332996
17	35×18	103.547998	104.254004	114.516003	113.427002	116.531982
18	45×18	157.837988	175.252014	190.593994	200.494006	184.201990
19	55×18	246.346997	259.380005	271.416016	263.429004	304.564990
20	65×18	357.079980	371.953979	386.061011	375.836011	367.097021
21	75×18	466.145996	455.095996	494.154980	497.675000	555.277979
22	15×24	23.512000	41.435004	40.542999	42.944995	44.481000
23	25×24	51.917999	94.071997	102.468994	108.848999	111.216992
24	35×24	180.005005	185.865991	195.110986	191.504993	216.271997
25	45×24	260.750000	278.659033	300.118994	295.692969	312.493994
26	55×24	443.389990	455.626953	469.715039	511.786035	456.522021

续表

问题	问题结构	平均运行时间（s）				
序号	产品×时间段	R_1	R_2	R_3	R_4	R_5
27	65×24	580. 720996	590. 330957	627. 256006	654. 933008	659. 873926
28	75×24	845. 725000	817. 669043	852. 925977	833. 633984	934. 331934
29	15×30	35. 378003	61. 387006	62. 858008	61. 751001	69. 697998
30	25×30	85. 506006	153. 938989	157. 773999	162. 532996	168. 594995
31	35×30	250. 495996	285. 945996	292. 209985	300. 181006	309. 368994
32	45×30	375. 395972	438. 747021	440. 702979	457. 987012	461. 537988
33	55×30	539. 077051	686. 635010	697. 687988	722. 612988	702. 074023
34	65×30	922. 194043	950. 878027	934. 989941	991. 917969	997. 152930
35	75×30	1244. 356055	1221. 601953	1291. 958105	1387. 550977	1343. 492969
平均值	252. 3441	229. 0712000	245. 4187000	255. 8303000	263. 2986000	268. 1016000

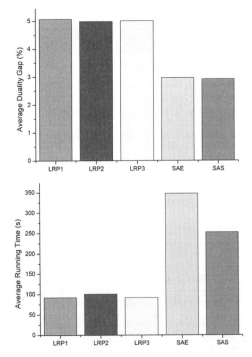

图 6.12　拉格朗日松弛算法 LR_{P_1}、LR_{P_2}、LR_{P_3}、SAE、SAS 的性能对比分析

六、结论

生产库存计划作为运作管理中的经典问题，近年来已经引起了学术界和工业界的高度关注。本章研究了宝钢炼铁生产系统中的生产库存问题，将其归结为特殊的能力受限的多阶段生产批量问题，该问题的产品结构同时具有发散、收敛和环状特征。对于这一问题，建立了可分解的混合整数规划模型，用于在满足复杂物流平衡约束和能力限制约束的前提下，确定各种产品在各时间段内的生产量和库存量。模型的目标是最小化决策区间内包括启动成本、生产/采购成本和库存持有成本在内的总成本。为了求解这一问题，开发了一系列的拉格朗日松弛算法和启发式策略。同时引入了性质1、有效不等式和变量分离技术用于缩小对偶间隙。使用基于宝钢实际生产数据所生成的算例进行了测试，计算结果显示所有算法都能够在合理的时间内找到高质量的解，其中基于变量分离的拉格朗日松弛算法的效果最好。

第七章　带有延迟满足的多阶段冷轧生产库存计划

多阶段生产库存计划是冷轧生产管理的重要内容，旨在通过对各种产品生产量和库存量的有效控制，实现各工序间的物流平衡，从而在满足客户订单需求和库存容量限制的前提下，达到最小化生产、库存及启动费用的目的。

本章研究了冷轧串联生产系统中的能力受限多阶段批量问题，该问题允许对最终产品进行拖期生产。为解决这一问题，建立了以最小化库存成本、拖期惩罚和启动成本为目标的混合整数规划模型，并采用了基于变量分离的拉格朗日松弛求解算法。该算法对部分原变量进行了复制，同时引入了用于描述原变量和复制变量关系的等式约束。在 Pentium IV 系列主频 3.0G 的计算机上，使用基于实际生产数据产生的 120 个算例进行了仿真实验。计算结果显示对于所有的测试问题该算法都能够在 15 分钟的 CPU 时间内找到对偶间隙低于 0.005133% 的解，充分证明了这一求解方法对于实际规模问题的有效性。

一、问题描述

本章研究的是需求允许延迟满足的冷轧生产系统中的实际生产库存问题。该系统采用面向订单的生产方式，即所有的生产行为都是由需求驱动的。目标是在满足物料平衡约束、能力约束及很多实际限制的情况下最小化库存成本、拖期惩罚和启动成本。实质上，这一问题属于多级生产批量问题。作为生产库存策略核心内容的多级生产批量问题一直备受关注，取得了大量的研究成果[59-141]。尽管这些研究成果为多阶段批量问题的建模求解提供了极好的借鉴，但都无法直接用于解决本章所研究的问题。大部分文献都没有同时考虑需求可以延迟满足、某些启动成本非常高的工序不允许停机的情况及计划与调度之间的一致性问题。而这些问题又是实际中尤其是钢铁生产系统中经常会遇到的问题。例如，在冷轧生产过程中，对于某些工序来说原料库中必须保存两天的有效库存以便顺利制定一天的工序计划。在现有的生产库存计划研究中很少有人考虑这种实际要求。因此对于本章所研究的问题大部分研究成果不适用。

本章所研究的冷轧生产系统由图7.1中的八道工序组成。系统物流沿图中箭头的方向移动。各工序的序号被标注在相应的矩形框中。编号规则是任意工序的序号不低于其前序的序号。$P_1,\cdots,P_8$表示八种可以销售的产成品，图中定义了它们的生产工艺路线。三角形表示库存，其中的数字为仓库的序号。图中按照冷轧厂的实际存储情况对各仓库进行了编号。

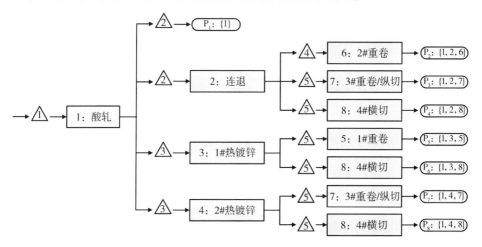

图7.1　冷轧生产流程图

在这个生产系统中，生产合同的工艺路线具有唯一性，每份生产合同只对应一种最终产品。为了便于研究，要求不同生产合同对应的产品集合的交集为空集，也就是说，要求不同生产合同对应不同的中间产品和最终产品。即使两份生产合同经过相同的工艺路线生产出相同的最终产品，即它们对应的中间产品和最终产品在本质上完全相同，这里仍会将对应不同生产合同的产品视为不同的物品处理，这种处理方式并不会影响对实际问题的描述。在正常生产情况下，一部分工序不允许停机必须连续生产，而其余工序则能够以自由的方式进行生产。系统允许对无法按时满足的产品需求进行拖期生产，但会有相应的惩罚。因为采购来的热轧卷在加工前必须进行冷却，所以热轧卷至少要在原料库中存储一天才能使用。在实际生产中，为了便于制定工序调度，要求某些工序的前库中必须保有两天的有效库存。此外，每道工序的产品需要按照自身的属性进行分类。如果某些产品对于工序的要求差异不大，在连续生产它们的过程中基本不需要切换，那么这些产品就可以归入同一类。当工序生产不同类型的产品时，会产生相应的启动费用。

因为单品种能力受限的批量问题是 NP 难问题，所以本章所研究的问题一定是 NP 难问题。而且多阶段生产库存问题中的产品需求依赖于后面各阶段的生产决策，因而问题变得更加复杂，更难于求解。所以为上述生产系统制定有效的生产库存计划是一项重要而又艰巨的任务。因此本章针对具有下列特征的能力受限多阶段生产批量问题进行了研究：

1. 决策区间内的生产可以用于满足此区间外的需求。

2. 最终产品的需求已知且不按时间段进行划分。

3. 允许缺货，未满足的需求可以拖期完成。

4. 最低库存水平由相应工序的原料储备要求决定。

5. 在正常生产条件下，在某些工序上不允许停机。

6. 只允许存在按订单生产的模式。

其主要贡献在于：

1. 在考虑所有问题特征的情况下，给出了这一复杂生产库存问题的明确数学描述。

2. 开发了基于变量分离的有效拉格朗日松弛算法。因为该算法具有很好的通用性而且测试已经进行到了规模为 894 种产品和 28 个时间段的问题，所以这一算法能够直接或略作修改即可应用于很多实际生产问题。

二、数学模型

（一）假设

本章在建立生产库存计划模型的过程中使用了下列假设：

1. 时间的基本单位为天。

2. 决策区间为 $[T_1, T_2]$。

3. 最终产品交货期的范围为 $[t_1, t_2]$，$t_1 \leqslant T_1$，$t_2 \geqslant T_2$。

4. 每种产品只具有一条生产工艺路线。

5. 每种产品只有一个紧接前序和一个紧接后序。

6. 采购工序的序号为"0"。

（二）符号

下面介绍文中所用到的参数和决策变量。

参数：

- N：产品集合，用 i 指代其中的元素；

- PN：仓库的总数；

- F：工序集合，令 k 表示集合中元素的序号；

- FK_1：F 的子集，在正常生产情况下必须连续生产的工序集合；

- FK_2：FK_1 的补集，即无须进行连续生产可随时停机的工序集合；

- FK_3：F 的子集，因制定工序调度的需要而有严格原料储备量限制的工序集合；

- J：最终产品集合；

- G_i：最终产品 i 的交货期，$i \in J$；

- J_1：J 的子集，交货期在 T_1 之前的最终产品集合，即 $J_1 = \{i \in J \mid G_i < T_1\}$；

- J_2：J 的子集，交货期在 T_1 与 T_2 之间的最终产品集合，即：$J_2 = \{i \in$

$J \mid T_1 \leqslant G_i \leqslant T_2 \}$;

- J_3 : J 的子集, 交货期在 T_2 之后的最终产品集合, 即 $J_3 = \{i \in J \mid G_i > T_2\}$;

- D_i : 最终产品 i 的需求, $i \in J$;

- L_i : 用于生产产品 i 的工序, $i \in N$;

- MA_k : 工序 k 的产品集合, $k \in F$;

- MB_k : 需要工序 k 加工的原料产品集合, $k \in F$;

- m_k : 工序 k 的产品类型数, $k \in F$;

- PJ_{kj} : 工序 k 的第 j 类产品集合, 即 MA_k 的第 j 个子集, $j = 1$, $\cdots$, m_k, 这里 $\bigcup\limits_{j=1, \cdots, m_k} PJ_{kj} = MA_k$, $PJ_{kj_1} \cap PJ_{kj_2} = \Phi$, $j_1 \neq j_2$, j_1, $j_2 \in \{1, \cdots, m_k\}$, $k \in F$;

- R_{kt} : 工序 k 在时间 t 内的可利用生产时间, $k \in F$, $T_1 \leqslant t \leqslant T_2$;

- v_ave_k : 工序 k 的平均小时产量, $k \in F$;

- v_{ki} : 工序 k 生产产品 i 的小时产量, $k \in F$, $i \in MA_k$;

- $lead$: 采购来的热轧钢卷在加工前至少要在原料库中存储的时间;

- LP_k : 对于工序 k, 为编制当天的工序调度前一天必须储备的原料产品量与该工序当天平均产能的最小比值, 即原料产品的最低储备量应为工序 k 当天平均产能的 LP_k 倍, $k \in FK_3$;

- A_i : 产品 i 的紧接后序, $i \in N$, 这里将最终产品的紧接后序设为 0;

- B_i : 产品 i 的前序集合, $i \in N$, 这里设工序 i 的原料的前序集合为空集;

- r_k : 在工序 k 上生产单位产品所需的原料产品量, 即工序 k 的投料比, $k \in F$;

- h_i : 产品 i 的单位库存成本, $i \in N$;

- PI_i : 第 i 个仓库中所存储的产品集合, $1 \leqslant i \leqslant PN$;

- b_i : 产品 i 的初始库存量, $i \in N$;

- w_i : 第 i 个仓库中所存储钢卷的平均单重, $1 \leqslant i \leqslant PN$;

- Q_i : 第 i 个仓库中可使用的库位数, $1 \leqslant i \leqslant PN$;

- S_{kj}：生产 PJ_{kj} 中的产品所引起的固定切换费用，$k \in F$，$j=1$，$\cdots$，m_k；

- M_1：对于 J_1 中产品的单位拖期惩罚，这里令：

$$M_1 \geqslant \|F\| \cdot \max_{i \in N} \{h_i\} \cdot \max_{j \in J_1} \{D_j\} \cdot \max_{k \in F} \{r_k\} \cdot (T_2 - T_1);$$

- M_2：对于 J_2 中产品的单位拖期惩罚，这里令：

$$M_2 \geqslant \|F\| \cdot \max_{i \in N} \{h_i\} \cdot \max_{j \in J_2} \{D_j\} \cdot \max_{k \in F} \{r_k\} \cdot \left(T_2 - \min_{j \in J_2} \{G_j\}\right);$$

- M_3：一个非常大的正整数，这里令：$M_3 \geqslant a \cdot \max_{k \in F} \{r_k\} \cdot \sum_{i \in J} D_i$。

决策变量：

- x_{it}：产品 i 在时间 t 内的生产/采购量，$i \in N$，$T_1 \leqslant t \leqslant T_2$；

- I_{it}：产品 i 在 t 时间末的库存水平，其中，$I_{i,T_1-1} = b_i$，$i \in N$，$T_1 \leqslant t \leqslant T_2$；

- y_{kjt}：0-1 变量，该变量的值为 1 当且仅当在时间 t 内生产了 PJ_{kj} 中的产品。这里将 y_{k,j,T_1-1} 初始化为 0，$k \in F$，$j=1$，$\cdots$，m_k，$T_1 \leqslant t \leqslant T_2$；

- $z_{kjt} \begin{cases} 1, & \text{如果 } y_{k,j,t-1} = 0 \text{ 且 } y_{kjt} = 1 \\ 0, & \text{否则} \end{cases}$，$k \in F$，$j=1$，$\cdots$，$m_k$，$T_1 \leqslant t \leqslant T_2$。

（三）带有延迟满足的多阶段生产库存模型

利用这些符号可以将所讨论的生产库存问题描述为：

（P）

$$\text{Minimize } C_P \equiv \sum_{i \in N} \sum_{t=T_1}^{T_2} \frac{h_i}{2} \cdot (I_{i,t-1} + x_{it} + I_{it}) + \sum_{k \in F} \sum_{j=1}^{m_k} \sum_{t=T_1}^{T_2} S_{kj} \cdot z_{kjt}$$

$$+ \sum_{j \in J_3} \left(\sum_{i \in B_j} I_{i,T_2} \cdot (G_j - T_2) \cdot h_i + I_{j,T_2} \cdot (G_j - T_2) \cdot h_j \right)$$

$$+ \sum_{i \in J_1} \sum_{t=T_1}^{T_2} M_1 \cdot (D_i - I_{i,t}) + \sum_{i \in J_2} \sum_{t=G_i}^{T_2} M_2 \cdot (D_i - I_{it})$$

$$\tag{7.1}$$

满足约束：

$$I_{i,t-1}+x_{it}-I_{it}=r_{L_j} \cdot x_{jt}, \quad \forall i \in N \setminus J, \ j=A_i, \ T_1 \leqslant t \leqslant T_2 \tag{7.2}$$

$$I_{i,t-1}+x_{it}-I_{it}=0, \quad \forall i \in J, \ T_1 \leqslant t \leqslant T_2 \tag{7.3}$$

$$I_{i,T_2} \leqslant D_i, \quad \forall i \in J \tag{7.4}$$

$$I_{it} \geqslant \sum_{t_1=t-lead+1}^{t} x_{it_1}m, \quad \forall i \in PI_1, \ T_1 \leqslant t \leqslant T_2 \tag{7.5}$$

$$\sum_{i \in PJ_{kj}} x_{it} \leqslant M_3 \cdot y_{kjt}, \quad \forall k \in F, \ j=1, \cdots, m_k, \ T_1 \leqslant t \leqslant T_2 \tag{7.6}$$

$$y_{kjt}-y_{k,j,t-1} \leqslant z_{kjt}, \quad \forall k \in F, \ j=1, \cdots, m_k, \ T_1 \leqslant t \leqslant T_2 \tag{7.7}$$

$$\sum_{i \in MA_k} \frac{x_{it}}{v_{ki}} = R_{kt}, \quad \forall \in FK_1, \ T_1 \leqslant t \leqslant T_2 \tag{7.8}$$

$$\sum_{i \in MA_k} \frac{x_{it}}{v_{ki}} \leqslant R_{kt}, \quad \forall k \in FK_2, \ T_1 \leqslant t \leqslant T_2 \tag{7.9}$$

$$\sum_{i \in MB_k} I_{it} \geqslant LP_k \cdot P_{k,t+1} \cdot v\_ave_k, \quad \forall k \in FK_3, \ T_1 \leqslant t \leqslant T_2 \tag{7.10}$$

$$\sum_{j \in PI_i} I_{jt} \leqslant w_i \cdot Q_i, \quad 1 \leqslant i \leqslant PN, \ T_1 \leqslant t \leqslant T_2 \tag{7.11}$$

$$x_{it}, \ I_{it} \geqslant 0, \quad \forall i \in N, \ T_1 \leqslant t \leqslant T_2 \tag{7.12}$$

$$y_{kjt}=\{0, 1\}, \quad \forall k \in F, \ j=1, \cdots, m_k, \ T_1 \leqslant t \leqslant T_2 \tag{7.13}$$

$$z_{kjt}=\{0, 1\}, \quad \forall k \in F, \ j=1, \cdots, m_k, \ T_1 \leqslant t \leqslant T_2 \tag{7.14}$$

模型的目标函数（7.1）明确地要求最小化库存成本、启动成本及拖期惩罚。约束（7.2）和（7.3）用于确保满足产品的依赖需求。约束（7.4）要求最终产品的产量不超过它们的需求。约束（7.5）要求热轧卷在使用前必须至少冷却 $lead$ 天。约束（7.6）说明如果在时间 t 内生产集合 PJ_{kj} 中的任一产品，y_{kjt} 必须取值为1。约束（7.7）确保在某工序上生产新类型的产品时，产生相应的启动费用。约束（7.8）反映了集合 FK_1 中的工序是以连续的方式进行生产的。约束（7.9）强调生产必须在可利用的时间内进行。约束（7.10）给出了集合 FK_3 中工序的原料储备量的下限。约束（7.11）描述了库存能力限制。约束（7.12）—（7.14）定义了变量的取值范围。由于本章所研究的问题是 NP 难问题，无法精确计算其最优解，所以采用了下面基于变量分离的拉格朗日松弛算法。

三、变量分离和拉格朗日松弛算法

（一）变量分离

变量分离法的主要思想是通过复制变量构造能够分解为独立子问题的等价问题，这些子问题通常具有便于求解的可利用结构。本节采用此技术求解了上面的生产库存问题，具体步骤如下。

利用新的变量集合 $\{y_{kjt}^1 = y_{kjt}\}$，$\{z_{kjt}^1 = z_{kjt}\}$ 重新构造问题（P）：

（VP）

$$
\begin{aligned}
\text{Minimize } C_{VP} \equiv & \sum_{i \in N} \sum_{t=T_1}^{T_2} \frac{h_1}{2} \cdot (I_{i,\,t-1} + x_{it} + I_{it}) + \sum_{k \in F} \sum_{j=1}^{m_k} \sum_{t=T_0}^{T_2} S_{kj} \cdot z_{kjt}^1 \\
& + \sum_{j \in J_3} \left(\sum_{i \in B_j} I_{i,\,T_2} \cdot (G_j - T_2) \cdot h_i + I_{j,\,T_2} \cdot (G_j - T_2) \cdot h_j \right) \\
& + \sum_{i \in J_1} \sum_{t=T_1}^{T_2} M_1 \cdot (D_i - I_{i,\,t}) + \sum_{i \in J_2} \sum_{t=G_i}^{T_2} M_2 \cdot (D_i - I_{it})
\end{aligned}
\tag{7.15}
$$

满足约束（7.2）—（7.5），（7.8）—（7.14）及

$$\sum_{i \in P,\,J_{kj}} x_{it} \leq M_3 \cdot y_{kjt}^1, \quad \forall k \in F, \ j=1,\,\cdots,\,m_k, \ T_1 \leq t \leq T_2 \tag{7.16}$$

$$y_{kjt}^1 - y_{k,i,t-1}^1 \leq z_{kjt}^1, \quad \forall k \in F, \ j=1,\,\cdots,\,m_k, \ T_1 \leq t \leq T_2 \tag{7.17}$$

$$y_{kjt} = y_{kjt}^1, \quad \forall k \in F, \ j=1,\,\cdots,\,m_k, \ T_1 \leq t \leq T_2 \tag{7.18}$$

$$z_{kjt} = z_{kjt}^1, \quad \forall k \in F, \ j=1,\,\cdots,\,m_k, \ T_1 \leq t \leq T_2 \tag{7.19}$$

$$0 \leq y_{kjt}^1 \leq 1, \quad \forall k \in F, \ j=1,\,\cdots,\,m_k, \ T_1 \leq t \leq T_2 \tag{7.20}$$

$$0 \leq z_{kjt}^1 \leq 1, \quad \forall k \in F, \ j=1,\,\cdots,\,m_k, \ T_1 \leq t \leq T_2 \tag{7.21}$$

（二）拉格朗日松弛算法

通过观察上面的模型能够发现：松弛约束（7.18）和（7.19）后得到的拉格朗日松弛问题能够分解为易于求解的子问题，每个子问题对应一种类型

的变量。所以，本节使用拉格朗日乘子 $\{u_{kjt}\}$ 和 $\{\mu_{kjt}\}$ 将这两个约束松弛到目标函数中，得到了下面的问题：

（LR）

$$\text{Minimize } C_{LR} \equiv \sum_{i \in N} \sum_{t=T_1}^{T_2} \frac{h_1}{2} \cdot (I_{i,\,t-1} + x_{it} + I_{it}) + \sum_{k \in F} \sum_{j=1}^{m_k} \sum_{t=T_1}^{T_2} S_{kj} \cdot z_{kjt}^1$$

$$+ \sum_{j \in J_3} \left(\sum_{i \in B_j} I_{i,\,T_2} \cdot (G_j - T_2) \cdot h_i + I_{j,\,T_2} \cdot (G_j - T_2) \cdot h_j \right)$$

$$+ \sum_{i \in J_1} \sum_{t=T_1}^{T_2} M_1 \cdot (D_i - I_{i,\,t}) + \sum_{i \in J_2} \sum_{t=G_i}^{T_2} M_2 \cdot (D_i - I_{it})$$

$$+ \sum_{k \in F} \sum_{j=1}^{m_k} \sum_{t=T_1}^{T_2} \mu_{kjt} \cdot (y_{kjt} - y_{kjt}^1) + \sum_{k \in F} \sum_{j=1}^{m_k} \sum_{t=T_1}^{T_2} \mu_{kjt} \cdot (z_{kjt} - z_{kjt}^1)$$

$$(7.22)$$

满足约束（7.2）—（7.5），（7.8）—（7.14），（7.16），（7.17），（7.20），（7.21）。

松弛问题（LR）能够被分解为两个独立的子问题：（LR_1）和（LR_2）。

（LR_1）

$$\text{Minimize } C_{LR_1} \equiv \sum_{i \in N} \sum_{t=T_1}^{T_2} \frac{h_i}{2} \cdot (I_{i,\,t-1} + x_{it} + I_{it}) + \sum_{k \in F} \sum_{j=1}^{m_k} \sum_{t=T_1}^{T_2} (S_{kj} - u_{kjt}) \cdot z_{kjt}^1$$

$$+ \sum_{j \in J_3} \left(\sum_{i \in B_j} I_{i,\,T_2} \cdot (G_j - T_2) \cdot h_i + I_{j,\,T_2} \cdot (G_j - T_2) \cdot h_j \right)$$

$$+ \sum_{i \in J_1} \sum_{t=T_1}^{T_2} M_1 \cdot (D_i - I_{i,\,t}) + \sum_{i \in J_2} \sum_{t=G_i}^{T_2} M_2 \cdot (D_i - I_{it})$$

$$- \sum_{k \in F} \sum_{j=1}^{m_k} \sum_{t=T_1}^{T_2} \mu_{kjt} \cdot y_{kjt}^1 \qquad (7.23)$$

满足约束（7.2）—（7.5），（7.8）—（7.12），（7.16），（7.17），（7.20），（7.21）。

显然，子问题（LR_1）是一个典型的线性规划模型，所以能够直接使用优化软件 OSL 进行求解。

（LR_2）

$$\text{Minimize } C_{LR_2} = \sum_{k \in F} \sum_{j=1}^{m_k} \sum_{t=T_1}^{T_2} \mu_{kjt} \cdot y_{kjt} + \sum_{k \in F} \sum_{j=1}^{m_k} \sum_{t=T_1}^{T_2} u_{kjt} \cdot z_{kjt} \qquad (7.24)$$

满足约束（7.13），（7.14）。

因为 y_{kjt} 和 z_{kjt} 都是 0-1 变量，所以按照下面的做法就能够得到这一子问题的最优解：

Step 1. 如果 $\mu_{kjt} \geq 0$，则 $y_{kjt} = 0$；否则，$y_{kjt} = 1$。

Step 2. 如果 $u_{kjt} \geq 0$，$z_{kjt} = 0$；否则，$z_{kjt} = 1$。

最好的乘子需要通过最优求解下面的拉格朗日对偶问题才能得到：

（LD）

$$\text{Maximize } C_{LD}(u_{kjt}, \mu_{kjt}) \equiv \min C_{LR} \qquad (7.25)$$

满足约束（7.2）—（7.5），（7.8）—（7.14），（7.16），（7.17），（7.20），（7.21）。

随后构造了求解问题（VP）的拉格朗日松弛启发式算法，并对可行解的构造和次梯度算法的具体步骤进行了详细介绍。

（三）可行解的构造

本节介绍基于线性子问题（LR_1）的最优解构造原问题可行解的快速启发式算法，具体步骤如下：

Step 1. 以子问题（LR_1）的最优解作为初始解。

Step 2. 对于每一个变量 y_{kjt}，如果 $y_{kjt}^1 > 0$，令 $y_{kjt} = y_{kjt}^1 = 1$；否则，令 $y_{kjt} = y_{kjt}^1 = 0$。

Step 3. 对于每一个变量 z_{kjt}，如果 $y_{k,j,t-1}^1 = 0$，$y_{kjt}^1 = 1$，令：$z_{kjt} = z_{kjt}^1 = 1$；否则，令 $z_{kjt} = z_{kjt}^1 = 0$。

Step 4. 停止。由上述过程所得到的（I_{it}，x_{it}，y_{kjt}^1，z_{kjt}^1，y_{kjt}，z_{ikt}）就是原问题的一个可行解。

（四）次梯度算法

次梯度算法具有方向计算快速、实施容易、对计算机内存要求低的特点。大量计算实验证明，它能够成功地解决多种组合优化问题[38,41,81]。因此本章采用次梯度算法产生收敛于问题（LD）的最优解或近优解的拉格朗日乘子序列，算法的具体步骤如下：

初始化：

（1）令 $m=0$，$C_{VP}^{U}=+\infty$，$C_{VP}^{L}=0$，其中 m 表示迭代代数，C_{VP}^{U} 和 C_{VP}^{L} 分别表示函数 C_{VP} 的上界和下界；

（2）令 $u_{kjt}^{0}=0$，$\mu_{kjt}^{0}=0$，$\forall k \in F$，$j=1$，$\cdots$，m_k，$t \in T$，其中 $\{u_{kjt}^{m}\}$ 和 $\{\mu_{kjt}^{m}\}$ 表示第 m 次迭代中所使用的拉格朗日乘子。

重复 Step 1–Step 3：

Step 1. 求解拉格朗日松弛问题：

对于给定的拉格朗日乘子，通过最优求解子问题（LR$_1$）和（LR$_2$）得到松弛问题（LR）的最优解。

Step 2. 构造可行解：

基于 Step 1 中得到的松弛解，使用 7.3.3 节中的启发式算法构造原问题的可行解。

Step 3. 更新拉格朗日乘子：

（1）$\mu_{kjt}^{m+1}=\mu_{kjt}^{m}+t_1^m \cdot \theta_{kjt}^m (\mu_{kjt}^m)$，$u_{kjt}^{m+1}=u_{kjt}^m+t_2^m \cdot \eta_{kjt}^m (u_{kjt}^m)$；

（2）$t_1^m=\beta_1^m \cdot \dfrac{C_{VP}^U-C_{LD}^m}{\parallel \theta_{kjt}^m (\mu_{kjt}^m) \parallel^2}$，$t_2^m=\beta_2^m \cdot \dfrac{C_{VP}^U-C_{LD}^m}{\parallel \eta_{kjt}^m (u_{kjt}^m) \parallel^2}$，$0<\beta_1^m<2$，$0<\beta_2^m<2$；

（3）$\theta_{kjt}^m (\mu_{kjt}^m) = y_{kjt}-y_{kjt}^1$，$\eta_{kjt}^m (u_{kjt}^m) = z_{kjt}-z_{kjt}^1$。

直到满足下面的任一条件：

（1）$(C_{VP}^U-C_{VP}^L)/C_{VP}^L<\zeta$，其中 $\zeta>0$ 是一个非常小的正数；

（2）$m>$ 最大迭代代数。

（五）参数设计

本章采用 120 个测试问题对上述算法的性能进行了评估，在这些问题中时间段数由 7 递增至 28，产品数由 210 增加到 818，其中产成品数由 60 递增至 220。为了生成有代表性的算例，实验中所使用的问题参数都是基于冷轧厂的实际生产数据产生的。对于时间段数和产成品数的每一种组合，产生了 10 个测试问题。因为本章的目的是为图 7.1 中的系统制定生产计划，所以集合 F 中所包含工序的数目为 8。需要注意的是在实际生产中仅有工序 1—4 必须连续生产且具有严格原料储备量限制，而其他的工序可以在无限制的情况下自由生产。这样一来，显然有 $FK_1 = \{1, 2, 3, 4\}$，$FK_2 = \{5, 6, 7, 8\}$，$FK_3 = \{1, 2, 3, 4\}$。在基于实际生产数据构造有代表性的算例时，问题参数是按照下面的规则产生的：

1. 各工序的小时产量分别按照 $U[246.4, 422.4]$，$U[111.3, 190.8]$，$U[56.7, 68.04]$，$U[43.4, 74.4]$，$U[26.6, 45.6]$，$U[30.8, 52.8]$，$U[31.5, 54]$，$U[19.6, 33.6]$ 随机产生。

2. 各工序每天可利用的生产时间按照 $[11, 24]$ 上的均匀分布随机产生。

3. 各工序的投料比分别为 1.02，1.04，1.00，0.96，1.03，1.03，1.03，1.03。

4. 每种产品的单位库存持有成本在 $[9.0454, 19.383]$ 范围内随机选取。

5. 钢卷的平均单重按照 $U[23, 40]$ 随机产生。

6. 各仓库用于存放钢卷的可使用库位分别为 1597，779，572，225，698。

7. 热轧卷在加工使用前必须至少在原料库中存储一天，即 $lead = 1$。

8. 集合 FK_3 中各工序的原料储备量下限为该工序第二天平均产能的两倍，即 $LP_k = 2$，$k \in FK_3$。

9. 集合 FK_1 中的各工序每停机一分钟会导致企业损失大约 604 元。而工序 1 切换生产时需要停机 8 小时，工序 3 则需要大约 6 小时，所以这两道工序上的切换费用即为相应的停机时间损失。由于其他工序对于不同类型产品的切换无须停机，所以相应的切换费用为 0。

10. 为了确保初始库存量满足原料储备要求，采取了以下措施：

（1）因为仓库 1 只为工序 1 供应原料，所以将该库的初始库存量设为工序 1 在 T_1 时间内平均产能的两倍。对于仓库 2 的初始库存量做了类似的处理。

（2）同理仓库 3 的初始库存量被设置为工序 3 和 4 在 T_1 时间内平均产能的两倍。

（3）由于对工序 5—8 未设置原料储备量限制，所以将其他仓库的初始库存量设为零。

（4）这里将初始库存部分作为拖期合同处理。对应于上面设置的初始库存量，产生了 40 个最终产品及它们的前序产品集合，涵盖了所有的生产工艺路线。

（5）这些最终产品的交货期按照 $[T_1-7, T_1-1]$ 上的均匀分布随机产生。

（6）这些最终产品的需求量可以根据其生产工艺路线和所经过机组的投料比推算出来。

（7）到目前为止共产生了 134 个产品，这些产品的其他参数是按照上面的规则随机产生的。

11. 其他产品的参数产生过程如下：

（1）对于生产工艺路线和产品类型的每一种组合，生成 NUM 个新的最终产品及它们的前序产品集合，$1 \leqslant NUM \leqslant 10$。以这种方式，总共能产生 $20 \times NUM$ 个最终产品，生成的产品总数为 $76 \times NUM$。

（2）最终产品的交货期在 $[T_1, T_2+7]$ 范围内按照均匀分布随机产生。

（3）为了保证算例的可行性，寻找决策区间上总产能最大的连续生产工序，将该工序的总产量均匀地分配给所有的最终产品，由此确定出每种最终产品的最低需求量 D_low。

（4）最终产品的需求量按照 $[D\_low，1000]$ 上的均匀分布随机产生。

综上所述，在这个实验中生成的产品总数为 $76 \times NUM + 134$，其中包含 $20 \times (NUM + 2)$ 个最终产品。

（六）　实验结果

作者采用 C++ 语言编写了算法程序，并在 Pentium Ⅳ 系列主频 3.0G 的计算机上进行了仿真实验。因为拉格朗日松弛算法不能保证找到最优解，所以采用对偶间隙 $(C^{UB} - C^{LB}) / C^{LB}$ 作为衡量解质量的标准，其中 C^{UB} 表示原问题的上界，而 C^{LB} 表示下界。在这个实验中，最大迭代代数设置为 50。拉格朗日松弛算法对于不同规模问题的性能和所需运行时间列于表 7.1 中，该表在最后给出了总体平均情况，计算结果显示：

1. 平均对偶间隙为 0.001403%，说明算法对于所有情况都很有效。

2. 实验中出现的最小和最大对偶间隙分别为 0.000026% 和 0.005133%，确保了算法的稳定性。

3. 计算时间随着产成品数的增加而显著延长。因为当产成品数增加时，产生了更多的变量，所以需要消耗更多的时间。

4. 对偶间隙随着时间段数的增加而降低。这说明算法的性能对于决策区间的长度非常不敏感。

5. 总体上来说，算法能够在较短的计算时间内获得非常好的近优解，因此具有良好的应用前景。

表 7.1　计算结果

问题序号	问题结构 时间段数×产成品数	平均对偶间隙（%）	平均运行时间（s）
1	7×60	0.004798	31.523000
2	7×140	0.005133	145.982000

续表

| 问题 | 问题结构 | 平均对偶间隙（%） | 平均运行时间（s） |
序号	时间段数×产成品数		
3	7×220	0.003459	365.476000
4	14×60	0.000499	3.372000
5	14×140	0.001170	850.592000
6	14×220	0.000747	48.656000
7	21×60	0.000090	10.341000
8	21×140	0.000319	71.680000
9	21×220	0.000309	181.466000
10	28×60	0.000026	23.598000
11	28×140	0.000114	181.732000
12	28×220	0.000170	413.950000
平均值		0.001403	194.030700

四、结论

本章研究了允许需求延迟满足的冷轧系统多阶段生产库存问题。在钢铁企业的日常生产管理中经常会遇到此类问题，所以有必要寻找高效的解决方法。针对这一问题，本章设计了一个混合整数规划模型用于最小化由库存持有成本、拖期惩罚和启动成本构成的总成本。采用基于变量分离的拉格朗日松弛算法获得了问题的下界，同时为构造可行解的启发式算法奠定了基础。使用了120个基于冷轧系统实际生产数据所生成的测试问题对算法的性能进行了检验，实验结果显示该算法能够在合理的计算时间内找到高质量的解，因而符合实际应用的要求。

第八章　不允许缺货的多阶段冷轧 生产库存计划

本章研究了不允许缺货的冷轧系统多阶段生产库存问题。对问题中涉及的启动成本进行了分类，建立了基于生产成本、库存成本和启动成本最小化的混合整数规划模型，用于在满足物料平衡约束和能力限制约束的条件下，确定各种产品在各时间段内的生产量和库存量。模型中考虑了产品的工艺路线选择问题。为求解这一模型，构造了基于变量分离的拉格朗日松弛算法。该算法使用了原变量的复制变量，追加了用于描述原变量和复制变量关系的等式约束。当这些等式约束被松弛后，所得到的松弛问题能够分解为两个独立的子问题，每个子问题对应一种类型的变量，所有的子问题都能够有效地最优求解。使用基于实际生产数据所产生的算例进行了仿真实验，计算结果显示该算法能够在合理的时间内获得高质量的解。

一、问题描述

生产计划问题作为运作管理中的经典研究课题，一直受到学术界和工业界的高度关注。尽管这方面的研究结果已经很多[16-138]，但对于冷轧系统生产库存计划问题的研究却十分有限，尤其很少有人分析这一生产系统中启动成本的构成。由于生产库存问题是冷轧生产管理中经常遇到而亟待解决的问题，所以本章针对这一问题进行了深入研究。

为了准确地反映实际生产情况，每道工序的产品按照自身属性进行了分类。如果某些产品对于工序的要求差异不大，在连续生产它们的过程中基本不需要切换，那么可以将这些产品归入同一类。在每个时间段内只要工序生产了某类产品，就会产生相应的切换费用。由于某些工序的零件具有使用时间限制，所以当达到指定的生产量后就必须停机更换这些零件。由此造成的生产时间的损失将作为一种启动成本处理。此外，该系统允许产品具有多条生产工艺路线，所以在制定生产库存计划时还需要考虑相应的工艺路线选择问题。本章的主要任务是为上述不允许缺货的冷轧生产系统制定生产库存决策，目的是在满足各时间段内给定需求的条件下最小化总的启动成本、生产成本和库存持有成本。显然，生产库存计划的制定必须在不超过各工序生产能力的前提下进行。为了便于研究，图 8.1 描述了该冷轧系统的简化生产流程。图中以箭头表示物流的方向，各工序的序号被标注在相应的矩形框中。P_1，…，P_4 表示四种可以销售的产成品，图中定义了它们的生产工艺路线。

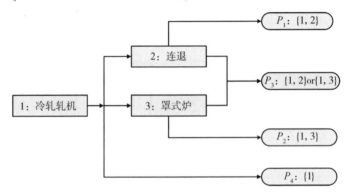

图 8.1　冷轧厂的生产流程图

本章的主要贡献表现在以下五个方面：

1. 研究了冷轧实际生产系统中的 NP 难问题。因为单品种能力受限的批量问题是 NP 难问题，所以本章所研究的问题一定是 NP 难问题。而且该问题中的产品需求依赖于后面各阶段的生产决策，因而问题变得更加困难。

2. 考虑了两种类型的启动成本，即生产不同类型产品的切换费用和更换零件所产生的损失。

3. 考虑了工艺路线选择问题，允许产品具有多种生产方案。

4. 建立了用于描述这一问题的混合整数规划模型，它可以拓展应用于其他的生产系统。

5. 设计了基于变量分离的有效拉格朗日松弛求解算法。

二、数学模型

(一) 假设

本章在建立生产库存计划模型时，考虑了下列假设：

1. 每种产品在决策区间末端的库存量为 0，因为企业是按订单进行生产的。
2. 每种产品具有多条生产工艺路线。
3. 每种产品只有一个紧接前序。
4. 除了最终产品以外的所有产品都可以具有多个紧接后序。
5. 将工序 1 的原料采购视为工序处理，记为工序 "0"。
6. 不允许缺货。

(二) 符号

模型中所用到的参数和决策变量如下：

参数：

- T：决策区间，用 t 表示这一区间内的时间段；
- P：产品集合，包括工序 1 的原料和所有工序的产品，用 i 指代其中的元素；
- F：工序集合，令 k 表示集合中元素的序号；
- P_{end}：最终产品集合；
- D_{it}：最终产品 i 在时间 t 内的需求量，$i \in P_{end}$，$t \in T$；
- L_k：工序 k 每次更换零件前需要完成的指定生产量，$k \in F$；
- FP_k：工序 k 的产品集合，$k \in F \cup \{0\}$；
- m_k：工序 k 的产品类型数，$k \in F$；
- P_{kj}：工序 k 的第 j 类产品集合，即 FP_k 的第 j 个子集，$j = 1, \cdots, m_k$，

这里 $\bigcup\limits_{j=1,\cdots,m_k} P_{kj}=FP_k$，$P_{kj_1}\cap P_{kj_2}=\Phi$，$j_1\neq j_2$，$j_1$，$j_2\in\{1,\cdots,m_k\}$，$k\in F$；

- cap_{kt}：工序 k 在时间 t 内的可利用生产时间，$k\in F$，$t\in T$；

- v_{ki}：工序 k 生产产品 i 的小时产量，$k\in F$，$i\in FP_k$；

- $lead_{ki}$：在工序 k 上生产产品 i 所需的平均生产周期，$k\in F$，$i\in FP_k$；

- A_i：产品 i 的紧接后序集合，$i\in P$，$A_i\subseteq P$，其中最终产品的紧接后序集合为空集；

- B_i：产品 i 的紧接前序，$i\in P$，其中工序 1 的原料的紧接前序为 0；

- pr_i：能够生产产品 i 的工序集合，$i\in P$，其中能够生产工序 1 的原料的工序集合为空集；

- r_{ki}：在工序 k 上生产单位产品 i 所需产品 B_i 的数量，$i\in P$，$k\in pr_i$；

- p_{ki}：在工序 k 上生产产品 i 的单位生产成本，$k\in F$，$i\in FP_k$；

- h_i：产品 i 的单位库存持有成本，$i\in P$；

- s_k：工序 k 的产品库中所存储钢卷的平均单重，$k\in F$；

- V_k：工序 k 的产品库中可使用的库位数，$k\in F$；

- w_{kj}：生产 P_{kj} 中的产品所引起的固定切换费用，$k\in F$，$j=1,\cdots,m_k$；

- ω_k：由工序 k 更换零件所带来的损失，与更换零件所需时间成正比，$k\in F$。

决策变量：

- x_{it}：产品 i 在时间 t 内的生产/采购量，$i\in P$，$t\in T$；

- z_{ikt}：工序 k 在时间 t 内生产产品 i 的数量，$i\in P$，$k\in pr_i$，$t\in T$；

- y_{kjt}：0-1 变量，该变量的值为 1 当且仅当在时间 t 内生产了 P_{kj} 中的产品，$k\in F$，$j=1,\cdots,m_k$，$t\in T$；

- I_{it}：产品 i 在 t 时间末的库存水平，$i\in P$，$t\in T$。

（三）不允许缺货的多阶段生产库存模型

利用上述符号定义，可以将所讨论的多阶段生产库存问题描述为：

（P）

$$\text{Minimize } C \equiv \sum_{Ii \in P} \sum_{i \in T} \frac{h_i}{2} \cdot (I_{i,\,t-1} + x_{it} + I_{it}) + \sum_{t \in T} \sum_{k \in F} \sum_{i \in FP_k} p_{ki} \cdot z_{ikt}$$

$$+ \sum_{t \in T} \sum_{k \in F} \sum_{j=1}^{m_k} w_{kj} \cdot y_{kjt} + \sum_{t \in T} \sum_{k \in F} \sum_{i \in FP_k} \omega_k \cdot \frac{1}{L_k} \cdot z_{ikt} \qquad (8.1)$$

满足约束：

$$I_{i,\,t-1} + x_{it} - I_{it} = \sum_{i_1 \in A_i} \sum_{k \in pr_{i_1}} r_{k,\,i_1} \cdot z_{i_1,\,k,\,t-1+lead_{ki}}, \quad \forall i \in P \setminus P_{end},\ t \in T$$

$$(8.2)$$

$$I_{i,t-1} + x_{it} - I_{it} = D_{it}, \quad \forall i \in P_{end},\ t \in T \qquad (8.3)$$

$$x_{it} - \sum_{k \in pr_i} z_{ikt} = 0, \quad \forall i \in P,\ t \in T \qquad (8.4)$$

$$I_{iT} = 0, \quad \forall \in P \qquad (8.5)$$

$$\sum_{i \in FP_k} \frac{z_{ikt}}{v_{ki}} \leq cap_{kt}, \quad \forall k \in F,\ t \in T \qquad (8.6)$$

$$\sum_{i \in FP_k} \frac{(I_{i,\,t-1} + x_{it} + I_{it})}{2} \leq s_k \cdot V_k, \quad \forall k \in F \cup \{0\},\ t \in T \qquad (8.7)$$

$$\sum_{i \in P_{kj}} z_{ikt} \leq M \cdot y_{kp}, \quad \forall k \in F,\ j = 1, \cdots, m_k,\ t \in T \qquad (8.8)$$

$$x_{it},\ I_{it} \geq 0, \quad \forall i \in P,\ t \in T \qquad (8.9)$$

$$z_{ikt} \geq 0, \quad \forall i \in P,\ k \in pr_i,\ t \in T \qquad (8.10)$$

$$y_{kjt} \in \{0, 1\}, \quad \forall k \in F,\ j = 1, \cdots, m_k,\ t \in T \qquad (8.11)$$

目标函数（8.1）中的四项分别表示总库存成本、生产成本和两种启动成本。约束（8.2）和（8.3）是物料平衡方程，分别用于确保满足产品的依赖需求和独立需求。约束（8.4）允许产品具有多条生产工艺路线。约束（8.5）要求所有产品在 T 时间末的库存量为0。约束（8.6）强调生产必须在可利用的时间内进行。约束（8.7）用于保证不涨库。约束（8.8）与（8.11）反映了只要生产某类产品，就一定会产生相应的启动费用。约束（8.9）和（8.10）定义了变量的取值范围。

三、变量分离和拉格朗日松弛算法

（一）变量分离

变量分离是一种新的松弛技术，其主要思想是通过引入原变量的复制变量构造等价问题。然后，使用传统的拉格朗日松弛算法对等价问题进行求解。利用这一技术求解上面的生产库存问题的具体步骤如下。

使用新变量 $\{y_{kjt}^1 = y_{kjt}\}$ 重新描述问题（P）：

（SP）

$$
\text{Minimize } C_S \equiv \sum_{i \in P} \sum_{t \in T} \frac{h_i}{2} \cdot (I_{i, t-1} + x_{it} + I_{it}) + \sum_{t \in T} \sum_{k \in F} \sum_{i \in FP_k} p_{ki} \cdot z_{ikt}
$$

$$
+ \sum_{t \in T} \sum_{k \in F} \sum_{j=1}^{m_k} w_{kj} \cdot y_{kjt}^1 + \sum_{t \in T} \sum_{k \in F} \sum_{i \in FP_k} \omega_k \cdot \frac{1}{L_k} \cdot z_{ikt} \qquad (8.12)
$$

满足约束（8.2）—（8.7），（8.9）—（8.11）及

$$
\sum_{i \in P_{kj}} z_{ik1} - M \cdot y_{kjt}^1 \leqslant 0, \quad \forall k \in F, \ j = 1, \cdots m_k, \ t \in T \qquad (8.13)
$$

$$
y_{kjt} = y_{kjt}^1, \quad \forall k \in F, \ j = 1, \cdots, \ m_k, \ t \in T \qquad (8.14)
$$

$$
0 \leqslant y_{kjt}^1 \leqslant 1, \quad \forall k \in F, \ j = 1, \cdots, \ m_k, \ t \in T \qquad (8.15)
$$

（二）拉格朗日松弛算法

通过观察上面的模型能够发现：忽略约束（8.14）后得到的松弛问题能够按照变量类型分解为易于求解的子问题。所以，本节利用拉格朗日乘子 $\{u_{kjt}\}$ 将该约束松弛引入至目标函数中，得到了下面的问题：

（SLR）

$$
\text{Minimize } C_{SLR} \equiv \sum_{i \in P} \sum_{t \in T} \frac{h_i}{2} \cdot (I_{i, t-1} + x_{it} + I_{it}) + \sum_{t \in T} \sum_{k \in F} \sum_{i \in FP_k} p_{ki} \cdot z_{ikt}
$$

$$
+ \sum_{t \in T} \sum_{k \in F} \sum_{j=1}^{m_k} w_{kj} \cdot y_{kjt}^1 + \sum_{t \in T} \sum_{k \in F} \sum_{i \in FP_k} \omega_k \cdot \frac{1}{L_k} \cdot z_{ikt}
$$

$$+ \sum_{k \in F} \sum_{t \in T} \sum_{j=1}^{m_k} u_{kjt} \cdot (y_{kjt} - y_{kjt}^1) \tag{8.16}$$

满足约束（8.2）—（8.7），（8.9）—（8.11），（8.13），（8.15）。

松弛问题（SLR）能够被分解为两个独立的子问题：（SLR_1）和（SLR_2）。

（SLR_1）

$$\text{Minimize } C_{SLR_1} \equiv \sum_{i \in P} \sum_{t \in T} \frac{h_i}{2} \cdot (I_{i,\,t-1} + x_{it} + I_{it}) + \sum_{i \in T} \sum_{k \in F} \sum_{i \in FP_k} p_{ki} \cdot z_{ikt}$$

$$+ \sum_{t \in T} \sum_{k \in F} \sum_{j=1}^{m_k} (w_{kj} - u_{kjt}) \cdot y_{kjt}^1 + \sum_{t \in T} \sum_{k \in F} \sum_{i \in FP_k} \omega_k \cdot \frac{1}{L_k} \cdot z_{ikt} \tag{8.17}$$

满足约束（8.2）—（8.7），（8.9），（8.10），（8.13），（8.15）。

显然，子问题（SLR_1）是一个典型的线性规划模型，因此能够直接使用优化软件 OSL 进行求解。

（SLR_2）

$$\text{Minimize } C_{SLR_2} \equiv \sum_{k \in F} \sum_{t \in T} \sum_{j=1}^{m_k} u_{kjt} \cdot y_{kjt} \tag{8.18}$$

满足约束（8.11）。

因为 y_{kjt} 是 0-1 变量，所以能够用下面的方式得到这个子问题的最优解：如果 $u_{kjt} \geq 0$，则 $y_{kjt} = 0$；否则，$y_{kjt} = 1$。

为了寻找最好的拉格朗日乘子，必须求解下面的对偶问题（SLD）：

（SLD）

$$\text{Maximize } C_{SLD}(u_{kjt}) \equiv \min C_{SLR} \tag{8.19}$$

满足约束（8.2）—（8.7），（8.9）—（8.11），（8.13），（8.15）。

（三）构造可行解

本节开发了基于子问题（SLR_1）的最优解构造可行解的快速启发式算法，具体步骤如下：

Step 1. 以子问题（SLR_1）的最优解作为初始解。

Step 2. 对于每一个变量 y_{kjt}，如果 $y^1_{kjt}>0$，令 $y_{kjt}=y^1_{kjt}=1$；否则，令 $y_{kjt}=y^1_{kjt}=0$。

Step 3. 停止。由上述过程所得到的（I_{it}，x_{it}，z_{ikt}，y_{kjt}，y^1_{kjt}）就是原问题的一个可行解。

（四）改进策略

为了进一步提高解的质量，本节采用了下面的改进策略，取得了较好的效果：

Step 1. 引入解的性质和有效不等式提升下界；

Step 2. 开发实用的启发式算法降低上界。

下面将分别介绍改进策略中所用到的解的性质、有效不等式及启发式算法。

1. 解的性质

性质：如果①只有工序 k 能够生产产品 $i \in P_{kj}$；②产品 i 在第一个时间段内的需求量大于零；③产品 i 的初始库存量为 0，则 $y_{kj1}=1$。

这个性质简单直观，使用方便，实验证明将它引入到上面的模型后确实能够起到提升下界的作用。

2. 有效不等式

因为很多研究成果显示有效不等式能够有效提高下界，因此本节在上述模型中添加了下列有效不等式，取得了比较好的效果。

$$\frac{z_{ikt}}{v_{ki}} \leq cap_{kt} \cdot y_{kjt}, \quad \forall k \in F, \ j=1, \ \cdots, \ m_k, \ i \in P_{kj}, \ t \in T \tag{8.20}$$

$$\sum_{i \in FP_k} \frac{z_{ikt}}{v_{ki}} \leq cap_{kt} \cdot y_{kjt}, \quad \forall k \in F, \ j=1, \ \cdots, \ m_k, \ t \in T \tag{8.21}$$

$$\sum_{i \in FP_k} \frac{z_{ikt}}{v_{ki}} \leq cap_{kt} \cdot \sum_{j=1}^{m_k} y_{kjt}, \quad \forall k \in F, \ t \in T \tag{8.22}$$

$$\frac{(I_{i,t-1}+I_{it})}{2}\leqslant s_k \cdot V_k, \quad \forall k \in F, \ i \in FP_k, \ t \in T \tag{8.23}$$

$$z_{ikt}-M_1 \cdot y_{kjt}^1 \leqslant 0, \quad \forall k \in F, \ j=1, \ \cdots, \ m_k, \ i \in P_{kj}, \ t \in T \tag{8.24}$$

其中：$M_1 \geqslant \sum\limits_{i_1 \in A_i}\sum\limits_{k \in pr_{i_1}} r_{k, \ i_1} \cdot z_{i_1, \ k, \ t-1+lead_{k, \ i_1}}$。

3. 实用的启发式算法

如果连续十次迭代都无法更新当前最好解，将启用基于当前最好解的启发式策略，其基本步骤为：

Step 1. 初始化：

（1）令 $flag=1$，$visit\_ mark [k][j][t] = 0$，$k \in F$，$j=1, \ \cdots, \ m_k$，$t \in T$。

（2）对原问题（P）进行线性松弛：将所有的二进制变量 y_{kjt} 松弛为 $[0, 1]$ 之间的连续变量，将这个线性松弛问题记为（LP）。

Step 2. 在当前最好解中寻找满足条件：$y_{kjt}=1$，$y_{k,j,(t-1)} = 1$ 且 $visit\_ mark [k][j][t] = 0$ 的变量 y_{kjt}。如果不存在这样的变量，令：$flag=0$，转 Step 6。

Step 3. 令 $visit\_ mark [k][j][t] = 1$，将约束 $y_{kjt}=0$ 引入到问题（LP）中。

Step 4. 使用优化软件 OSL 求解问题（LP）。如果没有可行解，令 $flag=0$，转 Step 6。

Step 5. 基于 Step 4 中得到的（LP）的最优解构造原问题（P）的可行解。

Step 6. 停止。如果 $flag=1$，由上述过程所得到的 $(I_{it}, \ x_{it}, \ z_{ikt}, \ y_{kjt})$ 就是原问题的一个可行解。如果其目标函数值低于上界，更新当前最好解和上界。

（五）次梯度算法

次梯度最优化是用于求解拉格朗日对偶问题最常用的方法，它具有方向计算快速、实施容易、对计算机内存要求低等的特点。为了求解问题（SLD），设计了下面的次梯度算法：

Step 1. 初始化：

（1）置 $m=0$，$flag=0$；$C^U=+\infty$，$C^L=0$，其中 m 表示迭代代数，C^U 和 C^L 分别表示函数 C 的上界和下界。

（2）$u^0_{kjt}=0$，$k\in F$，$j=1$，$\cdots$，m_k，$t\in T$，其中 $\{u^m_{kjt}\}$ 表示第 m 次迭代中所使用的拉格朗日乘子。

Step 2. 求解拉格朗日松弛问题：

对于给定的拉格朗日乘子，通过最优求解子问题（SLR_1）和（SLR_2）得到松弛问题（SLR）的最优解。

Step 3. 寻找可行解：

基于 Step 2 中得到的松弛解，使用"构造可行解"中的启发式算法构造原问题的可行解。

Step 4. 改进上界：

使用"改进策略"中的启发式算法更新上界。

Step 5. 检查停止准则：

如果满足下面任一条件，停止；否则，转 Step 6。

（1）$(C^U-C^L)/C^L<\zeta$，其中 $\zeta>0$ 是一个非常小的正数；

（2）$m>$最大迭代代数。

Step 6. 更新拉格朗日乘子，返回 Step 2：

（1）$u^{m+1}_{kjt}=u^m_{kjt}+t^m\theta^m(u^m_{kjt})$；

（2）$t^m=\beta_m\cdot\dfrac{C^U-C^m}{\|\theta^m\|^2}$，$0<\beta_m<2$；

（3）$\theta^m_{kjt}(u^m_{kjt})=y_{kjt}-y^1_{kjt}$。

（六）参数设计

本章采用 500 个测试问题对上述算法的性能进行了评估，在这些问题中产品数由 11 增加到 110，时间段数由 6 递增至 30。为了生成有代表性的算例，所有的问题参数都是基于冷轧系统的实际生产数据产生的。对于产品数和时间段数的每一种组合，产生了 10 个测试问题。因为本章的目的是为图 8.1 中的系统制定生产计划，所以集合 F 中所包含工序的数目为 3。在基于实际数据构造测试问题时各种参数的产生规则如下：

1. 各工序的小时产量分别按照 U［270，312.5］，U［120，150］，U［125，167］随机产生。

2. 各工序每天可利用的生产时间按照［11，24］上的均匀分布随机产生。

3. 每种产品的单位库存持有成本在［9.0454，19.383］范围内随机选取。

4. 钢卷的平均单重按照 U［28，40］随机产生。

5. 根据作者所掌握的数据，各工序产品库中的可用库位数分别为 280，160，640。为了使问题更具代表性，尽可能反映出实际生产中可能遇到的情况，实验中所使用的库位数是按照上述数据的［0.9，1.1］倍随机产生的。

6. 工序 3 的平均生产周期在［4，5］范围内随机选取。而其他工序的生产周期都非常短，所以这里忽略不计，将它们设置为 0。

7. 工序 1 和 2 更换零件前需要完成的指定生产量分别按照［2700，3300］和［1800，2200］上的均匀分布随机产生。因为工序 3 不需要更换零件，没有类似的限制，所以将其更换零件前需要完成的指定生产量设定为正无穷，相应的启动成本设置为 0。

8. 因为每停机一分钟会导致企业损失大约 604 元，而生产不同类型产品时的工艺切换和更换设备零部件需要停机 15—20 分钟，所以本章以相应的停机损失作为切换费用和启动成本。由于工序 3 生产不同产品时不需要停机进行切换，所以将其相应的启动成本设置为 0。

9. 为了确保每类产品中至少包含两种产品，采取了下列措施：

（1）每条生产工艺路线对应 q 种产品，$1 \leqslant q \leqslant 10$。

（2）每种产品具有属于自己的紧接前序，也就是说产品和其紧接前序之

间是一一对应的

（3）因为在实际生产中前面工序的产品类别数总是少于其后面的工序，所以 m_2 和 m_3 在 $[1, q]$ 范围内按照均匀分布随机产生，而 m_1 则按照 $U[1, min\{m_2, m_3\}]$ 随机生成。

（七）实验结果

作者采用 C++ 语言编写了算法程序，并在 Pentium Ⅳ 系列主频 3.0G 的计算机上进行了仿真实验。因为拉格朗日松弛不能保证找到最优解，所以采用对偶间隙 $(C^{UB} - C^{LB}) / C^{LB}$ 作为衡量解质量的标准，其中 C^{UB} 表示原问题的上界，而 C^{LB} 表示下界。在这个实验中，最大迭代代数设置为 50。拉格朗日松弛算法对于不同规模问题的性能和所需运行时间列于表 8.1 中。从计算结果能够看出：

1. 算法在所有情况下的平均对偶间隙都低于 10%，说明算法受问题规模的影响不大。

2. 对偶间隙随着产品数或时间段数的增加而变大。这是因为当产品数或时间段数增加时，问题规模变大，能力限制约束变紧，所以问题更加难于求解。

3. 计算时间随着产品数或时间段数的增加而明显延长。因为当产品数或时间段数增加时，产生了更多的变量，问题变得更加复杂，因而需要消耗更多的求解时间。

综上所述，本章所设计的算法能够在较短的计算时间内获得高质量的解，因此具有良好的应用前景。

表 8.1　算法的计算结果

问题 序号	问题结构 产品数×时间段数	平均对偶间隙（%）	平均运行时间（s）
1	11×6	0.895754	0.878000
2	11×12	1.041816	1.843000

续表

问题序号	问题结构 产品数×时间段数	平均对偶间隙（%）	平均运行时间（s）
3	11×18	1.031747	2.954000
4	11×24	1.165571	4.158000
5	11×30	1.158239	6.293000
6	22×6	1.474911	1.743000
7	22×12	1.776174	4.537000
8	22×18	1.841622	7.571000
9	22×24	2.175086	10.765999
10	22×30	1.782682	16.459000
11	33×6	1.602398	3.086000
12	33×12	2.304929	8.362000
13	33×18	2.902206	14.427998
14	33×24	2.609712	21.967999
15	33×30	2.524264	32.019998
16	44×6	1.846830	4.913000
17	44×12	2.975999	13.359000
18	44×18	2.785455	22.818999
19	44×24	3.366303	36.641998
20	44×30	4.363893	55.652002
21	55×6	2.188725	8.191000
22	55×12	3.031927	18.854999
23	55×18	4.477527	36.864001
24	55×24	3.930479	55.773999
25	55×30	4.493182	91.930005
26	66×6	1.985244	10.550000
27	66×12	4.444806	27.228000
28	66×18	5.394908	51.640002

续表

问题序号	问题结构 产品数×时间段数	平均对偶间隙（%）	平均运行时间（s）
29	66×24	4.195937	75.978998
30	66×30	5.714865	129.883008
31	77×6	2.394219	14.745000
32	77×12	4.264478	36.301996
33	77×18	5.008434	68.115002
34	77×24	4.986809	108.906995
35	77×30	5.357744	168.392993
36	88×6	2.851511	19.892000
37	88×12	4.335021	41.548999
38	88×18	5.669597	88.774994
39	88×24	5.130597	136.275012
40	88×30	6.227786	215.991992
41	99×6	2.788260	24.393999
42	99×12	6.081861	56.701007
43	99×18	4.973187	113.995996
44	99×24	4.592805	176.391992
45	99×30	6.408614	270.210986
46	110×6	3.380020	21.105000
47	110×12	5.221581	62.365002
48	110×18	5.561016	140.615991
49	110×24	5.801631	233.353003
50	110×30	9.341571	368.204028
平均值		3.637199	62.87254

四、结论

本章针对不允许缺货的冷轧生产系统中的多阶段批量问题进行了研究，

考虑了产品的工艺路线选择问题，并对启动成本的构成进行了分析。以最小化启动成本、生产成本和库存持有成本为目标，建立了该冷轧生产系统的多阶段生产库存计划模型，用于在满足物料平衡约束和能力限制约束的条件下确定各种产品在各时间段内的生产量和库存量。为解决这一问题，采用了基于变量分离的拉格朗日松弛算法，使用了 500 个基于实际生产数据所生成的测试问题对这一算法的性能进行了检验，实验结果证明该算法能够在较短的计算时间内找到高质量的解。

第二篇

炼油企业生产库存优化与控制

炼油工业是流程工业的典型代表，是我国国民经济的重要支柱产业之一。近年来，随着工业化和城镇化进程的加快、居民消费结构的升级，石油产品的需求量持续增加，我国的炼油工业取得了飞速的发展。但是尽管如此，我国炼油企业在技术水平和企业竞争力等方面与国际一流的炼油生产企业相比仍然存在着一定的差距。随着全球经济一体化进程的加快，石油产品的市场竞争日益激烈，我国的炼油生产企业面临着不断降低产品成本，提高企业经济效益的巨大压力。

炼油生产是一个多阶段过程，具有生产过程连续、资源消耗量大、采购和库存成本高、工艺复杂、工序衔接紧凑、对生产稳定性要求极高等特点。在生产石油产品的过程中需要消耗大量的原油，同时会产生大量的中间产品。所以，如何科学合理地确定各时间段内的原油采购量和各生产阶段的资源库存量，对于保证生产稳定运行、降低采购费用和资源存储费用以及提高设备产能具有重要的意义。

针对按比例调合的炼油生产系统，在考虑生产能力和库存能力等限制条件的情况下，建立以最小化采购/生产成本、库存成本和启动成本为目标的产品调合优化模型，用于确定各种石油产品在各时间段内的最优生产量和库存量，模型中考虑了调合配方的选择问题。

第九章 炼油工业

一、炼油工业的现状和发展趋势

（一）世界炼油工业的现状和发展趋势

原油必须经过各种物理及化学加工过程转变为石油产品后才能被有效利用，这些转化过程的组合就构成了石油炼制过程。经过 150 多年的发展，石油炼制工业（即炼油工业）已成为很多国家的支柱产业，是世界石油经济不可分割的一部分。随着经济全球化进程的加快，世界炼油工业的发展呈现出一系列新的特点和趋势：

1. 石油产量整体呈上升趋势，石油资源已探明储量充足，可以满足不断增长的市场需求

石油是指气态、液态和固态的烃类混合物，具有天然的产状，是一种黏稠的深褐色液体，被称为"工业的血液"。石油的主要成分是各种烷烃、环烷烃、芳香烃的混合物，是地质勘探的主要对象之一。石油是一种非可再生资源，储量有限，但目前仍较为充足。根据 BP 公司发布的《BP 世界能源统计年鉴 2021》中的数据，2012—2020 年，全球石油探明储量整体呈现上升趋势。2020 年，全球石油探明储量为 17324 亿桶，与 2012 年相比上升了 2.81%。近期，全球知名能源咨询机构伍德麦肯齐发布了最新的《2022 年油气勘探综述》数据，其中指出 2022 年全球新发现油气资源量超过 200 亿桶油当量，是前 10 年均值的两倍多，可以供全世界消耗 200 天左右。

近年来全球石油产量整体呈上涨趋势。2019 年全球石油产量达到 44.78

亿吨，2020 年由于旅游和生产的停顿削弱了全球对石油的需求，导致石油价格遭受到前所未有的下跌，再加上全球主要石油出口组织"欧佩克+"的减产协议，导致全球石油产量出现较大幅度的减产，但该年全球石油产量依然为 41.71 亿吨，同比减少了 3.07 亿吨。2021 年全球石油产量已恢复至约 44.23 亿吨，同比增长 1.3%。2021 年 4 月以来，随着油价快速回升，各国开始逐步提升产量，其中美国合计石油总产量约为 5.64 亿吨，与上年持平，仍是全球第一大产油国。俄罗斯产量增长 2%，增至 5.34 亿吨，跃居全球第二。沙特减产 1.1%，产量降至 4.7 亿吨。中国维持了较高的勘探开发力度，产量增长 2.5%。2021 年，全球石油产量增加了 140 万桶/日，其中逾 3/4 的增量来自欧佩克组织。

随着世界经济的复苏，全球石油需求开始回升，2021 年世界石油消费量同比增长 5.9%，其中大部分的增长来自汽油和柴油/瓦斯油。从地区来看，大部分增长发生在美国、中国和欧盟。但 2022 年的全球能源市场经历了几乎所有可以想象到的重大事件的轮番冲击，国际石油价格因而走出了一条过山车式的曲线，世界石油消费量随之大幅波动。由于接连受到制裁、释放石油储备、加息等重大事件的影响，2022 年的世界石油需求增长明显变缓。在 2022 年的最后一期石油市场分析报告中，欧佩克指出，2022 年的世界石油消费仅增长了 250 万桶/天，国际能源署则认为仅增长了 230 万桶/天，分别比 2021 年 12 月的预测增量 415 万桶/天和 330 万桶/天，减少了 165 万桶/天和 100 万桶/天，大大低于他们当初的预期。2023 年 2 月 7 日，美国能源情报署（EIA）数据显示，2022 年美国每天消耗的汽油量仅为 878 万桶，预计 2023 年和 2024 年消耗量将继续下降。由于美国汽油约占全球石油消耗量的 9%，是世界上最大的石油产品单一市场。因此，美国汽油需求停滞或下降的前景对全球能源市场具有重要的影响。

综上可知，目前世界石油储量充足，产量整体呈上升趋势，可满足需求增长的需要，且未来全球能源市场可能出现石油供大于求的现象。

2. 世界炼油能力持续稳定增长，欧美部分炼厂关闭，全球炼油产能东

扩，形成新格局

全球炼油业诞生以来，炼油能力总体保持稳定增长。2000年以来，在亚太、中东等大量新增炼厂投产推动下，全球炼油能力总体呈现快速扩张态势，从2000年的41亿吨/年（8200万桶/天）大幅升至2017年的50.8亿吨/年（1.02亿桶/天），年均增长率为1.3%。2020年，全球炼油能力进一步提高至51.1亿吨/年，比2019年增加6000万吨/年，年增长率约为1.19%，增速略有放缓。2021年石油产品需求大幅下降，欧美及亚太地区部分炼厂被关闭，世界炼油能力自1988年以来首次出现净减少。据意大利国家碳化氢公司（ENI）统计，2021年全球主要炼厂个数842个，同比减少24个；总计产能51.26亿吨，同比减少0.56亿吨。随着石油价格的回升和需求复苏，世界炼厂原油加工量触底反弹，产能利用率得以回升。与此同时，全球炼油产能东扩，形成新格局。中东和亚太地区发展中国家的很多炼化建设项目正在持续推进中。中东科威特、沙特及非洲尼日利亚有4个大型炼化项目即将建成，预计新增炼油能力7300万吨/年；印度将有3个炼油项目建成，预计新增炼油能力2300万吨/年；中国预计也将新增炼油能力3300万吨/年。

3. 炼油产业的规模化、大型化和集聚度进一步提升

炼油工业本身具有规模化的属性，2000年以来，全球炼油业集中度进一步提高，规模化特征更加明显。据美国油气杂志统计，2017年全球炼厂总数为615座，较2000年减少127座，平均单厂规模为754万吨/年，较2000年增加206万吨/年，增幅达38%。2010年以后全球新建的炼厂中，千万吨级炼厂越来越多，80%以上新增炼厂能力都超过了千万吨。尤其在苏伊士以东沿岸，沙特、阿联酋、中国、印度、越南等新建炼油项目都以千万吨起步，甚至不乏2000万吨、4000万吨这样的超级炼油项目。

此外，炼油工业基地化特征显著。传统的三大炼油中心为美国墨西哥湾沿岸、欧洲西北欧和地中海沿岸、亚太新加坡。目前，新三大炼油中心正在形成并不断壮大，分别是印度西海岸、波斯湾和红海沿岸，以及中国东南沿海。目前传统的三大炼油中心除美国地位仍比较稳固外，欧洲和新加坡的炼

油地位都有所下降；而新兴的三大炼油中心仍在不断地扩张炼油能力，未来在全球炼油版图中的地位将不断提升，尤其中国已于2021年超越美国成为世界第一大炼油国。

4. 世界原油供应呈现重质化、劣质化的发展趋势，炼油装置结构调整势在必行

国际石油市场多用比重指数（API度）和含硫量对原油进行分类。API度是美国石油学会（简称API）制订的用以表示石油及石油产品密度的一种量度。国际上把API度作为决定原油价格的主要标准之一。它的数值愈大，表示原油愈轻，价格愈高。依据美国石油学会的划分标准，国际上通常将API度≥50的原油称为超轻质原油或凝析油；将API度介于33.1与50之间的原油称为轻质原油；将API度介于22.3与31.1之间的原油称为中质原油；将API度介于10与22.3之间的原油称为重质原油；而将API度<10的原油称为超重原油。类似的，依据含硫量亦可将原油分为低硫原油（含硫量<0.5%）、含硫原油（0.5%<含硫量<2.0%）和高硫原油（含硫量>2.0%）三大类。

世界石油探明可采储量中以重质和中质油居多，而原油产量中则以轻质和中质居多。从2010年世界石油探明可采储量和产量估算情况看，虽然轻质低硫原油的产量约占世界总产量的37.8%，但其储量却仅占世界总储量的19%，而中质低硫/高硫和重质低硫/高硫原油的储量占世界原油总储量的51%。因此，从世界石油资源剩余储量来看，高硫、重质等劣质原油的供应比例必将逐年上升。欧佩克2020年10月份含硫原油出口量上升至2150万桶/天，与2020年6月底相比增加了340万桶/天。同年，欧佩克的低硫原油出口量10月仅为560万桶/天，与6月底相比只增加了不到45万桶/天。

此外，据美国地质调查局统计，全世界重质原油储量约为3万亿桶，其中可采储量为4340亿桶。由于开采技术尚不成熟，重质原油开发进度缓慢，难度较大。许多咨询公司认为，当前中东地区主要油田超过一半的石油储量已被开采，产量开始下降，易开采石油的时代即将结束。加拿大、美国等国

纷纷投入超重油、油砂的开采，甚至如沙特、科威特等产油大国也加入了重质原油开发的大潮，其中委内瑞拉超重油和加拿大油砂沥青是发展较快的两种重油资源。

由于优质石油资源的日渐枯竭，世界原油供应必然呈现出重质化、劣质化的发展趋势。同时，世界对清洁轻质油品的需求又日益增加。原油重质化、劣质化和油品轻质化、清洁化的发展趋势，已成为现代化炼油企业面临的主要矛盾，同时也是推动炼油技术发展的重要动力。通过炼油装置结构调整提升炼油企业适应原油质量和市场需求变化的能力，是炼油企业面临的一项长期重要任务。

5. 全球成品油需求增长放缓，原油加工能力过剩，炼油行业"炼化一体化"转型成共识

近年来，由于受到金融危机等重大事件的影响，世界经济增长乏力，导致全球成品油需求增长变缓，原油加工能力过剩，市场竞争加剧。此外，随着科技的不断进步、替代能源的有效开发利用及进一步降低碳排放量的需要，成品油的需求量必将进一步降低。石油工业的发展在可预见的未来将更多地受制于需求的不足，而不是资源的枯竭。国际能源署预计 2020—2026 年全球至少需要关闭 600 万桶/天的产能，才能让全球炼油产能利用率达到 80% 以上。

伍德麦肯兹公司的炼油顾问侯睿指出：2031 年，石油在交通领域的需求将达到峰值，成品油消费量将出现下降，未来石油需求增长点在化工领域，炼化企业特别是燃料型炼厂要尽快实现转型升级，合理布局下游化工产业链。据此推算，留给传统炼化企业的时间大致还有 8 年。考虑到炼化一体化企业的明显优势，不仅能在两个市场之间进行切换，而且与同等规模的纯炼油企业相比，炼化一体化企业的产品附加值可提高 25%，建设投资可节省 10% 以上，能耗亦可降低约 15%。在未来竞争激烈的市场预判下，各炼化企业纷纷进行"炼化一体化"转型，从"油主化辅"转向"化主油辅"，还有很多纯化工企业也在抢滩布局。

6. 成品油清洁化步伐加快

为了改善环境，世界各国的清洁燃料标准不断提高。车用燃料清洁化的总趋势是低硫和超低硫。汽油要求低硫、低烯烃、低芳烃、低苯和低蒸汽压；柴油要求低硫、低芳烃（主要是稠环芳烃）、低密度和高十六烷值。

欧盟是全球最早开始实施清洁燃料标准的地区之一，欧盟标准是全球其他国家和地区直接采用或者作为其制定本国标准参考和借鉴最多的标准，同时也是全球应用范围最为广泛的标准。近年来，欧盟汽车排放标准经历了由欧Ⅰ到欧Ⅵ的演变，排放标准迅速提高，日趋严格。汽柴油标准中变化最多的指标就是硫含量，它也是最为重要的汽柴油指标之一。欧盟的汽柴油标准从欧Ⅰ到欧Ⅵ对硫含量的要求越来越高，详见表9.1和表9.2。欧盟国家较多，具体各国的标准实施时间及一些限值有所不同。例如：德国、芬兰、瑞典和英国从2002年起就开始投用低硫或硫含量低于10 ppm的汽油，2009年起所有车用汽油的硫含量已经低于5 ppm。为了降低清洁燃料标准对汽车产业及其他相关行业造成的冲击，必须加快成品油清洁化步伐，进一步提升油品质量。

表9.1　欧盟车用汽油规格 EN 228 硫含量的变化

汽车排放标准	欧Ⅰ EN 228-1993	欧Ⅱ EN 228-1998	欧Ⅲ EN 228-1999
硫（ppm）	≯1000	≯500（1995.1.1起）	≯150
汽车排放标准	欧Ⅳ EN 228-2004	欧Ⅴ EN 228-2008	欧Ⅵ EN 228-2012
硫（ppm）	≯50（2005.1.1起）	≯10（2009.1.1起）	≯10（2013.5起）

表9.2　欧盟车用柴油规格 EN 590 硫含量的变化

汽车排放标准	欧Ⅰ EN 228-1993	欧Ⅱ EN 228-1998	欧Ⅲ EN 228-1999
硫（ppm）	≯2000	≯500	≯350

续表

汽车排放标准	欧Ⅳ EN 228-2004	欧Ⅴ EN 228-2008	欧Ⅵ EN 228-2012
硫（ppm）	≯50（2005.1.1 起）	≯10（2009.1.1 起）	≯10（2014.4.1 起）

7. 地缘政治风险加剧，国际燃油标准不断提高，推升炼油企业生产运输成本

（1）地缘政治风险加剧原油价格波动。2022 年国际油价经历过山车行情。受俄乌冲突等多方面因素影响，国际油价从 2021 年 12 月到 2022 年 3 月初大幅攀升至 2008 年以来的高点。其中，WTI 纽约原油和英国布伦特原油期货主力合约价格在 2022 年 3 月 8 日分别收于每桶 123.7 美元和 127.98 美元，达到 2008 年以来的新高。随后数月国际油价维持高位运行，至 6 月中旬油价开始震荡下跌，到 11 月下旬整体跌至乌克兰危机爆发前的水平。至 2023 年 2 月 13 日，WTI 纽约原油和英国布伦特原油期货价格降至 80.14 美元/桶和 86.61 美元/桶。

（2）地缘政治风险推升兵险保险费用。例如：因美国与伊朗之间的关系恶化，导致进口波斯湾原油的炼油企业的航运兵险保险费用上升，每一趟的航运成本大约提高了 15 万—20 万美元。

（3）不断提高的国际燃油标准推高炼油企业的生产运输成本。例如：①国际海事组织（IMO）发布的全新规范"IMO 2020"于 2020 年 1 月 1 日起正式生效。规范要求全球范围内所有船舶所使用燃料含硫量不得高于 0.5%（旧标准为 3.5%），违规船舶可能遭到扣押，合作国家港口可能有权监视来访船舶，为此许多油轮必须更换燃料，因而导致运费上涨，进一步推高了炼油企业购买原油的运输成本。②各种机动车排放标准的不断提高。如 2022 年11 月 10 日，欧盟委员会又提出了远高于现行欧盟汽车排放标准（即欧 Ⅵ 标准）的"欧洲第七阶段排放标准"（简称欧 Ⅶ 标准），迫使炼油企业不得不持续投入大量资金进行技术改造以不断提升油品的质量。③美国施行了可再生燃料标准（RFS）。RFS 是美国政府为提高生物燃料利用量，减少石油对外依存度与温室气体排放而制定的强制执行指令。RFS 规定炼油企业必须在所

炼制的汽油中混入一定比例的生物燃料，这一规定大幅提高了美国炼油企业的生产运营成本。

（二）中国炼油工业的现状和发展趋势

跨入 21 世纪，中国炼油工业实现了迅猛发展，2009 年底，中国的原油一次加工能力已由 2000 年的 2.76 亿吨猛增至 4.77 亿吨，稳居世界第二位。2017 年，中石化的炼油能力和营收能力均已排名世界第一，中石油则位列第三。目前，中国炼油工业已具有相当规模、较完整的体系和较强的综合实力。2022 年，中石油和中石化两大集团公司在《财富》世界 500 强企业中的排名分别由 2009 年的第 13 位和第 9 位提升至第 4 位和第 5 位。近年来，中国炼油工业经历了较大的发展变化，其主要发展趋势如下：

1. 炼油能力持续稳定增长

我国的炼油工业经过数十年的发展，整体规模已跻身世界前列。几十年来，我国的炼油能力一直保持较快增长态势，近期由于受到成品油需求下滑、地缘政治紧张等因素的影响，增速略有放缓。2010 年，我国的原油产量就已达到 2.03 亿吨，同比增长 6.9%。一次原油加工总能力达到了 5.12 亿吨，成品油（汽、煤、柴油合计）产量为 2.53 亿吨，同比增长 10%。十年后的 2019 年，中国的炼油产能已高达 8.6 亿吨/年，原油加工量达到 6.52 亿吨。随后的几年，中国炼油能力继续保持较快增长，2021 年净增炼油能力 2520 万吨/年，总能力上升至 9.1 亿吨/年，略高于"十三五"期间年均增长 2350 万吨/年的幅度。当年，美国因部分炼厂关停，炼油能力减少了 3900 万吨/年，降至 9.07 亿吨/年，被中国超越。中国炼油能力于 2021 年正式超过美国位居世界第一。但从原油加工量上看，2021 年中国原油加工量为 7.04 亿吨，与美国的 7.57 亿吨（1515 万桶/日）仍有较大差距。2022 年，我国的炼油能力增长放缓但依然上升至 9.24 亿吨/年，蝉联世界第一，但 2022 年的炼油能力净增长仅为 1260 万吨/年，是 2021 年的 1/2。

2. 炼油企业从燃料型向炼化一体化转型，产业链一体化成为炼化一体

未来发展新方向

炼油是指将原油通过蒸馏的方法分离，生产符合内燃机使用要求的煤油、汽油、柴油等燃料油的过程。其副产品为石油气和渣油，是比燃料油重的组分，可通过热裂化、催化裂化等工艺化学转化为燃料油，部分此类燃料油需采用加氢等工艺进行精制。

炼油主要有三种生产方案：（1）燃料型，是指主要产品为用作燃料的石油产品；（2）燃料加润滑油型，此类方案除生产燃料外，部分或者大部分减压馏分油和减压渣油还被用于生产各种润滑油产品；（3）燃料加化工型，是指除生产各种燃料外，还利用催化裂化装置生产的液化气和铂重整装置生产的苯、甲苯、二甲苯等作为化工原料，生产各种化工产品如合成橡胶、合成纤维、塑料、合成氨等，使炼厂向炼油—化工综合企业发展。这种加工方案体现了充分利用石油资源的要求，也是提高炼油厂经济效益的重要途径，是目前大部分炼油企业普遍采用的生产方案。

近年来，我国炼油行业产能过剩的矛盾日益突出，且呈加剧之势，倒逼炼油企业从原来的燃料型向炼化一体化转型，从以生产成品油为主到拉长产业链，朝着"油化并举、油头化尾"方向发展。炼化一体化是我国炼油行业转型升级的战略选择，其主要优势如下：

（1）炼化一体化模式能够最大限度地提高石油资源的利用率，获取更多环节的利润、最大化企业的整体经济效益。根据美国著名工程公司柏克德对中东炼油企业经营情况的估算结果，相比于传统的燃料型炼厂，具备产品多样性的炼厂的盈利能力将随着化工环节的叠加而相应增加，投资回收期最多可缩短 2 年左右。

（2）炼化一体化模式能够通过优化配置和综合利用各种资源，降低生产成本和建设投资，同时提升产品的附加值。有数据显示，与同等规模的炼油企业相比，炼化一体化企业的原油加工产品附加值可提高 25%，建设投资可节省 10% 以上，能耗亦可降低 15% 左右。

（3）炼化一体化模式能够赋予炼油企业极大的加工灵活性和高端产品延

展性。炼化一体化企业在实际运行过程中可以针对油品和化工品的需求变化，灵活调整产品结构，做到"宜油则油、宜烯则烯、宜芳则芳"。

（4）炼化一体化企业可借助丰富的基础化工原料库，迅速向高端聚烯烃、锂电池材料、工程塑料、石油基可降解塑料等下游新材料领域延伸布局，实现纵向产业链一体化，不仅能够进一步提升产品的附加值，还可以内部消化中间产品，有效缓冲上游激烈的同质化竞争。

3. 环保压力加大，炼油行业加速向绿色低碳转型

2021年，中央密集出台了一系列政策遏制高耗能、高排放项目的发展。其中与炼油行业相关的部分内容如下：严控新增炼油能力；推动过剩产能有序退出和转移；推动炼油行业碳达峰，提出了行业节能降碳的行动目标；加快炼厂绿色改造提升，对标全球先进能效水平，实现绿色高质量发展。

为了应对日趋严格的环保要求、实现碳达峰碳中和的"双碳"目标，炼油行业不得不向绿色低碳转型，打造绿色油气田、绿色炼化产业、绿色储运体系、绿色循环体系。部分炼油企业已进行了初步尝试，取得了良好的成效，为其他企业的绿色转型提供了可以借鉴的宝贵经验。

（1）2021年7月5日，中国石油化工集团有限公司宣布，启动百万吨级CCUS（碳捕集、利用与封存）项目建设——齐鲁石化—胜利油田CCUS项目。项目由齐鲁石化二氧化碳捕集和胜利油田二氧化碳驱油与封存两部分组成。齐鲁石化捕集提供二氧化碳运送至胜利油田进行驱油与封存，实现二氧化碳捕集、驱油与封存一体化应用，在把二氧化碳注入并封存于油田地层的同时助力原油的开采，实现"变废为宝"。该项目对于我国石化行业推进CCUS规模化发展具有重要意义，并将助力我国石化行业实现碳达峰、碳中和的"双碳"目标。

（2）2022年12月7日，中国海洋石油集团有限公司（简称"中国海油"）宣布，恩平15-1/10-2/15-2/20-4油田群联合开发项目投产。其中的恩平15-1油田群装备了我国首套海上二氧化碳封存装置，可将油田伴生的二氧化碳捕集处理后，再回注到海底一定埋深的地层中永久封存，实现了

二氧化碳的零排放和海上油田的绿色低碳开发。该项目形成了海上平台二氧化碳捕集、处理、注入、封存和监测的全套技术和装备体系，填补了我国海上二氧化碳封存技术的空白。该项目预计高峰年可封存二氧化碳 30 万吨，累计封存二氧化碳近 150 万吨，减排量相当于植树近 1400 万棵或停开近 100 万辆轿车。以此为基础，中国海油还开展了"岸碳入海"研究，已在广东惠州启动了我国首个千万吨级二氧化碳捕集与封存集群项目，将捕集大亚湾各企业排放的二氧化碳，输送到海上进行封存。

（3）中国石化长岭炼化公司（简称"长岭炼化"）坐落于湖南省重要石化产业基地的岳阳，公司通过制定实施环保三年行动计划，完成各类隐患整治、提质改造项目 30 余项，建设投用了尾气回收、烟气治理等多套环保资源综合利用设施，使企业各项污染物排放量大幅减少。同时，实施水体"零污染"专项行动，进行污水可视化、污水提标改造，通过加大上游污水减排，使得污水回用率达 56%。在企业生产利润逐年上升的同时，外排 SO_2、NOX、COD 等主要污染物总量逐年下降，达到同类企业先进水平。2021 年，公司获评"国家绿色工厂"。此外，长岭炼化按照再利用和无害化的原则，通过与地方合力建设化工工业园，延长下游产业链，让企业之间建立起"密闭式"血脉依托关系，发展循环经济，从根本上消除了石化加工所产生的工业"三废"。目前，长岭炼化与周边已初具规模的云溪工业园、长岭工业园、儒溪工业区 200 多家化工企业建立了原料、副产品、废弃物的互供互享关系。园区按照绿色低碳理念，实现了上中下游企业一体化清洁生产。例如：长岭炼化在成品油生产过程中会产生大量焦炭，这些焦炭对于企业来说是无用的副产品而且是"黑色污染"的主要源头，以前只能低价售出。现在通过副产品、废弃物互供互享合作，云溪工业园引进的阳极碳素项目每年可帮长岭炼化消化掉石油焦 30 多万吨，这既为上游企业解决了环保排放问题，也为下游企业获取了廉价生产原料。产业链的聚集延伸，推动岳阳化工产业由能耗高、污染重工艺逐步转化为绿色经济项目，长岭炼化的示范带头作用让产业链上的其他企业纷纷加快了绿色低碳转型的速度。

4. 我国汽车尾气排放标准不断提高，迫使成品油质量不断提升，逐渐与国际接轨

目前世界汽车排放标准主要有三大体系，即欧洲标准体系、美国标准体系和日本标准体系。欧洲标准是发展中国家大多沿用的汽车尾气排放体系。由于我国汽车大多是从欧洲引进的生产技术，因此我国基本上采用的是欧洲标准体系。我国的汽车排放标准起步较晚，经历了一个不断发展的历程。

1983 年，我国颁布了第一批汽车尾气污染控制排放标准，这一批标准的制定和实施，标志着我国汽车尾气法规从无到有，并逐步走向法制治理汽车尾气污染的道路。其中包括三个限值标准和三个测量方法标准，分别为《汽油车怠速污染排放标准》《柴油车自由加速烟度排放标准》《汽车柴油机全负荷烟度排放标准》以及《汽油车怠速污染物测量方法》《柴油车自由加速烟度测量方法》《汽车柴油机全负荷烟度测量方法》。

1989—1993 年，我国以第一批法规为基础，颁布了第二批汽车尾气污染控制排放标准的相关法规。其中包括两个限值标准和两个测量方法标准，分别为《轻型汽车排气污染物排放标准》《车用汽油机排气污染物排放标准》及《轻型汽车排气污染物测量方法》《车用汽油机排气污染物测量方法》。至此，我国已拥有了一套较为完整但也比较原始的关于汽车尾气排放治理的体系。这套体系虽然是参照欧洲的相关标准建立的，但其中的《轻型汽车排气污染物排放标准》对标的仅是欧洲 20 世纪 70 年代的水平。

1998 年 8 月 25 日，北京市单独出台了地方法规《轻型汽车排气污染物排放标准》（DB11/105-1998）。1999 年，国家颁布了《汽车排放污染物限值及测试方法》（GB14761-1999）和《压燃式发动机和装用压燃式发动机的车辆排气污染物限值及测试方法》（GB3847-1999），使我国的汽车尾气排放标准达到了国外 20 世纪 90 年代初的水平。

此后，我国的汽车排放标准又历经了六个主要发展阶段，时至今日，已成为目前全球最严苛的汽车尾气排放标准之一。下面以轻型汽车排放标准的发展历程为例进行说明（见表9.3）。

表 9.3　我国轻型汽车排放标准的发展历程

国 I 标准 《轻型汽车污染物排放限值及测量方法（I）》 （GB18352.1-2001）	于 2001 年 4 月 16 日发布，2001 年 7 月 1 日起在全国范围内正式实施。
	国 I 标准参考欧 I 标准设置的。
	国 I 标准规定了轻型车（即最大总质量不超过 3.5 吨的 M1 类、M2 类和 N1 类车辆）冷起动后排气污染物排放限值、点燃式发动机曲轴箱污染物排放限值、点燃式发动机燃油蒸发排放污染物排放限值及车辆排放控制装置的耐久性要求。 国 I 标准主要对一氧化碳，碳氢化合物和氮氧化物以及颗粒物排放提出了限值要求。
	国 I 基准汽油硫含量限值：400 ppm 国 I 基准柴油硫含量限值：3000 ppm
国 II 标准 《轻型汽车污染物排放限值及测量方法（II）》 （GB18352.2-2001）	于 2001 年 4 月 16 日发布，2004 年 7 月 1 日起正式在全国实施。我国在这一阶段已形成了比较完整的汽车尾气排放标准和检测体系。
	国 II 标准参考欧 II 标准设置的。
	与国 I 标准相比：国 II 标准进一步提高了对于一氧化碳，碳氢化合物和氮氧化物以及颗粒物的排放要求，例如：关于一氧化碳的排放限值，点燃式发动机降低了约 20%，压燃式发动机降低了 70%。
	国 II 基准汽油硫含量限值：400 ppm 国 II 基准柴油硫含量限值：3000 ppm

续表

国Ⅲ标准《轻型汽车污染物排放限值及测量方法（中国 Ⅲ、Ⅳ 阶段）》（GB18352.3-2005）	于 2005 年 4 月 15 日发布，2007 年 7 月 1 日起正式在全国实施。
	国Ⅲ标准是相当于欧Ⅲ标准的汽车尾气排放中国标准，部分等同于欧Ⅲ。
	与国Ⅱ标准相比：国Ⅲ标准降低了尾气污染物的排放限值，可使污染物排放总量减少约40%。此外，国Ⅲ标准还强制要求新车型安装 OBD（车载诊断系统），可进一步降低污染物排放量，对环境更加友好。
	国Ⅲ基准汽油硫含量限值：100—150 ppm 国Ⅲ基准柴油硫含量限值：350 ppm
国Ⅳ标准《轻型汽车污染物排放限值及测量方法（中国 Ⅲ、Ⅳ 阶段）》（GB18352.3-2005）	于 2005 年 4 月 15 日发布，2007 年 1 月 1 日起由北京率先开始实施，2011 年 7 月 1 日起正式在全国实施。
	国Ⅳ标准是相当于欧Ⅳ标准的汽车尾气排放中国标准，部分等同于欧Ⅳ。
	与国Ⅲ标准相比：国Ⅳ标准要求对汽车排气后处理系统进行升级，污染物排放限值降低了50%到60%。
	国Ⅳ基准汽油硫含量限值：50 ppm 国Ⅳ基准柴油硫含量限值：50 ppm

续表

国V标准 《轻型汽车污染物排放限值及测量方法（中国第五阶段）》（GB18352.5-2013）	于2013年10月10日发布，2018年1月1日起正式在全国实施。
	国V标准与欧洲目前正在执行的第五阶段排放标准即欧V标准的控制水平相当。
	与国Ⅳ标准相比：国V标准对于氮氧化物（NOX）、碳氢化合物和氮氧化物（HC+NOX）总和、颗粒物浓度（PM）的标准提高了，还增加了对颗粒物粒子数量（PN）和除甲烷以外的碳氢化合物（NMHC）的限值要求。 国Ⅳ标准升级为国V标准：对于汽油车来说，主要提高了对氮氧化物排放的要求，还新增了对缸内直喷的汽油车颗粒物浓度的检测；对于柴油车来说，对多个指标的要求均有较大幅度的提升，其中颗粒物浓度严格了82%。
	国V基准汽油硫含量限值：10 ppm 国V基准柴油硫含量限值：10 ppm
国Ⅵ-A标准 《轻型汽车污染物排放限值及测量方法（中国第六阶段）》（GB18352.6-2016）	于2016年12月23日发布，2020年7月1日起正式在全国实施。
	国Ⅵ-A标准限值略严于欧洲第六阶段排放标准即欧Ⅳ标准的限值，比美国 Tier3 排放标准限值要求略微宽松，基本实现与欧美发达国家接轨。
	与国V标准相比：最显著的区别在于国Ⅵ-A标准采用了燃料中性原则，也就是无论采用哪种原料排放限值都是相同的。 国Ⅵ-A标准相当于是国V标准与国Ⅵ标准的过渡阶段，而国Ⅵ-B标准才是真正的国Ⅳ标准排放标准。
	国Ⅵ-A基准汽油硫含量限值：10 ppm 国Ⅵ-A基准柴油硫含量限值：10 ppm

续表

国Ⅵ-B 标准 《轻型汽车污染物排放限值及测量方法（中国第六阶段）》（GB18352.6-2016）	于 2016 年 12 月 23 日发布，2023 年 7 月 1 日起正式在全国实施。自 2023 年 7 月 1 日起，全国范围将全面实施国六排放标准 6b 阶段，禁止生产、进口、销售不符合国六排放标准 6b 阶段的汽车。
	国Ⅵ-B 标准限值基本相当于美国 Tier3 排放标准中规定的 2020 年车队平均限值。
	与国Ⅴ标准相比：国Ⅵ-B 标准要比国Ⅴ标准严格 30% 以上。在排除工况和测试影响的情况下，汽油车辆关于一氧化碳的排放量要求降低了约 50%，总碳氢化物和非甲烷总烃的排放限值下降了 50% 左右，氮氧化物的排放限值也降低了约 42%。
	国Ⅵ-B 基准汽油硫含量限值：10 ppm 国Ⅵ-B 基准柴油硫含量限值：10 ppm

近年来，随着国家环保力度的加大，我国的油品质量升级步伐不断加快。"十三五"期间，我国汽柴油质量已完成由国Ⅳ到国Ⅵ的飞跃，仅仅用了五年时间，我国就将汽柴油中的硫含量从 50 ppm 降至 10 ppm、烯烃含量从 28% 降至 18%、芳烃含量由 40% 降至 35%、多环芳烃含量从 11% 降至 7%，个别指标甚至严于欧Ⅵ标准。

（三）中国炼油工业目前存在的主要问题

1. 原油资源不足，对外依存度不断提高

数据显示，中国从 1993 年开始成为原油净进口国，但当年的对外依存度仅为 6%。随后该数值不断攀升，至 2008 年，中国对外原油依存度已达到 49% 的"警戒线"。2009 年，这一数值首次突破 50%，达到 51.3%；2010 年，我国原油对外依存度再创新高，达到 53.7%。2015 年 4 月，中国接替美国成为全球第一大原油进口国。由表 9.4 可以看出，2016 年我国原油对外依存度增速达到历史最高值 65.4%。2021 年，中国原油对外依存度出现 20 年来的首次下降。2022 年，这一数值继续下行，主要有两方面的原因，一方面我国原油产量时隔六年重回 2 亿吨以上，同比增幅接近 3%；另一方面，受到中国宏观经济放缓、新能源汽车发展迅速等因素的影响，我国的原油消费增速下降。虽然我国原油对外依存度连续两年回落，但 2022 年依然高达 71.2%。（见表 9.4）

表 9.4　我国原油对外依存度统计表

年份	我国原油对外依存度
2008 年	49%
2009 年	51.3%
2010 年	53.7%
2011 年	55.11%
2012 年	56.6%
2013 年	57%
2014 年	59.6%
2015 年	60%
2016 年	65.4%
2017 年	67.4%
2018 年	69.8%
2019 年	70.8%
2020 年	73.6%
2021 年	72%
2022 年	71.2%

2. 炼油产能过剩已接近碳达峰要求上限，双碳政策持续加码，成品油需求增速放缓，逐渐进入峰值平台

（1）我国是世界第一炼油大国，但"大而不强"，装置开工率显著低于世界平均水平，产能严重过剩。

①碳达峰目标迫近，政策明确炼油规模上限。国务院印发的《2030 年前碳达峰行动方案》要求，到 2025 年，国内原油一次加工能力应控制在 10 亿吨以内，同时主要产品产能利用率提升至 80%以上。

②2022 年中国的炼油能力高达 9.2 亿吨/年，位居世界第一，接近碳达

峰要求上限。但全国原油加工量仅为 6.759 亿吨，同比下降 3.4%，炼油产能过剩已超 2 亿吨。

③2022 年全球炼厂的平均开工率约为 81%，其中美国炼厂的表现最为优异，全年平均开工率高达 90%；亚太地区和欧盟地区炼厂的平均开工率分别为 85% 和 86%。而我国炼厂的平均开工率仅为 73.5%，远低于世界平均水平，与碳达峰的要求亦存在很大的差距。

（2）成品油产量总体呈上涨态势，近期消费增速大幅下跌，显露达峰迹象。（见表 9.5）

①2012—2014 年中国成品油产量维持稳定上升趋势。三年间，从 2.81 亿吨上升至 3.17 亿吨，年均增长率达到 6.23%。2015 年，受成品油零售价格下跌和市场需求疲软影响，国内成品油产量跌至 3 亿吨，同比下降 4.2%。2016 年，中国成品油产量回升再次进入上升期。直至 2020 年，世界经济陷入衰退，成品油需求出现大幅下跌，国内成品油产量随之萎缩，降至 3.31 亿吨，同比下降 8.1%。随着国内经济形势好转，成品油产量逐步回升，2021 年达到 3.57 亿吨，同比增长 7.9%；2022 年继续以 2.5% 的速度递增，升至 3.66 亿吨。

②2012—2019 年中国成品油消费量稳定上升，但自 2019 年开始消费增速出现明显回落。特别是，2020 年受国内宏观经济增长放缓和下游行业不景气等因素影响，国内成品油消费量同比下降 6.6%，创下 2012 年以来的最大跌幅，其中汽柴油增速明显放缓是主要原因。

③"双碳"目标下，油电切换提速，显露达峰迹象。我国石油消费主要集中在交通领域，新能源汽车的高速发展正在加速替代交通用油，导致交通领域的石油需求正逐渐进入峰值平台。2022 年，新能源汽车产销同比分别增长 96.9% 和 93.4%，新能源汽车渗透率达到 25.64%，预计 2023 年将突破 30%。中国石油流通协会专家委员会主任、对外经贸大学教授董秀成指出，到 2060 年，燃油车或将不复存在。"一方面，新能源汽车的增速远远超出了想象；另一方面，个别省份已发布禁售燃油车时间表，2030 年至 2040 年间

燃油车有很大可能全面禁售，考虑到存量车的报废期，到2060年基本上没有燃油车的概念了。"2023年3月，上海市交通委、市发展改革委联合印发了《上海市交通领域碳达峰实施方案》，该方案指出，到2025年，上海城市交通汽柴油消费量进入达峰平台期，碳排放量增速逐步放缓；个人新增购置车辆中纯电动车占比超过50%，营运交通工具换算周转量碳排放强度比2020年下降5%左右。到2030年，城市交通实现碳达峰，铁路交通直接碳排放达到近零水平，公路交通直接碳排放进入达峰平台期，航空、水运交通直接碳排放总量保持在合理区间，年度新增新能源动力的机动车比例不低于50%，营运交通工具单位换算周转量碳排放强度较2020年下降9.5%左右。

表9.5 我国成品油产量和消费量统计表（单位：亿吨）

年份	成品油产量（亿吨）	成品油产量同比增速（%）	成品油消费量（亿吨）	成品油消费量同比增速（%）	汽油消费量同比增速（%）	柴油消费量同比增速（%）
2012	2.8171	5.5	2.5080	3.3	12.2	1.5
2013	2.7289	6.1	2.6334	4.8	12.2	0.3
2014	3.1700	7.1	2.6928	2.0	8.3	−3.9
2015	3.0030	−4.2	2.7616	1.2	7.0	−3.7
2016	3.2372	7.8	2.8948	5.0	12.3	−1.2
2017	3.4617	6.9	3.0661	5.9	10.2	2.0
2018	3.6799	6.3	3.2514	6	7.8	4.1
2019	3.8139	3.6	3.2961	1.4	2.3	−0.5
2020	3.3126	−8.1	2.9000	−6.6	−7.1	−3.9
2021	3.57382	7.9	3.4148	3.2	5.7	0.5
2022	3.66201	2.5	3.4500	0.9	−4.6	11.8

3. 炼油行业的盈利能力偏低，与世界工业强国仍存在较大差距

近年来，虽然我国大型炼油企业的销售额一直稳居世界前列，但我国炼油行业的盈利能力和综合竞争力仍与世界工业强国存在较大差距。

（1）2020年5月13日，福布斯发布了2020年度"全球企业2000强"

榜单。榜单综合企业营收、利润、资产和市值四大指标，评选出了全世界规模最大、影响力最强、价值最高的上市企业。其中，石油企业综合排名前20强榜单见表9.6，由表中数据可知：

①中国石化以3692亿美元的销售额，继续蝉联全球营收最高石油公司。中国石油以3641亿美元的销售额紧随其后，位居次席，而沙特阿美则以3298亿美元的销售额位居第三。

②全球最赚钱石油公司却是沙特阿美，作为全球首屈一指的原油和凝析油生产商，沙特阿美的净利润为882亿美元，利润率高达26.74%。

③我国三大石油公司均未能入围利润排行榜的前十强。中海油排名最高，位列第十一位，利润88亿美元；中国石油66亿美元，中国石化33亿美元。

④中国石化的利润率仅为0.89%，中国石油的利润率略高为1.81%，中海油最高为26.19%。若按照利润率排名，中国石化和中国石油将在20强中垫底。

表9.6　2020年"福布斯2000强"石油企业综合排名前20强（单位：亿美元）

石油公司排名	全球2000强排名	公司	国家	营收	利润	利润率（%）
1	5	沙特阿美	沙特	3298	882	26.74
2	13	埃克森美孚	美国	2560	143	5.59
3	21	荷兰皇家壳牌	荷兰	3116	99	3.18
4	29	道达尔	法国	1762	113	6.41
5	32	中国石油	中国	3641	66	1.81
6	32	俄罗斯天然气工业股份有限公司	俄罗斯	1226	227	18.52
7	53	俄罗斯石油公司	俄罗斯	1269	109	8.59
8	58	信实工业	印度	848	62	7.31
9	60	中国石化	中国	3692	33	0.89
10	61	雪佛龙	美国	1401	29	2.07
11	70	巴西国家石油公司	巴西	789	102	12.93

续表

石油公司排名	全球 2000 强排名	公司	国家	营收	利润	利润率（%）
12	93	必和必拓	澳大利亚	458	94	20.52
13	99	卢克石油	俄罗斯	1163	99	8.51
14	126	中海油	中国	336	88	26.19
15	165	Equinor	挪威	603	18	2.99
16	170	泰国国家石油	泰国	715	29	4.06
17	186	Phillips 66	美国	1074	31	2.89
18	197	马拉松石油	美国	1234	26	2.11
19	201	康菲石油	美国	295	36	12.20
20	251	苏格尼盖石油天然气公司	俄罗斯	247	68	27.53

（2）2021 年 5 月 13 日，福布斯公布了 2021 年度"全球企业 2000 强"榜单。榜单依据销售额、利润、资产、市值四大衡量标准，评选出全球最大、市值最高的 2000 家上市公司，其前 600 强中所包含的油气类企业如表 9.7 所示，由表中数据可知：

表 9.7　2021 年"福布斯 2000 强"油气类企业 TOP 600（单位：亿美元）

排名	全球 2000 强排名	公司	国家	销售额	利润	利润率（%）
1	5	沙特阿美	沙特阿拉伯	2297	493	21.46
2	48	中国石化	中国	2711	48	1.77
3	55	信实工业	印度	612	57	9.31
4	63	中国石油	中国	2807	29	1.03
5	79	必和必拓	澳大利亚	461	69	14.97
6	99	俄罗斯石油公司	俄罗斯	708	20	2.82
7	159	巴西国家石油公司	巴西	527	14	2.66
8	187	中海油	中国	225	36	16.00
9	278	森普拉能源	美国	114	39	34.21

续表

排名	全球 2000 强排名	公司	国家	销售额	利润	利润率 （%）
10	309	苏尔古特石油天然气公司	俄罗斯	188	84	44.68
11	317	埃克森美孚	美国	1782	−224	−12.57
12	324	壳牌	荷兰	1702	−222	−13.04
13	335	雪佛龙	美国	944	−55	−5.83
14	344	道达尔	法国	1197	−76	−6.35
15	351	bp	英国	1800	−209	−11.61
16	367	俄罗斯天然气工业股份	俄罗斯	905	−9.21	−1.02
17	407	恒力石化	中国	178	19	10.67
18	413	奥地利石油天然气集团	奥地利	189	14	7.41
19	441	挪威国家石油公司	挪威	454	−54	−11.89
20	461	埃尼	意大利	501	−98	−19.56
21	467	卢克石油	俄罗斯	718	2.097	0.29
22	508	马拉松石油	美国	750	−99	−13.20
23	516	荣盛石化	中国	140	8.581	6.13
24	530	Novatek	俄罗斯	96	9.375	9.77
25	533	万华化学	中国	105	15	14.29
26	544	Orsted	丹麦	57	23	40.35
27	566	Phillips 66	美国	637	−40	−6.28
28	574	康菲石油	美国	188	−27	−14.36
29	591	Valero Energy	美国	649	−14	−2.16
30	599	印度石油	印度	489	6.515	1.33

①中国石油以 2807 亿美元的销售额位居世界第一，中国石化紧随其后，销售额为 2711 亿美元。沙特阿美的销售额为 2297 亿美元，仍然位居第三。

②在全球油气行业 TOP 10 企业榜单中，中国三大炼油企业全部入围。而

且，中国石化综合排名上升至仅次于沙特阿美，位居油气行业第二位；中国石油同样以高位跻身全球百强，综合排名上升至油气行业第四位；中海油全球综合排名降至第 187 名，但在油气行业中排名上升至第八位。

③我国的恒力石化成功跻身 2000 强榜单的 TOP 500 之列。荣盛石化和万华化学的排名上升幅度也较大，双双入围全球综合排名前 600，这两家企业此前的排名分别为全球第 1066 名和第 748 名。

④中国石化的利润率略有提高，升至 1.77%，中国石油的利润率反降至 1.03%，中海油的利润率虽仍为最高，但与上一年度相比，出现了大幅下降，仅为 16%。因此，若按利润率排名，中国石化和中国石油本次虽不致在 TOP 600 榜单的油气类企业中垫底，但排名依然非常靠后。

⑤我国的恒力石化、荣盛石化和万华化学的利润率分别为 10.67%，6.13%，14.29%，均显著高于中国石化和中国石油。因此，若按利润率排名，中国石化和中国石油在国内油气类企业中的排名显然也不太好。

（3）2022 年全球收入最高的十大石油公司如表 9.8 所示。榜单依据各公司公布的财报、收入和利润统计而得（因无法获得俄罗斯的石油天然气公司的详细数据，所以未将其统计在内）。由表 9.8 中数据可知：

表 9.8　2022 年全球收入最高的十大石油公司（单位：亿美元）

排名	公司	总部	年收入	利润/亏损	利润率（%）
1	沙特阿美	沙特阿拉伯	6044	1593	26.36
2	中国石化	中国	4817	96.3	2.00
3	中国石油	中国	4703	217	4.61
4	埃克森美孚	美国	4137	557	13.46
5	壳牌	荷兰	3862	423	10.95
6	道达尔能源	法国	2810	210	7.47
7	雪佛龙	美国	2463	355	14.41
8	英国石油	英国	2414	−24.9	−1.03
9	马拉松原油	美国	1800	145	8.06
10	瓦莱罗能源	美国	1764	115	6.52

①沙特阿美的年收入猛增至 6044 亿美元，位列世界第一。中国石化以 4817 亿美元的年收入位居世界第二，中国石油的年收入为 4703 亿美元，位列第三，中海油此次未能进入十强榜单。

②中国石化的利润率仅提高了 0.23 个百分点，升至 2%，中国石油的利润率显示出明显增幅，上升至 4.61%，但距离沙特阿美 26.36% 的利润率仍存在很大差距。

（四）低成本战略

到目前为止，我国的某些大型炼油企业虽然在企业整体规模及资源控制能力上已经跻身世界级大型综合炼油公司的行列，初步具备了相当的规模竞争实力，但是其经营管理水平仍处于初级阶段，其盈利能力、生产管理能力等方面与其他跨国炼油公司相比仍有着显著的差距。为了在激烈的国际竞争环境中获得更好的生存发展空间，我国的炼油企业必须采用有效的低成本战略以提升企业自身的国际竞争力。

低成本战略是由管理学家波特提出的基本竞争战略之一。它是一项成功的战略措施，已经在国内外各大公司实施多年且仍在运作当中。到目前为止，我国的炼油企业在实施低成本战略方面与国际一流的炼油企业相比还相距甚远，因此如何采用科学有效的低成本战略进一步降低企业的生产成本是我国炼油企业所面临的亟待解决的重要课题。

低成本战略体现在原材料的采购、管理、技术和市场营销等多个环节，是企业综合素质的体现。其目标是力求拥有更大的市场容量，通过不断获取比竞争对手更低的成本优势，获得市场份额优势和更多的利润。实施低成本战略不同于一般意义上的降低成本，它是要从理念上追求提供较低价位的产品。在目标产品选择上，重点是要把具有一定市场规模的通用产品做强做好，不断寻求在不牺牲质量和关键特色的前提下降低成本的方法。当然，追求低成本与不断提高产品档次并不存在矛盾，当用户对于产品的档次和品种有新的需求时，企业应本着不失去较大的用户群体和不断保持较大市场份额为目的，在新的产品层次上，实施有竞争优势的低成本生产销售组织方案。我国的石油产品市场是刚刚开始步入成熟期的市场，市场对价格的反应很敏感。因此，实施低成本战略是最有力的竞争途径。

低成本战略的切入点是对各种成本因素的有效控制。炼油工业的成本主要包括以下五个部分：一是原料成本；二是直接生产成本；三是财务费用；四是管理费用；五是销售费用。原料优化配置是最重要的成本优化环节；直接生产成本能够反映出企业的技术水平和各种消耗指标的影响；财务费用与资产结构及资金的运作关系密切；管理费用和销售费用体现了现代管理理念和经营方式的作用。因此，低成本战略不仅包括微观上如何降低人工成本、节能降耗、降低财务费用等，而且要关注全方位、多层次的协同影响，从技术微观走向宏观的管理层面，从而达到系统地优化成本结构的目的。

原油的采购是该产业链的起始环节，其成本大小，对整个炼油工业起着举足轻重的作用，为此必须建立起灵活应变的采购政策和原材料储备机制，力争把不必要的成本降到最低。因此本书的第 10 章和第 11 章首先由原油采购入手，分别针对原油品种可选与给定两种不同情况，探讨了炼油企业在原料采购环节上的低成本战略问题。

纵观世界 500 强成功的企业，其实践经验表明：科学的管理可以大大地降低成本，提高经济效益。尤其是信息化、知识经济占主导地位的今天，炼油企业更应该拥有对市场变化做出快速反应的、灵活的、应变力极强的管理决策系统，这是增强其竞争力的重要因素。

企业的科学管理水平主要体现在成本管理、质量管理、投资管理、营销管理等方面，以最终实现对整个供应链的优化管理为目标。提高企业科学管理水平、合理组织经营中的物流和信息流的目的是实现从以生产为中心向以客户为中心的经营转移，缩短对市场需求的响应时间，全面降低生产经营成本，最大限度地优化各种资源配置。

由于产品调合配方的选择和生产库存计划的制订直接关系到产品的生产成本，因此生产库存计划和产品调合计划的制订一直是炼油企业生产管理中的两个重要环节。由于这两类计划制订的合理性和科学性主要取决于炼油企业的生产管理水平，因此本书的第 12 章和第 13 章针对炼油生产中的多阶段生产库存问题和产品调合问题进行了专项研究，探讨了炼油企业在这两个重要环节上的低成本战略问题。

二、炼油生产工艺

炼油工业作为典型的流程工业，不但具有一般性，同时也具有特殊性，其生产过程是一类典型的连续过程，具有装置多、工艺复杂、对生产稳定性要求极高等特点，所以为炼油企业制定切实可行的生产计划必须以对炼油生产流程的充分了解为基础。

炼油工业的生产工艺流程具有连续性、紧凑化的特点，图 9.1 中给出了一个典型的炼油企业生产流程，其中主要包括常减压蒸馏装置、延迟焦化装置、催化重整装置、催化裂化装置、催化加氢装置和产品调合装置。下面将分别介绍这六种主要装置的生产过程。

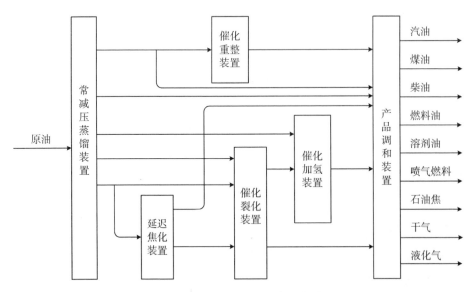

图 9.1　典型炼油企业的生产工艺流程图

1. 常减压蒸馏装置

常减压蒸馏装置是石油加工的"龙头装置",为后续二次加工装置提供原料,其生产流程如图 9.2 所示。常减压蒸馏装置主要是将原油用蒸馏的方法分割成不同沸点范围的组分,以适应产品或下游工艺装置对原料的要求。蒸馏分为三种类型:闪蒸、简单蒸馏和精馏,由于平衡闪蒸和简单蒸馏都不能有效地分离混合物,因此工业上常采用精馏的过程来实现。原油精馏过程的实质是由于气液两相间存在着温度差和浓度差,在塔盘上进行逆向接触时由于传质和传热使轻组分逐渐走向塔顶,重组分逐渐走向塔底,从而在不同的塔盘位置上得到相应的产品的过程。

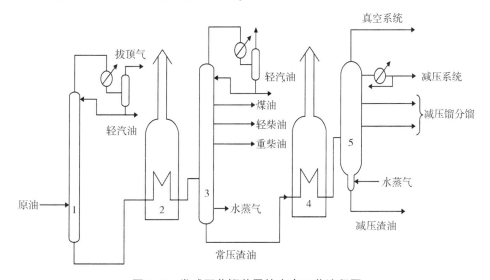

图 9.2 常减压蒸馏装置的生产工艺流程图

2. 延迟焦化装置

减压渣油、热裂化渣油及一些不好处理的重质油品(又称重残油),在炼油厂中常采用"焦化"的方法让它们转化成更有价值的轻质油品,生成的焦炭经焙烧,除去挥发性物质后,可制得电极焦。生成的焦化气体,含较多的轻质烯烃,如乙烯、丙烯和丁烯等,可用做化工原料。实现焦化的工艺过程主要有三种,即延迟焦化、釜式焦化和流化焦化。

延迟焦化是使用最为广泛的一种方法,其生产流程如图 9.3 所示,是以渣油为原料，经加热炉加热到高温（500 ℃左右），迅速转移到焦炭塔中进行深度热裂化反应，即把焦化反应延迟到焦炭塔中进行，减轻炉管结焦程度，延长装置运行周期。焦化过程产生的油气从焦炭塔顶部到分馏塔中进行分馏，可获得焦化干气、汽油、柴油、蜡油、重蜡油产品；留在焦炭塔中的焦炭经除焦系统处理，可获得焦炭产品（也称石油焦）。

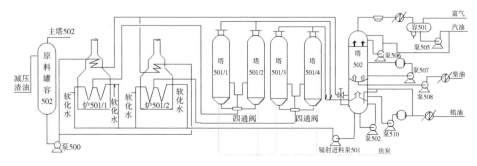

图 9.3　延迟焦化装置的生产工艺流程图

3. 催化重整装置

重整是将轻质原料油，如直馏汽油、粗汽油等经热或催化剂的作用，使油料中的烃类重新调整结构，生成大量芳烃的工艺过程。采用这一工艺的初始目的和催化裂化一样，是为了提高汽油的辛烷值。随着有机化工的发展，对芳烃的需求量剧增，由煤的干馏制芳烃已远远不能满足市场的需要，而重整油中芳烃的含量高达 30%～60%，比催化裂化汽油中的芳烃含量高得多。因此重整是生产芳烃的"龙头"，也是提高汽油辛烷值的重要手段。

重整可分为热重整和催化重整两种。工业上常用的主要是催化重整，其生产流程如图 9.4 所示。催化重整因长期使用铂作催化剂，故又称为铂重整。催化重整是以石脑油为原料，在催化剂的作用下，使烃类分子重新排列成新分子结构的工艺过程。其主要目的：一是生产高辛烷值的汽油组分；二是为化纤、橡胶、塑料和精细化工提供原料（苯、甲苯、二甲苯，简称 BTX 等芳烃）。除此之外，催化重整过程还生产化工生产所需的溶剂、油品加氢所需的高纯度廉价氢气（75%～95%）和民用燃料液化气等副产品。

催化重整汽油几乎不含烯烃而且硫含量极低，因此是一种比较先进环保的生产方式。我国催化重整组分的制造水平和产量基本稳定在全球第四，前三名分别是美国、俄罗斯和日本。

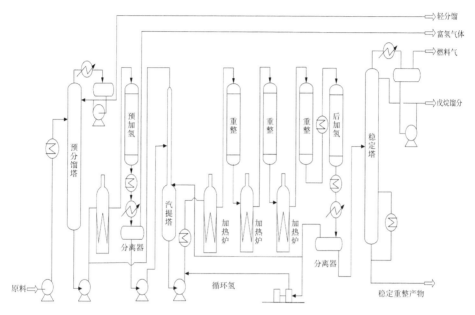

图 9.4 催化重整装置的生产工艺流程图

（1）美国汽油：催化裂化汽油组分约占 30%，催化重整汽油组分约占 30%，其他高辛烷值组分占比约 30%。

（2）欧洲汽油：催化裂化汽油组分约占 27%，催化重整汽油组分约占 47%，其他高辛烷值组分占比 26%。

（3）中国石化汽油：催化裂化汽油组分约占 73.2%，催化重整汽油组分约占 16.1%，烷基化汽油组分约占 0.6%，MTBE 等辛烷值提升组分占比约 3%，其他汽油组分约占 7%。

随着环保和节能的要求越来越严格，对汽油质量的要求也越来越高。要求汽油具有较低的硫含量、苯含量、芳烃含量和烯烃含量，并具有较高的辛烷值；要求柴油具有较低的硫含量和较高的十六烷值。国 VI-B 标准已于 2023 年 7 月 1 日起在全国范围内全面实施，国 VI-B 标准要求汽油辛烷值在 92（RON）以上，汽油中有害物质的控制指标为烯烃含量≯15%，芳烃含量

≯35%，苯含量≯0.8%，硫含量≯10ppm。催化重整汽油是汽油主要的调和组分，它的辛烷值高达95~105（RON），是炼油企业生产高标号汽油的重要调和组分，是调和汽油辛烷值的主要贡献者。目前我国汽油仍以催化裂化汽油组分为主，其烯烃和硫含量较高。降低烯烃和硫含量并保持较高的辛烷值是我国炼油企业生产清洁汽油必须解决的主要问题，催化重整在解决这一问题中一直发挥着重要作用。

4. 催化裂化装置

催化裂化是原油二次加工的核心工艺，是炼油厂经济效益最高的装置，其生产流程如图9.5所示。该装置分反应—再生、分馏、吸收稳定脱硫、再生烟气能量回收、余热锅炉五个部分。它以原油的减压馏分油、VR常压渣油、VR减压渣油、焦化蜡油等为原料，在500~510℃，0.33~0.34 MPa（绝压）的条件下，原料油与分子筛催化剂接触，经过以裂化反应为主的一系列化学反应，转化成干气、液化气、汽油、柴油、油浆等产品。

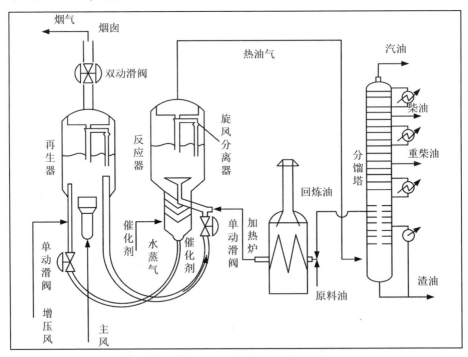

图9.5 催化裂化装置的生产工艺流程图

5. 催化加氢装置

催化加氢对于提高原油加工深度，合理利用石油资源，改善产品质量，提高轻质油收率及减少大气污染都具有重要的意义。尤其是随着原油日益变重变劣，对中间馏分油的需求越来越多，催化加氢已成为石油加工的一个重要过程。此外，由于含硫原油的增加，催化加氢更显重要。

催化加氢是石油馏分在氢气存在条件下催化加工过程的通称。目前炼厂采用的加氢过程主要有两大类：加氢精制、加氢裂化。此外，还有专门用于某种生产目的的加氢过程，如加氢处理、临氢降凝、加氢改质、润滑油加氢等。

加氢精制主要用于油品精制，其目的是除掉油品中的氧、硫、氮等杂原子化合物及金属杂质，有时还对部分芳烃进行加氢，以改善油品的使用性能，其生产流程如图 9.6 所示。加氢精制的原料有汽油、煤油、柴油和润滑油等各种石油馏分，其中包括直馏馏分和二次加工产物，此外还有重渣油的加氢脱硫。加氢精制装置所用氢气多数来自催化重整的副产氢气。只有副产氢气

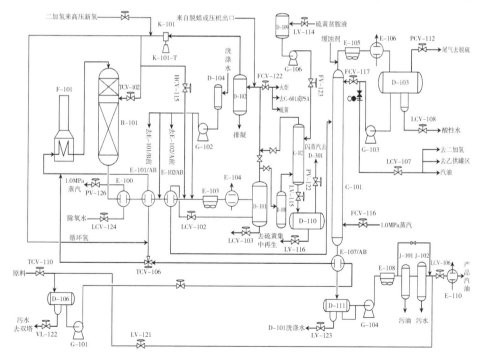

图 9.6　加氢精制装置的生产工艺流程图

不能满足需要，或者无催化重整装置时，才另建制氢装置。石油馏分加氢精制尽管因原料不同和加工目的不同而有所区别，但是其基本原理相同，并且都采用固定床绝热反应器，因此，各种石油馏分加氢精制的原理工艺流程原则上没有明显的差别。

加氢裂化是烃分子与氢气在较高压力下在催化剂表面进行裂解和加氢反应生成较小分子的转化过程，其生产流程如图9.7所示。加氢裂化实质上是催化裂化技术的改进，是在加氢条件下进行的催化裂化反应，可抑制催化裂化时发生的脱氮缩合反应，也避免了焦炭的生成。加氢裂化按其加工原料的不同，可分为馏分油加氢裂化和渣油加氢裂化。馏分油加氢裂化的原料主要有减压蜡油、焦化蜡油、裂化循环油及脱沥青油等，其目的是生产高质量的轻质油品，如柴油、航空煤油、汽油等。其特点是具有较大的生产灵活性，可根据市场需要，及时调整生产方案。渣油加氢裂化与馏分油加氢裂化有本质的不同，由于渣油中富集了大量硫化物、氮化物、胶质、沥青质大分子及金属化合物，使催化剂的作用大大降低，因此，热裂解反应在渣油加氢裂化过程中有重要作用。一般来说，渣油加氢裂化的产品仍需进行加氢精制。

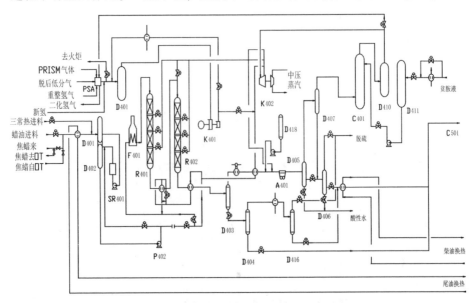

图9.7　加氢裂化装置的生产工艺流程图

6. 产品调合装置

产品调合就是将性质相近的两种或两种以上的石油组分按规定的比例，通过一定的方法，利用一定的设备，达到混合均匀而生产出一种新产品的生产过程。有时在此过程中还需要加入某种添加剂以改善油品的特定性能。

大多数石油产品都是经过调合而成的调制品。产品调合通常可分为两种类型：一是油品组分的调合，是将各种油品的基础组分，按比例调合成基础油或成品油；二是基础油与添加剂的调合。产品调合的作用和目的在于：使油品具有使用要求的各种性质与性能，符合规格标准，并保持产品质量的稳定性；提高产品的质量等级，改善油品的使用性能，使企业获得较大的经济效益，增加社会的作用效益；使组分合理使用，可以有效地提高产品的收率，增加产量。

产品调和是炼油厂生产各种石油产品的生产工序之一。随着现代工业和科学技术的发展，对石油产品提出了更高的要求，也有力地促进了产品调合技术的发展。目前常用的调合方法分为两大类：油罐调合和管道调合。

产品调合后的特性表现在与调合组分间的线性和非线性关系上，即表现在组分间有无加和效应的关系上。某一特征等于其中每个组分按其浓度比例迭加的称为线性调合，反之称为非线性调合。调合后的数值高于线性估测值称为正偏差，低于线性估测值称为负偏差。出现这种偏差，一般与油品的化学组分有很大的关系。一般在调合中大多属于非线性调合。下面介绍炼油厂典型的汽油、柴油、润滑油的调合。

（1）汽油的调合

汽油的规格中有关于馏程、胶质、诱导期、硫含量、酸值、杂质等指标的规定。通过调合可以达到规格标准的指标是辛烷值和蒸汽压。其余指标通常是在加工过程中采用适当的工艺和操作条件进行控制和调整的。

常减压直馏汽油的抗爆性差，敏感性比较小，催化裂化汽油的抗爆性相对好些，但要调制高辛烷值的汽油就需要调入适量高辛烷值的组分，目前常用的有烷基化油、叠合油、异构化油及甲基叔丁基醚。

在汽油调合中，各调合组分存在调合效应。调合辛烷值是基础调合组分的辛烷值及调合组分调入量的函数，由于各种正负效应起相互抵消的作用，因而一般可按线性关系估计调合汽油的比例。

汽油的蒸发性调合，一般加入正己烷以控制汽油在热天不发生气阻，并保证有适当的蒸发性能，以利于低温起动。

（2）柴油的调合

柴油的燃烧性能是以十六烷值的高低来加以评定的，烷烃的十六烷值最高，分子越不对称，十六烷值越低，环烷烃和烯烃次之，有侧链的比无侧链的低，芳香烃最低。由于柴油的生产工艺不同，族组成和沸点范围也各有差异，在调合中偏离非线性是普遍存在的。十六烷值的调合效应接近于线性调合并均为正偏差。

柴油的组分主要为直馏柴油和催化裂化柴油两种。多数炼油厂的柴油调合为直馏柴油和催化裂化柴油的调合。

（3）润滑油的调合

润滑油产量占原油加工量的比例远小于燃料油。润滑油的品种繁多，每一种又有许多牌号，而且，不同品种润滑油的需求量相差悬殊，随季节和地区的不同而不同。为了适应润滑油品种多的特点，一般炼油厂只生产几种黏度不同、精制深度适当的润滑油组分（称为润滑油基础油），用调合的方法来满足润滑油的需求，即以一两种乃至多种基础油，按照不同比例掺兑，并加入各种所需的润滑油添加剂，调合成不同品种、不同牌号的润滑油。润滑油调合考虑的两个主要参数为黏度和闪点。

三、炼油企业生产库存计划

（一）研究意义

炼油工业是国民经济中的基础产业，担负着为其他行业提供能源的重要任务。随着国民经济持续快速的发展，我国石油产品的需求量逐年增加，与此同时由于我国已加入 WTO，国内的石油产品市场日趋国际化，我国的炼油企业也因此而面临着越来越激烈的国际竞争。

近年来，随着全球经济一体化进程的加快，国际一流炼油企业已经在质量、管理、技术、价格及综合服务等各个方面和国内炼油企业直接展开了全方位的竞争。面对强大的压力，我国的炼油企业要想在日益激烈的市场竞争中得以生存和发展，就必须不断提升企业的生产管理水平，提高客户满意度，压缩物流过程中每个环节的成本，调整产品结构，增加高附加值产品的产量。

1. 炼油工业作为流程工业的代表，属于资源密集型和资金密集型产业，其原油采购成本占企业直接生产总成本的比重非常大，已超过 80%，因此要想从根本上解决炼油企业所面临的产品成本过高、利润率太低的问题就必须提高企业对供应物流的管理水平。所以本书首先从原油采购入手研究了炼油企业供应物流的有效管理策略。

2. 由于炼油企业在制定生产计划时通常很少考虑相关资源库存的优化问题，致使企业的库存一直居高不下，不仅占用了企业大量的流动资金，而且间接造成了企业利润的大量流失，因而影响了企业的运行效率，同时削弱了企业的核心竞争力。因此，本书在研究炼油企业生产物流系统中的多阶段生产管理问题的过程中同时考虑了生产计划和库存管理的联合优化，以进一步提高炼油企业的经济效益。

3. 产品调合作为炼油企业极为重要的生产工序之一，其利润一般占炼油企业总利润的 60%—70%，因此成品油调合配方的选择是直接影响到炼油企业经济效益的重要环节。所以基于配方选择的有效产品调合计划是改善炼油企业资源管理、合理安排生产、充分挖掘企业潜力，提高炼油企业产品利润的重要途径。有鉴于此，本书以按比例调合的炼油生产系统为背景，针对考虑配方选择的产品调合问题进行了研究。

（二）研究现状

原油采购是炼油企业生产管理的源头，生产库存计划的制定和产品调和配方的选择是炼油企业生产运作管理的重点，与企业的生产效益直接相关，因而受到学术界和工业界的高度关注。目前关于炼油企业生产运作管理相关问题的研究相对较少，下面将对主要相关研究成果进行简要总结。

1. 原油采购相关生产库存问题研究现状

郑世耀等[250]介绍了如何将线性规划方法应用于炼厂生产方案的编制，讨论了相关的约束条件与目标函数。Zhang 等[251]提出了炼油厂生产计划的集成优化策略，通过集成氢网络、公用工程和工艺过程进行整体优化。Julka等[252]总结了新加坡炼油厂原油采购的决策过程。于小桥等[253]以炼油企业利润最大化为目标，建立了二级多厂生产计划模型系统。通过实例讨论了不同条件下多厂生产计划模型的系统构造和优化结果的差异。刘晓等[254]研究了分布式供应链多供应商/多炼油厂的原油采购计划问题，建立了在有限资源约束下的准时制多目标采购优化数学模型。陈宏等[255]将供应链管理引入到炼油企业生产管理中，同时考虑了销售预测、生产计划优化与库存管理等问题，在满足销售需求的情况下，实现了产品库存量和生产成本的同步有效降低。陈宏等[256]依据炼油企业生产销售现实情况，建立了一个炼油企业供应链优化模型，重点考虑了原油品种选择、生产计划优化及库存管理问题。李雷等[257]提出了基于操作活动聚合的递阶排产法，简化了原油系统排产模型，大幅降低了模型的求解时间。赖黎明[258]介绍了如何利用线性规划软件解决原油现货采购问题。龙伟灿等[259]应用 PIMS 模型和原油混炼技术，成功实现了劣质原油配套加工油种选择、加工流程、化工轻油流向及原油运输等流程的优化，显著降低了炼油企业的原油采购成本。盛况[260]分别从政府层面和企业层面两种不同角度，分析了传统原油采购模式中存在的问题，给出了具体优化措施。黄华[261]探讨了炼油企业降低进口原油采购成本的具体方法。龙伟灿[262]通过应用多周期 PIMS 模型进行优化测算，找到了原油采购成本与炼油加工费用之间的最佳平衡点，实现了炼油企业利润的最大化。刘志玲[263]给出了原油保本价格和到厂价格的计算方法，以及原油加工利润表和原油采购排序表的制定方法，并以案例分析的形式介绍了中国石化优化原油选择与采购的具体方法。张成等[264]运用 PIMS 模型测算了不同原油的保本价，高/低硫及轻/重质原油的价差平衡线，优化了轻/重质原油在不同负荷下的搭配选择，进而实现了原油采购方案的优化。胡泊[265]分析了影响油品采购的因素，提出了制订进口原油采购优化方案的完整方法。罗文洪[266]研究了原油采购需求预测、供应商选择和运输决策这三类基本采购问题的建模方法，并以 MM 石化公司的原油采购管理问题为背景，进行了案例分析。谢智雪和郑力[267]以最小化总成本现值的期望为目标，根据原油采购的特点建立了动态规划模型，采用随机微积分方法分析了最优静态策略，并引入 Bayes 决策方法得到了动态策略。

近期，与原油采购相关的生产库存问题的研究成果相对较少，其中 Oddsdottir 等[268]针对考虑调和作业的炼油企业采购计划问题进行了研究，以最大化企业利润为目标，建立了用于描述该问题的混合整数非线性规划模型，并提出了一种新的两阶段求解方法。Kallestrup 等[269]提出了适用于分层规划方法的决策支持系统的设计框架，并以炼油企业原油采购计划为例，详述了决策支持系统框架设计的全过程。Chen 等[270]针对炼油企业的原油采购和生产运作管理问题进行了研究，考虑了原油采购价格和石油产品销售价格为给定参数和服从几何布朗运动两种情况。潘伟等[271]在最小化原油进口风险值且同时考虑进口来源多样化、风险及价格变动率的情况下，建立了基于 CVaR 的应急原油进口采购策略模型，分析了三种情景下分月分区域的最佳原油采购量，为中国原油进口提供了具体可操作的指导。肖文涛等[272]运用模糊聚类图优化法实现了原油采购—远洋运输方案优化。徐彬[273]指出，与其他软件相比，Petro-SIM 软件在原油性质差别较大时测算结果更准确一些，但该软件仍存在一些短板或应用不便之处。宋长春[274]介绍了 PIMS 模型在石家庄炼化分公司中的应用。朱雅兰和张黎明[275]介绍了 PIMS 模型在洛阳石化进口原油采购优化过程中的应用。Nicoletti 和 You[276]以具有一主多从结构和多方利益相关者的原油供应链为研究对象，针对供应链各成员企业的原油采购和销售计划问题进行了研究。提出了用于描述该问题的混合整数双层线性规划模型，模型描述了不同利益相关者目标之间的冲突和相互影响关系，考虑了原油的品种、价格和运输距离等对供应链各方的采购/销售决策和炼油企业环保目标的影响。成杰和丁都林[277]探讨了原油采购和生产优化模型 PIMS 在炼化工业中的应用。

2. 产品调和相关生产库存问题研究现状

产品调合问题是炼油工业中的一类重要生产计划问题，旨在满足石油产品质量要求的前提下，实现炼油企业利润的最大化或成本的最小化。多年来，产品调合问题一直是炼油工业中的研究热点和难点。汽油和柴油是各大炼油企业最主要的两类产品。目前，关于炼油企业产品调合问题的研究也主要集中于这两类成品油。

Singh 等[278]对调合过程的调度和实时优化进行了研究，采用序贯二次规划法求解了汽油调合配方优化问题，获得的配方结果完全符合成品油质量指标。Glismann 和 Gruhn[279]提出了用于解决汽油调合与调度问题的双层优化方法，将该问题分成两个层次进行优化，在计划层优化调合方案，在调度层按照计划层给定的调合配方和产量优化罐区运输调度。Litvinenko 等[280]在目标辛烷值和汽油调合量给定的情况下，采用遗传算法求解了基于简化的线性关系的汽油调合配方问题。Jia 和 Ierapetritou[281]针对产品调合与调度问题建立了基于连续时间的有效混合整数线性规划模型，该模型假设调合按照固定配方进行。Poku 等[282]分别利用非线性规划求解软件 LANCELOT、MINOS、SNOPT、KNITRO、LOQO 与 IPOPT 对多个大规模汽油调合模型的数值结果进行了比较和分析。廖良才等[283]给出了三类成品油调合优化问题的非线性规划模型形式，并针对这些模型的特点，提出了相应的求解技术。Murty 和 Rao[284]建立了用于预测汽油辛烷值的人工神经网络模型，并将其与文献中的一个多元线性回归模型进行了对比分析。薛美盛等[285]在产品需求计划给定的情况下，针对国内炼油厂的成品油调合调度优化问题，建立了一个混合整数非线性规划模型。李进等[286]以汽油调合为例，给出了成品油调合优化的建模方法及模型的具体形式，通过修改其中的调合关系可将该模型推广应用于一般油品的调合优化。王继东和王万良[287]以最大化利润为目标，在满足产品属性要求和产量要求的情况下，建立了油品调和混合整数非线性规划模型，并采用遗传算法求解了该问题。Méndez 等[288]提出了一种基于混合整数线性规划的方法，可用于同步优化炼油企业的油品离线调合问题与短期调度问题，文中采用迭代法处理了非线性的汽油指标。薛美盛等[289]将成品油调合调度问题分解为配方优化、任务调度及调合量修正三个子问题，建立了用于描述这三个子问题的数学模型，并给出了成品油调合调度优化问题的分步求解策略，这种策略能够明显降低问题的复杂度。张冰剑等[290]采用连续时间建模方法，建立了一种新的汽油非线性调合与调度集成优化模型，克服了采用线性调合模型或者将非线性调合过程与调度分开优化的缺陷。同时针对所建模型的特点，将其转化为一系列的混合整数线性规划模型进行求解，避免了直接求解非线性模型的复杂性。黄彩凤等[291]针对汽油调合过程中组分油存在不确定性这一特点，将组分油中对调合汽油质量指标影响最大的重整油加入扰动，引入到线性化的 Ethyl RT-70 模型中，形成了随机规划形式的汽油调合优化问题，并采用机会约束规划方法对这一问题进行了求解。张建明和冯建华[292]针对复杂的非线性约束优化问题，提出了一种含变异算子的两群微粒群算法，并针对油品调合配方优化问题进行了实例仿真研究。罗春鹏和荣冈[293]提出了一种不确定条件下的汽油调和调度鲁棒优化模型。侯林丽和吕翠英[294]建立了以成本最小和汽油辛烷值过剩最少为目标的多目标汽油调和优化模型，同时提出了用于求解该问题的遗传算法。江永亨等[295]在综合考虑调合配方和调度优化的情况下，针对有主炼原油的原油调和调度问题提出了一种基于序的求解方案。江永亨等[296]针对无主炼原油的原油调和调度问题建立了数学模型，提出了一种模型构造算法，利用基于序的方案对问题进行了求解。崔承刚和吴铁军[297]根据油品调合问题的特点，提出了一种通过引入活跃约束条件辅助目标求解约束优化问题的新方法。该方法根据进化算法种群中的可行解和不可行解共同辨识约束优化问题的活跃约束条件，并通过增加活跃约束条件辅助目标的方法将单目标约束优化问题转换为多目标约束优化问题进行求解。采用这种方法能够加快进化算法的收敛速度，并减小进化算法陷入局部最优解的可能性。

近年来，对于产品调和相关问题的研究主要集中于工艺技术的改进，对于相关生产库存问题的关注度不高，研究成果较为有限，其中唐国维和赵雪[298]以炼油企业利润最大化为目标，在考虑生产量和库存量限制，调和组分平衡方程，库存平衡方程，产品属性质量要求等约束的情况下，建立了成品油调和优化模型，并提出了用于求解该问题的粒子群优化算法。汪丽娜和曹萃文[299]在考虑产品油质量指标、组分油流量平衡、组分油库存量限制及产品油最小产量限制等要求的基础上，建立了石脑油调和优化模型，并提出了一种改进文化粒子群求解算法。汪俊杰[300]建立了燃料油调和优化线性模型。吕杭蔚和杨遥[301]以生产成本和期末库存量与目标值的偏差最小化为目标建立了成品油调和调度优化模型。模型中考虑了进料比例要求、进料物性控制要求、储罐库存平衡方程、侧线流量平衡方程、原料供应与产品需求限制及调度期末目标库存控制要求等约束条件。蔡雪瑞等[302]以成本最小、产值最大、辛烷值过剩最小为目标函数，在考虑资源限制、产品质量与调和配比要求、调和能力和生产量限制等约束的基础上，建立了汽油调和配比优化多目标模型。王杰[303]提出了汽油辛烷值非线性模型的线性化处理方法，以最小化生产成本为目标，在考虑物料平衡方程、产品性质要求及产量限制等约束的基础上，建立了汽油调和优化模型，并设计了用于求解该问题的遗传算法。李超等[304]以最小化生产成本为目标建立了汽油调和优化模型，设计了用于求解该问题的遗传算法，同时开发了相应的汽油调和优化软件系统。段鹏飞等[305]构建了成品油调和优化模型。伍青青和程辉[306]针对汽油调和调度问题，建立了一个三层模型，其中包括产量核算模型，调和配方优化模型及生产计划与调度模型，同时提出了一种批次滚动优化求解策略。朱洪翔和隋顾磊[307]以最大化销售利润为目标，以车用汽油性质指标为约束条件，建立了用于描述汽油调和优化问题的非线性规划模型，借助外罚函数法将其转化为无约束优化模型，采用人工鱼群算法有效求解了该问题。

　　众所周知，优化生产管理已成为进一步挖掘企业潜力、提高企业经济效益的重要手段，我国的炼油企业要想在当今的世界石油产品市场中具有较强的竞争力就必须采用先进的生产管理技术，不断地降低产品成本，提高产品质量，提升客户服务水平。但目前我国炼油企业主要关注的仍是生产工艺技术的改进，对降低企业生产成本起决定性作用的生产库存问题的关注相对较少，未引起企业足够重视。上述研究成果为炼油企业深入研究其运作管理中的生产库存问题提供了良好借鉴。本书的第十章至第十三章将分别针对炼油企业中的原油采购问题、多阶段生产库存问题以及产品调和问题进行专项研究。

第十章　原油品种与需求量给定情况下的原油采购问题

由于原油采购成本是炼油工业总生产成本最重要的组成部分，因此提高采购部门的效率能够为炼油企业带来巨大的经济效益。本章针对大型炼油生产企业的原油采购问题进行了调查和研究，在考虑原油采购所有实际特征的基础上，建立了相应的混合整数线性规划模型，用于确定各种原油在各时间段内的采购量、库存量和运输量。该模型的目标是最小化与原油采购相关的所有成本，包括订货成本、采购成本、库存成本和运输成本。模型中考虑了与物料平衡、库存能力和运输方式等相关的实际约束。鉴于模型的复杂性，本章采用优化软件 LINGO 进行了仿真实验，计算结果充分证明了上述原油采购模型的有效性。

一、问题描述

石油被称为国民经济的"血液"，既是重要的工业原料和能源之一，也是关系国家安危的最重要的战略物资。改革开放以来，随着经济持续高速发展，我国对石油的需求呈现出快速增长的态势，目前我国已成为仅次于美国的世界第二大石油消费国。随着国民经济的不断发展，对石油的需求量将进一步增加。与此同时，国内原油产量的增长相对缓慢，远远不能满足市场的巨大需求，未来我国对石油的新增需求将主要依赖进口。据中国海关 2022 年 9 月 7 日发布的数据显示，2022 年前 8 个月，中国共进口原油 3.3 亿吨，成品油 1510.4 万吨；从进口值来看，2022 年 8 月对比 2021 年同期，原油进口值增加了 33.4%。中国是世界上第二大原油消费国和最大的原油进口国，占全球石油需求增长的44%。因此，国际石油市场上频繁波动的油价为我国炼油企业带来了巨大的风险。由于原油采购成本约占炼油企业生产总成本的80%以上，因此如何从原油采购环节入手，降低企业的生产成本，提高企业的经济收益已成为炼油企业所面临的亟待解决的重要课题。有鉴于此，本章以我国大型炼油生产企业为研究背景，针对原油品种与需求量给定情况下的原油采购问题进行了专项研究，目标是最小化相关总成本。

虽然对于采购问题的研究已经取得了大量的成果，但是炼油企业的原油采购问题仍然是一个值得研究的重要课题，其主要原因是：第一，原油采购问题是一个NP难问题。因为单品种带有能力约束的批量问题已经被证明是NP难的，而原油采购问题是一个多品种带有能力约束的批量问题，显然这一问题也是NP难的。第二，炼油生产是一个多阶段过程，具有资源消耗量大、成本高、工艺复杂、不允许缺货、库存能力有限等特点，因此适用于其他简单生产环境的采购模型很难直接应用于解决炼油工业中的原油采购问题。第三，目前对于原油采购问题的研究大多未考虑运输成本及原油运输方式的选择。由于原油的运输成本通常很高且与运输方式密切相关，所以运输方式的选择会直接影响原油的运输成本，从而间接影响最优原油采购策略的制定，因此运输方式的选择是优化原油采购相关成本时必须考虑的重要环节之一。

本章以我国大型炼油生产企业为研究背景，针对其制定原油采购策略的过程进行了调查和研究。在原油需求量给定且不允许拖期生产的情况下，以最小化订货成本、采购成本、库存成本和运输成本为目标，建立了用于描述原油采购问题的数学模型，随后本章将对这一模型做出详细的解释。

二、数学模型

原油采购是炼油企业生产的起点，主要用于解决如何以适当的价格获得生产所需的适当数量原油的问题。在编制原油采购计划的过程中，需要确定各种原油在各时间段内的采购数量，分析采购成本的构成，同时还需要考虑对于采购预算、库存能力、运输能力及原油最大可采购量等的限制。

本章从最小化企业生产总成本的角度，针对大型炼油生产企业的原油采购问题进行了探索与研究，建立了用于解决这一问题的混合整数规划模型，具体内容如下。

（一）假设

1. 炼油企业与其原油供应商为长期合作关系，即不考虑供应商选择问题。
2. 炼油企业长期使用固定的原油品种，即不考虑原油品种选择问题。
3. 各种原油的需求量已知且相对稳定。
4. 每种原油在每个时间段内的采购价格唯一。
5. 每种原油的初始库存量为0。
6. 每种原油在每个时间段内的订购次数最多为1。
7. 在各时间段内每种原油均可采用多种方式进行运输。
8. 每次运输原油时都必须承担相应的固定运输成本和变动运输成本。
9. 不允许缺货。

（二）符号

模型中所用到的参数和决策变量如下：

参数：

- T：时间段集合，用 t 指代其中的元素；
- N：原油品种集合，用 i 指代其中的元素；
- M_i：原油 i 的运输方式集合，用 m 指代其中的元素，$i \in N$；
- G_t：第 t 个时间段的原油采购预算，$t \in T$；
- h_i：原油 i 的单位库存成本，$i \in N$；
- V_i：原油 i 的最大存储能力，$i \in N$；
- O_i：原油 i 的单位订货成本，$i \in N$；
- P_{it}：原油 i 在第 t 个时间段内的单位采购价格，$i \in N$，$t \in T$；

- d_{it}：原油 i 在第 t 个时间段内的需求量，$i \in N$，$t \in T$；
- Max_{it}：原油 i 在第 t 个时间段内的最大可采购量，$i \in N$，$t \in T$；
- TF_{im}：采用运输方式 m 运送原油 i 的固定运输成本，$i \in N$，$m \in M_i$；
- TR_{imt}：在第 t 个时间段内采用运输方式 m 运送原油 i 的最大运输能力，$i \in N$，$m \in M_i$，$t \in T$；
- TC_{imt}：在第 t 个时间段内采用运输方式 m 运送原油 i 的单位变动运输成本，$i \in N$，$m \in M_i$，$t \in T$；
- L：一个非常大的正数。

决策变量：

- x_{it}：原油 i 在第 t 个时间段内的采购量，$i \in N$，$t \in T$；
- I_{it}：原油 i 在第 t 个时间段的期末库存量，$i \in N$，$t \in T$；
- w_{it}：0–1 变量，如果在第 t 个时间段内采购原油 i，则该变量的值为 1，$i \in N$，$t \in T$；
- z_{imt}：在第 t 个时间段内采用运输方式 m 运送的原油 i 的数量，$i \in N$，$m \in M_i$，$t \in T$；
- y_{imt}：0–1 变量，如果在第 t 个时间段内采用运输方式 m 运送原油 i，则该变量的值为 1，$i \in N$，$m \in M_i$，$t \in T$。

（三）原油品种与需求量给定情况下的原油采购模型

本部分将在考虑运输方式选择的基础上，以最小化相关成本为目标，建立用于确定各种原油在各时间段内的采购数量和库存水平的原油采购模型。利用上述符号定义可以将这一问题描述如下：

1. 目标函数

本部分所建立的原油采购模型的目标是最小化炼油生产企业与采购过程相关的总成本，包括采购成本、订货成本、库存成本、固定运输成本与变动运输成本。具体数学描述如下：

$$\text{Minimize } C \equiv \sum_{i \in N} \sum_{t \in T} P_{it} \cdot x_{it} + \sum_{i \in N} \sum_{t \in T} O_i \cdot w_{it} + \sum_{i \in N} \sum_{t \in T} \frac{1}{2} \cdot h_i \cdot [I_{i,\,(t-1)} +$$

$$x_{it} + I_{it}] + \sum_{i \in N} \sum_{m \in M_i} \sum_{t \in T} TF_{im} \cdot y_{imt} + \sum_{i \in N} \sum_{m \in M_i} \sum_{t \in T} TC_{imt} \cdot z_{imt} \tag{10.1}$$

2. 约束条件

（1）物料平衡方程

约束（10.2）描述了原油需求量与原油采购量以及期初和期末原油库存量之间的平衡关系。

$$I_{i,t-1} + x_{it} - I_{it} = d_{it}, \quad \forall i \in N, \ t \in T \tag{10.2}$$

（2）采购预算限制

约束（10.3）要求各时间段内用于采购原油的资金不能超过给定的原油采购预算。

$$\sum_{i \in N} P_{it} \cdot x_{it} \leq G_t, \quad \forall t \in T \tag{10.3}$$

（3）库存能力限制

约束（10.4）要求原油在各时间段内的库存量不能超过相应的最大存储能力。

$$I_{it} \leq V_i, \quad \forall i \in N, \ t \in T \tag{10.4}$$

（4）运输方式相关约束

约束（10.5）指出在各时间段内采购的原油可以通过多种运输方式进行运送。

$$x_{it} = \sum_{m \in M_i} z_{imt}, \quad \forall i \in N, \ t \in T \tag{10.5}$$

（5）运输能力限制

约束（10.6）用于将各时间段内采用每种运输方式运送的原油的数量控制在相应的最大运输能力范围之内。

$$z_{imt} \leq TR_{imt}, \quad \forall i \in N, \ m \in M, \ t \in T \tag{10.6}$$

（6）最大可采购量限制

约束（10.7）规定各时间段内的原油采购量不能超过对应时间段内原油的最大可获得量。

$$x_{it} \leq Max_{it}, \quad \forall i \in N, \ t \in T \tag{10.7}$$

（7）变量一致性约束

①约束（10.8）用于确保每次进行原油采购时产生相应的订货费用：

$$x_{it} \leqslant L \cdot w_{it}, \ \forall i \in N, \ t \in T \tag{10.8}$$

②约束（10.9）用于描述选用不同的运输方式运送原油时需要支付不同的固定运输成本：

$$z_{imt} \leqslant L \cdot y_{imt}, \ \forall i \in N, \ m \in M, \ t \in T \tag{10.9}$$

（8）变量取值范围约束

①约束（10.10）用于定义连续决策变量的取值范围：

$$x_{it}, \ I_{it}, \ z_{imt} \geqslant 0, \ \forall i \in N, \ m \in M_i, \ t \in T \tag{10.10}$$

②约束（10.11）用于定义二进制决策变量的取值范围：

$$w_{it}, \ y_{imt} \in \{0, \ 1\}, \ \forall i \in N, \ m \in M_i, \ t \in T \tag{10.11}$$

三、计算实验

（一）参数设计

为了检验上述模型的有效性，本章设计了下面的计算实验，其中涉及的原油种类数为2，分别记作原油 R_1（$i=1$）和原油 R_2（$i=2$），对于每种原油分别提供了铁路运输（$m=1$）和公路运输（$m=2$）两种运送方式，表10.1中列出了与此相关的数据信息。为了便于描述，这里只考虑了6个时间段，即 $T=\{1, 2, 3, 4, 5, 6\}$，由于炼油生产企业的采购策略通常为中长期计划，因此本章将这一实验中每个时间段的长度设定为一个月，其他相关参数在确保模型可行性的条件下随机产生（见表10.2）。

表 10.1　原油 R_1 和 R_2 的相关信息

原油价格（元/吨）	P_{i1}	P_{i2}	P_{i3}	P_{i4}	P_{i5}	P_{i6}
R_1	3620	4501	3921	4885	4535	4370
R_2	4085	5080	4425	5514	5118	4932
需求量（千吨）	d_{i1}	d_{i2}	d_{i3}	d_{i4}	d_{i5}	d_{i6}

续表

原油价格（元/吨）	P_{i1}	P_{i2}	P_{i3}	P_{i4}	P_{i5}	P_{i6}
R_1	200	310	240	360	320	300
R_2	400	630	480	720	630	590
最大可采购量（千吨）	Max_{i1}	Max_{i2}	Max_{i3}	Max_{i4}	Max_{i5}	Max_{i6}
R_1	300	470	360	540	480	440
R_2	600	940	720	1090	950	890
第1种运输方式的运输能力（千吨）	TR_{i11}	TR_{i12}	TR_{i13}	TR_{i14}	TR_{i15}	TR_{i16}
R_1	324	527	394	615	535	497
R_2	649	1054	787	1230	1069	994
第2种运输方式的运输能力（千吨）	TR_{i21}	TR_{i22}	TR_{i23}	TR_{i24}	TR_{i25}	TR_{i26}
R_1	487	790	590	923	802	745
R_2	982	1595	1192	1863	1619	1504
第1种运输方式的单位运输成本（元/吨）	TC_{i11}	TC_{i12}	TC_{i13}	TC_{i14}	TC_{i15}	TC_{i16}
R_1	35	58	43	67	58	54
R_2	49	71	68	65	42	69
第2种运输方式的单位运输成本（元/吨）	TC_{i21}	TC_{i22}	TC_{i23}	TC_{i24}	TC_{i25}	TC_{i26}
R_1	70	115	85	135	117	108
R_2	98	142	136	130	84	139

表 10.2　其他实验数据

原油	h_i（元/吨/天）	V_i（千吨）	O_i（万元）	TF_{i1}（万元）	TF_{i2}（万元）
R_1	0.8	850	132	6000	7500
R_2	1	2600	264	15000	18000

续表

原油	h_i （元/吨/天）	V_i （千吨）	O_i （万元）	TF_{i1} （万元）	TF_{i2} （万元）
G_1 （万元）	G_2 （万元）	G_3 （万元）	G_4 （万元）	G_5 （万元）	G_6 （万元）
1386000	1560000	1446000	1635000	1566000	1534000

（二）实验结果

作者采用优化软件 LINGO 在 Pentium IV 系列主频 2.4G 的计算机上进行了仿真实验，计算结果列于表 10.3 中。

表 10.3　计算结果

总成本（万元）			2496441			
采购量（千吨）	x_{11}	x_{12}	x_{13}	x_{14}	x_{15}	x_{16}
	300	470	360	0	300	300
	x_{21}	x_{22}	x_{23}	x_{24}	x_{25}	x_{26}
	600	910	720	0	630	590
库存量（千吨）	I_{11}	I_{12}	I_{13}	I_{14}	I_{15}	I_{16}
	100	260	380	20	0	0
	I_{21}	I_{22}	I_{23}	I_{24}	I_{25}	I_{26}
	200	480	720	0	0	0
运输量（千吨）	z_{111}	z_{112}	z_{113}	z_{114}	z_{115}	z_{116}
	300	470	360	0	300	300
	z_{121}	z_{122}	z_{123}	z_{124}	z_{125}	z_{126}
	0	0	0	0	0	0
	z_{211}	z_{212}	z_{213}	z_{214}	z_{215}	z_{216}
	600	0	720	0	630	590
	z_{221}	z_{222}	z_{223}	z_{224}	z_{225}	z_{226}
	0	910	0	0	0	0

四、结论

本章针对大型炼油生产企业的原油采购问题进行了研究，建立了用于确定每种原油在各时间段内的采购量、库存量和运输量的混合整数线性规划模型，并采用仿真实验证明了该模型的有效性。由此可见，本章的研究成果能够为炼油生产企业制定原油采购计划提供战略支持。此外，本章所建立的模型还可推广应用于解决其他工业环境中的原料采购问题。

第十一章 考虑原油品种选择的原油采购问题

本章以我国大型炼油生产企业为研究背景，针对考虑原油品种选择的原油采购问题进行了调查和研究。在考虑实际运输要求的基础上，为炼油企业制定原油采购策略开发了相应的确定性混合整数规划模型。该模型能够依据石油产品的需求情况进行原油品种的选择，并同时确定出各种原油和产品在各时间段内的采购量、生产量和库存量。其目标是最小化采购成本、订货成本、库存成本和运输成本。模型中考虑了物料平衡、库存能力限制和采购预算等相关实际约束。鉴于模型的复杂性，采用优化软件 LINGO 进行了仿真实验，计算结果充分证明了上述基于原油品种选择的采购模型的有效性。

一、问题描述

炼油工业作为石油化学工业的重要组成部分，是以原油、天然气为主要原料，通过多次化学加工生产各种石油产品与合成材料的工业。原油经过炼制不仅能够生产出汽油、煤油、柴油等液体燃料，还能够生产出润滑油、石蜡、沥青、石油焦等石油产品，同时还能为很多石化产品的生产提供重要的化工原料。炼油工业在我国国民经济发展中占据着重要的地位，是我国国民经济的重要支柱产业。

改革开放以来，随着国民经济的持续快速发展，我国炼油工业在国家政策的扶持下取得了长足的进步。尤其是近几十年，由于宏观经济持续保持良好的发展势头及产业自身的发展惯性作用，我国炼油工业继续保持较快的发展态势，基本上形成了较为完整的工业体系。虽然我国炼油企业在炼油能力、油品的质量和数量等多项指标上有了很大提高，但其在技术水平和企业竞争力等方面与国际一流的炼油企业相比仍然存在很大差距。随着经济全球化的日益深入，特别是我国加入 WTO 后国内市场国际化、国际竞争国内化的趋势加快，国内石油产品市场与国际石油产品市场全面接轨，一贯处于政府保护下的中国炼油工业将面临越来越恶劣的国际竞争环境。因此，如何采用低成本战略进一步压缩产品成本以提高企业的国际竞争力已成为关系我国炼油企业能否生存与发展的重要课题。

由于原油采购成本占炼油企业生产成本的比例高达 80% 以上，所以原油价格是直接影响我国炼油企业经济效益的重要因素。2022 年 1 月 17 日国家统计局发布数据称，2021 年国内加工原油 7.0355 亿吨，比上年增长 4.3%，其中进口原油 5.13 亿吨，占加工总量的 72.92%，按此计算，原油的价格每降低 0.1 美元/桶，我国炼油企业的利润将会上升超过 37 亿元。然而，近年来原油价格一直呈宽幅震荡态势，甚至走出了名副其实的过山车行情，这无疑加大了我国炼油企业原油采购管理的难度，使企业的低成本战略管理水平面临严峻的考验，同时也为我国炼油企业的生产经营带来了巨大的风险，因此原油采购已成为我国各大炼油企业成本控制最重要的环节。由于不同品种原油的价格、质量、油品收率及加工费用等通常不同，而原油的质量在很大程度上决定了最终产品的结构和性质，直接影响产品的销售情况，所以优化原油品种选择对于降低我国炼油企业的原油采购成本，提高产品产量及提升产品质量都具有非常重要的意义。此外，由于原油的运输成本通常很高且与各时间段内的原油采购量有关，所以原油品种的选择与原油的运输成本是我国炼油企业优化原油采购过程中必须考虑的两个重要因素。

虽然目前关于采购问题的研究已经取得了大量的成果，但是很少有人在研究炼油工业的原油采购问题时同时考虑原油品种的选择与原油的运输成本。有鉴于此，本章以我国大型炼油生产企业为研究背景，在各时间段内的石油产品需求量给定且不允许拖期生产的条件下，针对考虑原油品种选择的原油采购问题进行了专项研究，目标是最小化总相关成本，包括采购成本、订货成本、库存成本和运输成本。随后本章将详细介绍用于描述这一问题的基于原油品种选择的采购决策模型。

二、数学模型

本章以我国大型炼油生产企业为研究背景，针对基于原油品种选择的原油采购问题进行了调查和研究，建立了用于描述这一问题的混合整数规划模型，详细内容如下。

（一）假设

1. 各种石油产品的需求量已知且相对稳定。

2. 只有石油产品存在独立需求，即不考虑中间产品存在独立需求的情况。

3. 各种原油、中间产品和石油产品的初始库存量均为 0。

4. 每种原油在每个时间段内的采购价格唯一。

5. 每种原油在每个时间段内的订购次数最多为 1。

6. 所有的原油均采用油轮运输，即不考虑运输方式的选择问题。

7. 一艘油轮一次只能运送一种原油，即不允许拼船运输。

8. 运送同一种原油的油轮的吨位相同。

9. 不允许缺货。

（二）符号

模型中所用到的参数和决策变量如下：

参数：

- T：时间段集合，用 t 指代其中的元素；

- N：原油品种集合，用 i 指代其中的元素；

- P_{CVDU}：常减压装置（CVDU）的产品集合，用 k 指代其中的元素；

- P_{PBU}：石油产品集合，即产品调和装置（PBU）的产品，用 j 指代其中的元素；

- V_1：原油的最大存储能力；

- V_k：中间产品 k 的最大存储能力，$k \in P_{CVDU}$；

- V_j：石油产品 j 的最大存储能力，$j \in P_{PBU}$；

- S：每个时间段内最多可选择的原油品种数；

- G_t：第 t 个时间段的原油采购预算，$t \in T$；

- h_i：原油 i 的单位库存成本，$i \in N$；

- h_k：中间产品 k 的单位库存成本，$k \in P_{CVDU}$；

- h_j：石油产品 j 的单位库存成本，$j \in P_{PBU}$；

- O_i：原油 i 的单位订货成本，$i \in N$；

- p_{it}：原油 i 在第 t 个时间段内的单位采购价格，$i \in N$，$t \in T$；

- D_{jt}：石油产品 j 在第 t 个时间段内的需求量，$j \in P_{PBU}$，$t \in T$；

- Max_{it}：原油 i 在第 t 个时间段内的最大可采购量，$i \in N$，$t \in T$；

- ρ_{ik}：利用原油 i 通过装置 CVDU 生产中间产品 k 的收率，$i \in N$，$k \in P_{CVDU}$；

- ξ_{kj}：利用装置 PBU 生产单位石油产品 j 所需要使用的中间产品 k 的数量，$k \in P_{CVDU}$，$j \in P_{PBU}$；

- Cap_t：装置 CVDU 在第 t 个时间段内的最大生产能力，$t \in T$；

- TC_i：原油 i 的单位运输成本，$i \in N$；

- $load_i$：运送原油 i 的油轮的吨位，$i \in N$；

- L：一个非常大的正数。

决策变量：

- x_{it}：原油 i 在第 t 个时间段内的采购量，$i \in N$，$t \in T$；

- x_{kt}：中间产品 k 在第 t 个时间段内的生产量，$k \in P_{CVDU}$，$t \in T$；

- x_{jt}：石油产品 j 在第 t 个时间段内的生产量，$j \in P_{PBU}$，$t \in T$；

- I_{it}：原油 i 在第 t 个时间段的期末库存量，$i \in N$，$t \in T$；

- I_{kt}：中间产品 k 在第 t 个时间段的期末库存量，$k \in P_{CVDU}$，$t \in T$；

- I_{jt}：石油产品 j 在第 t 个时间段的期末库存量，$j \in P_{PBU}$，$t \in T$；

- d_{it}：在第 t 个时间段内所使用的原油 i 的数量，$i \in N$，$t \in T$；
- d_{kt}：在第 t 个时间段内所使用的中间产品 k 的数量，$k \in P_{CVDU}$，$t \in T$；
- w_{it}：0-1 变量，如果在第 t 个时间段内采购原油 i，则该变量的值为 1，$i \in N$，$t \in T$。

（三）考虑原油品种选择的原油采购模型

本部分将在考虑原油品种选择的基础上，以最小化相关成本为目标，建立用于确定各种原油在各时间段内的采购量和库存水平的原油采购模型。利用上述符号定义可以将这一问题描述如下：

1. 目标函数

本部分所建立的基于原油品种选择的原油采购模型的目标是最小化炼油企业的总相关成本，包括采购成本、订货成本、库存成本和运输成本。具体数学描述如下：

$$\text{Minimize } C \equiv \sum_{i \in N} \sum_{t \in T} p_{it} \cdot x_{it} + \sum_{i \in N} \sum_{t \in T} O_{it} \cdot w_{it} + \sum_{i \in N} \sum_{t \in T} \frac{1}{2} \cdot h_i \cdot \left[I_{i, t-1} + x_{it} + I_{it} \right] + \sum_{k \in P_{CVDG}} \sum_{t \in T} \frac{1}{2} \cdot h_k \cdot \left[I_{k, t-1} + x_{kt} + I_{kt} \right] + \sum_{j \in P_{PUB}} \sum_{t \in T} \frac{1}{2} \cdot h_j \cdot \left[I_{j, t-1} + x_{jt} + I_{jt} \right] + \sum_{i \in N} \sum_{t \in T} TC_i \cdot \left[\frac{x_{it}}{lood_i} \right] \quad (11.1)$$

2. 约束条件

$$I_{i,t-1} + x_{it} - I_{it} = d_{it}, \quad \forall i \in N, \ t \in T \tag{11.2}$$

$$I_{k,t-1} + x_{kt} - I_{kt} = d_{kt}, \quad \forall k \in P_{CVDU}, \ t \in T \tag{11.3}$$

$$I_{j,t-1} + x_{jt} - I_{jt} = D_{jt}, \quad \forall j \in P_{PUB}, \ t \in T \tag{11.4}$$

$$x_{kt} = \sum_{i \in N} \rho_{ik} \cdot d_{it}, \quad \forall k \in P_{CVDU}, \ t \in T \tag{11.5}$$

$$d_{kt} = \sum_{j \in P_{PUB}} \xi_{kj} \cdot x_{jt}, \quad \forall k \in P_{CVDU}, \ t \in T \tag{11.6}$$

$$\sum_{i \in N} d_{it} \leqslant Cap_t, \quad \forall t \in T \tag{11.7}$$

$$\sum_{i \in N} p_{it} \cdot x_{it} \leqslant G_t, \quad \forall t \in T \tag{11.8}$$

$$\sum_{i \in N} I_{it} \leqslant V_1, \quad \forall t \in T \tag{11.9}$$

$$I_{kt} \leqslant V_k, \quad \forall k \in P_{CVDU}, \ t \in T \tag{11.10}$$

$$I_{jt} \leqslant V_j, \quad \forall j \in P_{PUB}, \ T \in T \tag{11.11}$$

$$\sum_{i \in N} w_{it} \leqslant S, \quad \forall t \in T \tag{11.12}$$

$$x_{it} \leqslant Max_{it}, \quad \forall i \in N, \ t \in T \tag{11.13}$$

$$x_{it} \leqslant L \cdot w_{it}, \quad \forall i \in N, \ t \in T \tag{11.14}$$

$$x_{it}, \ x_{kt}, \ x_{jt}, \ I_{kt}, \ I_{jt}, \ d_{it}, \ d_{kt} \geqslant 0, \quad \forall i \in N, \ k \in P_{CVDU}, \ j \in P_{PUB}, \ t \in T \tag{11.15}$$

$$v_{it} \in \{0, 1\}, \quad \forall i \in N, \ t \in T \tag{11.16}$$

约束（11.2）—（11.6）是物料平衡方程，分别描述了原油、中间产品以及石油产品的采购/生产量、库存量与消耗/需求量之间的平衡关系。约束（11.7）限定了装置 CVDU 的最大生产能力。约束（11.8）要求各时间段内用于采购原油的资金不能超过给定的原油采购预算。约束（11.9）—（11.11）分别限制了各种原油、中间产品和石油产品在各时间段内的库存量不能超过相应的最大存储能力。约束（11.12）用于确保在各时间段内所选择的原油品种数不超过给定的最大值。约束（11.13）规定了各种原油在各时间段内的最大可采购量。约束（11.14）指出每次进行原油采购时需要支付相应的订货费用。约束（11.15）和（11.16）分别定义了连续决策变量和离散决策变量的取值范围。

三、计算实验

（一）参数设计

为了检验上述模型的有效性，本章设计了如下计算实验。实验中考虑了五种原油（即 $N = \{1, 2, 3, 4, 5\}$）、五种中间产品（即 $P_{CVDU} = \{6, 7, 8, 9, 10\}$）和两种石油产品（即 $P_{PBU} = \{11, 12\}$），相关信息详见表 11.1。为了便于描述，这里仅考虑了 3 个时间段，即 $T = \{1, 2, 3\}$，其他相关参数在确保模型可行性的条件下随机产生。

表 11.1 原油的相关信息

原油价格（千元/吨）	p_{i1}	p_{i2}	p_{i3}
$i=1$	5	5.2	5.4
$i=2$	5.2	5	4.8
$i=3$	5.1	4.9	5
$i=4$	4.85	5.125	5.225
$i=5$	5.025	4.985	4.925
最大可采购量（千吨）	Max_{i1}	Max_{i2}	Max_{i3}
$i=1$	80	90	100
$i=2$	85	95	100.5
$i=3$	70	80	90
$i=4$	88	98	100.8
$i=5$	90	100	110
原油品种	O_i（千元）	TC_i（元/吨）	$load_i$（千吨）
$i=1$	2737.152	64	125
$i=2$	2280.96	70	130
$i=3$	1900.8	75	135
$i=4$	1584	66	125
$i=5$	1320	72	135

（二）实验结果

作者采用优化软件 LINGO 在 Pentium Ⅳ 系列主频 2.4G 的计算机上进行了仿真实验，计算结果列于表 11.2 中。

表 11.2　计算结果

总成本（千元）	3838768		
采购量（千吨）	$x_{1,1}$	$x_{1,2}$	$x_{1,3}$
	0	0	0
	$x_{2,1}$	$x_{2,2}$	$x_{2,3}$
	85	95	100.5
	$x_{3,1}$	$x_{3,2}$	$x_{3,3}$
	70	80	90
	$x_{4,1}$	$x_{4,2}$	$x_{4,3}$
	88	98	56
	$x_{5,1}$	$x_{5,2}$	$x_{5,3}$
	0	0	0
生产量（千吨）	$x_{6,1}$	$x_{6,2}$	$x_{6,3}$
	40.44	43.74	40.37
	$x_{7,1}$	$x_{7,2}$	$x_{7,3}$
	39.64	42.44	46.32
	$x_{8,1}$	$x_{8,2}$	$x_{8,3}$
	59	63	70.55
	$x_{9,1}$	$x_{9,2}$	$x_{9,3}$
	51	54.5	59
	$x_{10,1}$	$x_{10,2}$	$x_{10,3}$
	47.52	50.92	54.06
	$x_{11,1}$	$x_{11,2}$	$x_{11,3}$
	80	85	95
	$x_{12,1}$	$x_{12,2}$	$x_{12,3}$
	140	150	160

四、结论

本章以我国大型炼油生产企业为研究背景，针对基于原油品种选择的原油采购问题进行了深入的探索与研究。在考虑物料平衡、库存能力限制、生产能力限制和采购预算等实际约束的基础上，以最小化总相关成本（即采购成本、订货成本、库存成本和运输成本）为目标，建立了用于描述这一问题的混合整数线性规划模型，能够在选择原油品种的同时确定各种原油在各时间段内的采购量和库存量，并采用优化软件 LINGO 进行了仿真实验，实验结果充分证明了这一模型的有效性。由此可见，本章的研究成果能够为炼油生产企业制定原油采购计划提供战略支持。在今后的研究中可以考虑将本章所提出的基于原油品种选择的原油采购模型拓展应用于其他工业环境。

第十二章　炼油工业中的多阶段生产库存问题

本章以我国大型炼油生产企业为研究背景，针对其生产过程中的多阶段能力受限的批量问题进行了研究，以最小化启动成本、生产成本、运输成本和库存成本为目标，建立了用于描述这一问题的确定性混合整数规划模型，能够在满足复杂物料平衡约束和能力限制约束的条件下，确定各种原料和产品在各时间段内的采购/生产量、库存量与运输量，并采用计算实验对该模型的有效性进行了验证。

一、问题描述

炼油工业是我国的重要支柱产业，随着世界经济全球化进程的加快和我国加入 WTO 后成品油市场的逐步开放，国内炼油企业不仅面临着实力雄厚的国外大型跨国炼油公司的竞争，同时还受到周边国家和地区过剩石油产品对国内市场的冲击。近年来，由于国际原油价格居高不下，炼油企业的盈利空间被进一步压缩，中国炼油工业因此而面临着严峻的挑战。

我国炼油企业要想在如此激烈的市场竞争中求得生存与发展，就必须对产品市场的变化做出快速灵活的反应，及时依据市场信息调整企业的生产计划，不断地降低企业的生产成本，提高企业的生产效率，使企业真正实现生产方案、产品结构、产品质量及经济效益的最优化。由此可见，企业的生产管理水平已成为关系我国炼油企业能否生存与发展的关键。

生产计划是最基本的生产管理手段，同时也是企业生产运作管理的重要环节。有效的生产计划能够帮助企业更好地满足用户需求，提高资源利用率和投入产出比，进一步降低生产成本，持续增强企业的市场竞争力。由于炼油生产具有流程复杂、上下游装置联系紧密、加工选择性灵活、产品多样等特点，仅凭手工编制生产计划既费时费力，又无法达到优化的效果，甚至可能给企业造成不可估量的经济损失，所以采用科学定量决策优化企业的生产计划是进一步提高我国炼油企业生产管理水平、增强企业核心竞争力、挖掘企业潜力、提高企业经济效益的一个重要途径。目前全球金融危机持续升级，通过优化我国炼油企业的生产计划降低企业的经济损失，提高企业的国际竞争力已迫在眉睫。

虽然关于生产计划问题的研究已经取得了大量的成果，但是很少有研究在制定炼油企业生产计划的同时考虑油品库存的优化及产品运输方式的选择。由于各类库存占用了炼油企业大量的流动资金，严重影响了企业的运行效率，同时也削弱了企业的核心竞争力，因此在制定炼油企业生产计划的同时对企业的各类库存进行同步优化必然能够进一步降低炼油企业的生产成本、提高企业的经济效益。此外，由于石油产品的运输成本通常很高且与运输方式密切相关，所以石油产品运输方式的选择是优化炼油企业生产管理必须考虑的重要环节之一。有鉴于此，本章以我国大型炼油生产企业为研究背景，在石油产品需求量给定且不允许拖期生产的条件下，针对考虑石油产品运输方式选择的多阶段生产库存问题进行了研究，目标是最小化由启动成本、生产成本、运输成本和库存成本构成的总成本，下面将详细介绍用于描述这一问题的多阶段生产库存模型。

二、数学模型

炼油工业是石油化工产业的龙头，它是以原油为主要原料生产汽油、柴油、煤油等燃料、润滑油、石蜡、沥青、石油焦及基础化工原料（乙烯、丙烯、丁二烯、三苯）的行业，其生产具有规模大、装置多、工艺复杂、生产流程长、产品种类多、高污染、高消耗等特点，是典型的流程制造工业。

制定多阶段生产库存计划是炼油企业生产管理的重要内容，其目的是通过对各种原料与产品的生产量和库存量的有效控制，实现各装置间的物流平衡，从而在满足客户订单需求以及采购、生产、库存和运输等能力限制的条件下，达到最小化生产成本、运输成本、库存成本和启动成本的目的。

本章针对大型炼油企业的生产库存问题进行了研究，炼油生产是一个复杂的多阶段过程且具有生产过程连续等特点，为了便于研究，本章在图 12.1 中给出了一个典型炼油企业的生产工艺流程，并在考虑石油产品运输方式选择的基础上建立了适用于这一生产流程的多阶段生产库存模型，具体内容如下。

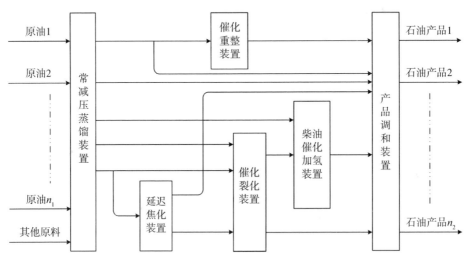

图 12.1　典型炼油企业的生产工艺流程图

（一）假设

1. 炼油企业与其原油供应商为长期合作关系，即不考虑供应商选择问题。

2. 炼油企业长期使用固定的原油品种，即不考虑原油品种选择问题。

3. 只有石油产品存在独立需求，即不考虑中间产品存在独立需求的情况。

4. 不考虑各种原油的库存问题。

5. 炼油企业的生产模式为"按订单生产"。

6. 炼油企业采用按比例调和的方式生产各种石油产品。

7. 各种原料和产品的初始库存量均为 0。

8. 各种石油产品的需求量已知且相对稳定。

9. 各种原料和产品被独立存储。

10. 每种装置的生产配方固定且唯一。

11. 每种装置在每个时间段内进行生产时都会对应产生固定的启动成本和变动的生产成本。

12. 每次运输石油产品时都必须承担相应运送方式的固定运输成本和变动运输成本。

13. 在各时间段内每种石油产品均可采用多种方式进行运输。

14. 不允许缺货。

(二) 符号

模型中所用到的参数和决策变量如下：

参数：

• T：时间段集合，用 t 指代其中的元素；

• U：生产装置集合，即 $U = \{$ CVDU，DCU，CRU，CCU，DCHU，PBU$\}$，用 u 指代该集合中的元素，其中：

"CVDU" 代表 "常减压蒸馏装置"；

"DCU" 代表 "延迟焦化装置"；

"CRU" 代表 "催化重整装置"；

"CCU" 代表 "催化裂化装置"；

"DCHU" 代表 "柴油催化加氢装置"；

"PBU" 代表 "产品调合装置"；

• $MODE$：石油产品的运输方式集合，用 r 指代其中的元素；

• F_u：装置 u 的原料集合，用 i 指代其中的元素，$u \in U$；

• P_u：装置 u 的产品集合，用 k 指代其中的元素，$u \in U$；

- A_k：以中间产品 k 为原料的生产装置集合，$u \in U$，$k \in P_u$；

- PM_r^{PBU}：可以采用运输方式 r 运送的石油产品集合，$r \in MODE$；

- M_k^{PBU}：利用装置 PBU 生产石油产品 k 所需使用的原料集合，$k \in P_{PBU}$；

- h_k：产品 k 的单位库存成本，$u \in U$，$k \in P_u$；

- V_k：产品 k 的最大存储能力，$u \in U$，$k \in P_u$；

- S_u：装置 u 的固定启动成本，$u \in U$；

- p_u：装置 u 的单位生产成本，$u \in U$；

- D_{kt}：石油产品 k 在第 t 个时间段内的需求量，$k \in P_{PBU}$，$t \in T$；

- Max_{it}：原油 i 在第 t 个时间段内的最大可采购量，$i \in F_{CVDU}$，$t \in T$；

- TR_r^{set}：采用运输方式 r 运送石油产品的固定运输成本，$r \in MODE$；

- TR_{rt}^{cost}：在第 t 个时间段内采用运输方式 r 运送石油产品的单位变动运输成本，$r \in MODE$，$t \in T$；

- TR_{rt}^{cap}：在第 t 个时间段内采用运输方式 r 运送石油产品的最大运输能力，$r \in MODE$，$t \in T$；

- $Cap_{u,t}$：装置 u 在第 t 个时间段内的最大生产能力，$u \in U$，$t \in T$；

- ρ_{ik}^{CVDU}：利用原油 i 通过装置 CVDU 生产中间产品 k 的收率，$i \in F_{CVDU}$，$k \in P_{CVDU}$；

- $\eta_{u,k}$：采用装置 u 生产中间产品 k 的收率，$u \in U \backslash \{CVDU，PBU\}$，$k \in P_u$；

- ξ_i^u：在装置 u 的生产配方中原料 i 所占的比例，$u \in U \backslash \{CVDU，PBU\}$，$i \in F_u$；

- ζ_{ik}^{PBU}：利用装置 PBU 生产单位石油产品 k 所需使用的原料 i 的数量，$k \in P_{PBU}$，$i \in M_k^{PBU}$；

- L：一个非常大的正数。

决策变量：

- $X_{u,t}^{in}$：装置 u 在第 t 个时间段内所使用的原料的总量，$u \in U$，$t \in T$；

- X_{it}：产品 i 在第 t 个时间段内的采购/生产量，$u \in U$，$i \in F_U \cup P_U$，

$t \in T$；

- $x_{i,u,t}$：装置 u 在第 t 个时间段内所使用的原料 i 的数量，$u \in U$，$i \in F_U$，$t \in T$；

- z_{ikt}^{PBU}：在第 t 个时间段内采用装置 PBU 生产石油产品 k 所消耗的原料 i 的数量，$k \in P_{PBU}$，$i \in M_k^{PBU}$，$t \in T$；

- Q_{krt}：在第 t 个时间段内采用运输方式 r 运送的石油产品 k 的数量，$k \in P_{PBU}$，$r \in MODE$，$t \in T$；

- I_{kt}：产品 k 在第 t 个时间段的期末库存量，$u \in U$，$k \in P_u$，$t \in T$；

- $w_{u,t}$：0-1 变量，如果在第 t 个时间段内使用装置 u 进行生产，则该变量的值为 1，$u \in U$，$t \in T$；

- y_{rt}：0-1 变量，如果在第 t 个时间段内采用运输方式 r 运送石油产品，则该变量的值为 1，$r \in MODE$，$t \in T$。

（三）多阶段炼油生产库存模型

本部分将在考虑运输方式选择的基础上，在满足石油产品外部需求的条件下，以最小化决策区间内的总启动成本、生产成本、运输成本和库存成本为目标，建立用于确定各种产品在各时间段内的采购/生产量和库存量的多阶段生产库存决策模型。利用上述符号定义可以将这一问题描述如下：

1. 目标函数

该模型的目标函数是最小化炼油生产企业的总相关成本，包括生产成本、启动成本、库存成本、固定运输成本和变动运输成本，其对应的数学描述如下：

$$\text{Minimize } C \equiv \sum_{t \in T} \sum_{u \in U} p_u \cdot X_{u,t}^{in} + \sum_{t \in T} \sum_{u \in U} S_u \cdot w_{u,t} + \sum_{t \in T} \sum_{u \in U} \sum_{k \in P_u} \frac{h_k}{2} \cdot [I_{k,(t-1)} + X_{kt} + I_{kt}] + \sum_{t \in T} \sum_{r \in MODE} TR_r^{set} \cdot y_{rt} + \sum_{t \in T} \sum_{r \in MODE} \sum_{k \in PM_r^{PBU}} TR_{rt}^{cos} \cdot Q_{krt}$$

$$(12.1)$$

2. 与装置 CVDU 相关的约束

（1）物料平衡方程

由于装置 CVDU 的收率与原料的性质有关，因此在各时间段内由该装置所生产的每种产品的数量应该等于其所消耗的各种原料的数量与各自对应收率的乘积的总和。

$$\sum_{i \in F_{CVDU}} \rho_{ik}^{CVDU} \cdot X_{it} = X_{kt}, \quad \forall k \in P_{CVDU}, \; t \in T \tag{12.2}$$

装置 CVDU 的部分产品将作为多个后续装置的生产原料被进一步加工处理，利用数学符号可以将这一过程描述如下：

$$I_{k,\, t-1} + X_{kt} - I_{kt} = \sum_{u \in A_k} x_{k,\, u,\, t}, \quad \forall k \in P_{CVDU}, \; t \in T \tag{12.3}$$

装置 CVDU 在各时间段内所消耗的所有原料的总量可以按照下面的公式进行计算：

$$X_{CVDU,\, t}^{in} = \sum_{i \in F_{CVDU}} X_{it}, \quad \forall t \in T \tag{12.4}$$

（2）生产能力约束

装置 CVDU 在各时间段内的生产量必须满足下面关于最大生产能力的限制：

$$X_{CVDU,t}^{in} \leqslant Cap_{CVDU,t}, \quad \forall t \in T \tag{12.5}$$

（3）库存能力约束

装置 CVDU 的各种产品在各时间段内的库存量不能超过相应的最大存储能力：

$$I_{kt} \leqslant V_k, \quad \forall k \in P_{CVDU}, \; t \in T \tag{12.6}$$

（4）最大可采购量限制

装置 CVDU 在各时间段内所消耗的原油的数量不能超过对应时间段内原油的最大可获得量：

$$X_{it} \leqslant Max_{it}, \quad \forall i \in F_{CVDU}, \; t \in T \tag{12.7}$$

3. 与装置 PBU 相关的约束

（1）物料平衡方程

在各时间段内采用装置 PBU 生产各种石油产品所消耗的各种原料的数量

可以依据装置 PBU 的生产配方进行推算：

$$z_{ikt}^{PBU} = \zeta_{ik}^{PBU} \cdot X_{kt}, \quad \forall\, k \in P_{PBU},\ i \in M_k^{PBU},\ t \in T \tag{12.8}$$

装置 PBU 在各时间段内所消耗的每种原料的总量为：

$$x_{i,\,PBU,\,t} = \sum_{k \in P_{PBU}} z_{ikt}^{PBU}, \quad \forall\, i \in F_{PBU},\ t \in T \tag{12.9}$$

装置 PBU 在各时间段内所消耗的所有原料的总量可按如下公式进行计算：

$$X_{PBU,\,t}^{in} = \sum_{i \in F_{PBU}} x_{i,\,PBU,\,t}, \quad \forall\, t \in T \tag{12.10}$$

（2）库存平衡方程

下面的平衡方程要求各种石油产品在各时间段内的生产量和库存量必须能够满足各时间段内相应石油产品的独立需求：

$$I_{k,t-1} + X_{kt} - I_{kt} = D_{kt}, \quad \forall\, k \in P_{PBU},\ t \in T \tag{12.11}$$

（3）生产能力约束

装置 PBU 在各时间段内所消耗的所有原料的总量不能超过该装置在对应时间段内的最大可处理能力：

$$X_{PBU,t}^{in} \leqslant Cap_{PBU,t}, \quad \forall\, t \in T \tag{12.12}$$

（4）库存能力约束

各种石油产品在各时间段内的库存量必须满足下面关于最大存储能力的限制：

$$I_{kt} \leqslant V_k, \quad \forall\, k \in P_{PBU},\ t \in T \tag{12.13}$$

4. 与其他装置相关的约束

（1）物料平衡方程

由于每种装置的生产配方固定且唯一，所以其各种产品的收率也固定且唯一，因此在各时间段内由每种装置所生产的每种产品的数量应该等于其所消耗的所有原料的总量乘以相应的固定收率。

$$\eta_{u,k} \cdot X_{u,t}^{in} = X_{kt}, \quad \forall\, u \in U \setminus \{CVDU,\ PBU\},\ k \in P_u,\ t \in T \tag{12.14}$$

各装置在各时间段内所消耗的各种原料的数量为：

$$X_{i,u,t} = \xi_i^u \cdot X_{u,t}^{in}, \quad \forall u \in U \setminus \{CVDU, \ PBU\}, \ i \in F_u, \ t \in T \qquad (12.15)$$

各装置产品间的物流平衡可以用如下的数学表达式进行描述：

$$I_{k,t-1} + X_{kt} - I_{kt} = \sum_{u \in A_k} x_{k,u,t}, \quad \forall u_1 \in U \setminus \{CVDU, \ PBU\}, \ k \in P_{u_1}, \ t \in T$$

$$(12.16)$$

（2）生产能力约束

各装置在各时间段内的生产量必须满足下面约束条件的限制：

$$X_{u,t}^{in} \leqslant Cap_{u,t}, \quad \forall u \in U \setminus \{CVDU, \ PBU\}, \ t \in T \qquad (12.17)$$

（3）库存能力约束

各装置的所有产品在各时间段内的库存量必须满足相应的最大存储能力要求：

$$I_{kt} \leqslant V_k, \quad \forall u \in U \setminus \{CVDU, \ PBU\}, \ k \in P_u, \ t \in T \qquad (12.18)$$

5. 与运输方式相关约束

在各时间段内生产的石油产品可以采用多种方式进行运输：

$$\sum_{r \in m_k} Q_{krt} = D_{kt}, \quad \forall k \in P_{PBU}, \ t \in T \qquad (12.19)$$

6. 运输能力限制

在各时间段内采用各种运输方式运送的石油产品的数量必须控制在相应的最大运输能力范围之内：

$$\sum_{k \in PM_r^{PBU}} Q_{krt} \leqslant TR_{rt}^{cap}, \quad \forall r \in MODE, \ t \in T \qquad (12.20)$$

7. 变量一致性约束

在使用各装置进行生产时企业必须承担相应的启动费用，利用下面的约束可以将由装置生产所引起的所有启动费用计入目标函数：

$$X_{u,t}^{in} \leqslant L \cdot w_{u,t}, \quad \forall u \in U, \ t \in T \qquad (12.21)$$

在每次运输石油产品时，企业都必须支付相应运送方式的固定运输费用和变动运输费用，其中的固定运输费用需要借助下面的约束计入目标函数：

$$\sum_{k \in PM_r^{PBU}} Q_{krt} \leqslant L \cdot y_{rt}, \quad \forall r \in MODE, \ t \in T \qquad (12.22)$$

8. 变量取值范围约束

约束（12.23）—（12.31）定义了连续决策变量和离散决策变量的取值范围。

$$X_{u,t}^{in} \geq 0, \quad \forall u \in U, \ t \in T \tag{12.23}$$

$$X_{kt} \geq 0, \quad \forall u \in U, \ k \in P_u, \ t \in T \tag{12.24}$$

$$X_{it} \geq 0, \quad \forall i \in F_{CVDU}, \ t \in T \tag{12.25}$$

$$x_{k,u,t} \geq 0, \quad \forall u_1 \in U \setminus \{PBU\}, \ k \in P_{u_1}, \ u \in A_k, \ t \in T \tag{12.26}$$

$$z_{ikt}^{PBU} \geq 0, \quad \forall k \in P_{PBU}, \ i \in M_k^{PBU}, \ t \in T \tag{12.27}$$

$$Q_{krt} \geq 0, \quad \forall k \in P_{PBU}, \ r \in m_k, \ t \in T \tag{12.28}$$

$$I_{kt} \geq 0, \quad \forall u \in U, \ k \in P_u, \ t \in T \tag{12.29}$$

$$w_{u,t} \in \{0, 1\}, \quad \forall u \in U, \ t \in T \tag{12.30}$$

$$y_{rt} \in \{0, 1\}, \quad \forall r \in MODE, \ t \in T \tag{12.31}$$

三、计算实验

（一）参数设计

为了检验上述模型的有效性，本章设计了下面的计算实验。为了便于描述，这里仅考虑了涉及三个时间段（即 $T = \{1, 2, 3\}$），两种原油和两种石油产品的情况，图 12.2 给出了对应的生产流程图。对于每种石油产品分别提供了铁路运输（$m=1$）和公路运输（$m=2$）两种运送方式，表 12.1 列出了实验中所使用的主要参数数据。由于炼油企业的生产库存策略通常为中长期计划，因此将每个时间段的长度设定为一个月，其他相关参数在确保模型可行性的条件下随机产生。

（二）实验结果

作者采用优化软件 LINGO 在 Pentium IV 系列主频 2.4G 的计算机上进行了仿真实验，计算结果列于表 12.2 中。

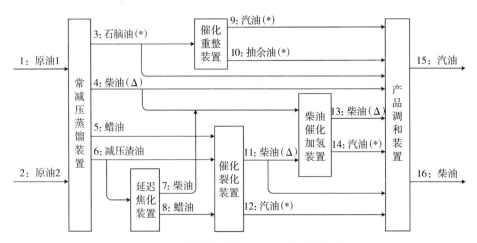

注：（＊）：汽油的调和组分；（Δ）：柴油的调和组分。

图 12.2　实验中所考虑的生产工艺流程

表 12.1　实验数据

装置		CVDU	DCU	CRU	CCU	DCHU	PBU
S_u（千元）		15	70	100	50	40	10
p_u（元/吨）		12	80	110	54	50	10
$Cap_{u,1}$（千吨）		1200	300	100	350	110	350
$Cap_{u,2}$（千吨）		1250	350	150	400	120	400
$Cap_{u,3}$（千吨）		1300	400	200	450	130	450
单位运输成本（元/吨）		TR_{11}^{cost}	TR_{12}^{cost}	TR_{13}^{cost}	TR_{21}^{cost}	TR_{22}^{cost}	TR_{23}^{cost}
		35	58	43	70	115	85
运输能力（千吨）		TR_{11}^{cap}	TR_{12}^{cap}	TR_{13}^{cap}	TR_{21}^{cap}	TR_{22}^{cap}	TR_{13}^{cap}
		100	180	140	180	300	240
V_k（千吨）	$k=3$	$k=4$	$k=5$	$k=6$	$k=7$	$k=8$	$k=9$
	10	90	680	10	200	10	30
	$k=10$	$k=11$	$k=12$	$k=13$	$k=14$	$k=15$	$k=16$
	80	15	200	400	30	180	310

表 12.2　计算结果

总成本（千元）	258653.8					
生产量（千吨）	$X_{1,1}$	$X_{1,2}$	$X_{1,3}$	$X_{2,1}$	$X_{2,2}$	$X_{2,3}$
	500	550	600	627.181	650.760	700
	$X_{3,1}$	$X_{3,2}$	$X_{3,3}$	$X_{4,1}$	$X_{4,2}$	$X_{4,3}$
	121.381	128.032	138.280	241.401	256.108	277
	$X_{5,1}$	$X_{5,2}$	$X_{5,3}$	$X_{6,1}$	$X_{6,2}$	$X_{6,3}$
	311.073	332.356	360.080	374.220	400.742	434.410
	$X_{7,1}$	$X_{7,2}$	$X_{7,3}$	$X_{8,1}$	$X_{8,2}$	$X_{8,3}$
	93.555	100.185	108.603	81.861	87.662	95.027
	$X_{9,1}$	$X_{9,2}$	$X_{9,3}$	$X_{10,1}$	$X_{10,2}$	$X_{10,3}$
	34.844	6.035	0	43.730	7.574	0
	$X_{11,1}$	$X_{11,2}$	$X_{11,3}$	$X_{12,1}$	$X_{12,2}$	$X_{12,3}$
	67.344	72.117	78.177	112.449	120.419	130.536
	$X_{13,1}$	$X_{13,2}$	$X_{13,3}$	$X_{14,1}$	$X_{14,2}$	$X_{14,3}$
	104.063	111.377	122.764	4.382	4.690	5.169
	$X_{15,1}$	$X_{15,2}$	$X_{15,3}$	$X_{16,1}$	$X_{16,2}$	$X_{16,3}$
	80	85	95	140	150	160

四、结论

本章针对大型炼油生产系统中的多阶段生产库存问题进行了分析，在满足复杂物料平衡约束和各种能力限制的条件下，以最小化决策区间内的总启动成本、生产成本、运输成本和库存成本为目标，建立了用于确定各种产品在各时间段内的采购/生产量、库存量与运输量的混合整数线性规划模型，并采用优化软件 LINGO 进行了仿真实验，实验结果充分证明了这一模型的有效性。由此可见，本章的研究成果能够为大型炼油企业制定生产库存计划提供战略支持。此外，本章所建立的模型还可推广应用于解决其他工业环境中的生产库存问题。

第十三章　产品调合问题

本章以我国大型炼油生产企业为研究背景，针对其生产过程中的产品调合问题进行了研究。以最小化总成本（包括采购成本、生产成本、库存成本和启动成本）为目标，建立了用于描述这一问题的确定性混合整数规划模型，能够在不拖期且满足石油产品需求的情况下，为产品调合装置（PBU）制定有效的生产库存计划，即确定各种调合组分和石油产品在各时间段内的采购/生产量与库存量。模型中考虑了与物料平衡、库存能力、生产能力以及调合配方选择等相关的实际约束，并采用计算实验对于这一模型的有效性进行了验证。

一、问题描述

炼油工业在我国国民经济中占有重要的地位，是国家支柱产业之一。原油在炼油厂经过石油炼制生产装置的加工，被提炼成不同馏程的组分油。由于技术经济的综合考虑和炼油装置加工工艺的局限性，这些组分油的性能通常都无法完全满足各种成品油的质量要求，因而不能作为最终产品直接出厂销售。大多数情况是这些组分油的一部分质量指标达不到要求，另一部分质量指标又出现了大量富余。为了达到成品油的质量要求，同时考虑到成本效益，炼油厂通常会采取在组分油中加入添加剂，或将多种组分油按不同比例进行调合的方法，以充分利用不同组分油的物化性质，发挥各自的优良性能，相互取长补短。事实上，大多数石油产品都是经过调合而成的。

所谓产品调合，就是将性质相近的两种或两种以上的石油组分按照一定的比例混合均匀而生产出一种合格的石油产品的过程。在此过程中有时需要加入某些添加剂以改善产品的性能。在实际生产过程中，对于同一种石油产品往往存在着多种不同的调合方案。由于不同调合方案的生产成本不同，所以其为企业所带来的经济效益也自然不同，因此选择最佳的调合配方，生产出低成本、高品质的石油产品是炼油企业进行产品调合的重要目标。由此可见，产品调合不仅是炼油企业生产石油产品的一道重要工序，直接影响到产品的质量，同时也是直接影响炼油企业经济效益的关键环节之一。

随着原油价格的日益上涨和环保要求的不断提高，以及石油产品升级新标准的实施，如何选择最优的产品调合方案以进一步压缩企业的生产成本，降低企业的库存水平，充分利用各装置的生产加工能力，提高企业资源利用率，提升各装置的产品收率已成为我国炼油企业亟待解决的重要课题之一。

目前关于产品调合问题的研究已经取得了一定的成果，但大多数研究仍集中于讨论调度问题以及单一调合配方的制定，通常不考虑与其相关的生产库存问题和复杂的实际工艺约束，更少有研究同时考虑调合配方的选择。由于炼油企业通常会为每种石油产品提供多种备选的调合配方，调合配方的选择是直接影响炼油企业经济效益的关键环节，因而是炼油企业生产管理的一项重要内容。有鉴于此，本章在考虑调合配方选择以及生产能力和库存能力等限制条件的情况下，针对按比例调合的炼油生产系统中的产品调合问题进行了调查与研究，在各时间段内石油产品的需求量给定且不允许拖期生产的条件下，以最小化由采购成本、生产成本、库存成本和启动成本构成的总相关成本为目标，建立了基于调合配方选择的产品调合优化模型，随后将给出关于这一模型的详细介绍。

二、数学模型

由于产品调合优化对于提高企业的经济效益具有非常重要的意义，所以本章选取我国大型炼油生产企业作为研究背景，针对其生产过程中的相关问题进行了研究，主要目的是依据各种石油产品的需求量和相关成本数据，在各时间段内选择适当的调合配方生产适当数量的石油产品，并同时确定各种调合组分和石油产品在决策区间内的生产库存计划。下面将给出用于描述这一产品调合优化问题的混合整数规划模型。

（一）假设

1. 各种调合组分和石油产品的初始库存量均为 0。

2. 炼油企业的生产模式为"按订单生产"。

3. 各种调合组分和石油产品被独立存储。

4. 在每个时间段内采购/生产各种调合组分时都会对应产生固定的启动成本和变动的采购/生产成本。

5. 在每个时间段内生产各种石油产品时需要承担相应的启动成本。

6. 炼油企业采用按比例调和的方式生产各种石油产品。

7. 各种石油产品的需求量已知且相对稳定。

8. 每种石油产品在各时间段内均可采用多种调合配方进行生产。

9. 不允许缺货。

（二）符号

模型中所用到的参数和决策变量如下：

参数：

- T：时间段集合，用 t 指代其中的元素；

- F：调合组分集合，用 i 指代其中的元素；

- P：石油产品集合，用 k 指代其中的元素；

- N_k：用于生产石油产品 k 的调合配方集合，$k \in P$；

- h_k：石油产品 k 的单位库存成本，$k \in P$；

- h_i：调合组分 i 的单位库存成本，$i \in F$；

- V_k：石油产品 k 的最大存储能力，$k \in P$；

- V_i：调合组分 i 的最大存储能力，$i \in F$；

- s_{it}：在第 t 个时间段内采购/生产调合组分 i 的固定启动成本，$i \in F$，

$t \in T$；

- s_{kt}：在第 t 个时间段内生产石油产品 k 的固定启动成本，$k \in P$，$t \in T$；

- p_{it}：在第 t 个时间段内采购/生产调合组分 i 的单位成本，$i \in F$，$t \in T$；

- D_{kt}：石油产品 k 在第 t 个时间段内的需求量，$k \in P$，$t \in T$；

- Max_{it}：调合组分 i 在第 t 个时间段内的最大可采购量，$i \in F$，$t \in T$；

- Cap_t：装置 PBU 在第 t 个时间段内的最大生产能力，$t \in T$；

- ρ_{ijk}：按照调合配方 j 生产单位石油产品 k 所需使用的调合组分 i 的数量，$i \in F$，$k \in P$，$j \in N_k$；

- L：一个非常大的正数。

决策变量：

- X_{it}：调合组分 i 在第 t 个时间段内的采购/生产量，$i \in F$，$t \in T$；

- X_{kt}：石油产品 k 在第 t 个时间段内的生产量，$k \in P$，$t \in T$；

- d_{jkt}：在第 t 个时间段内按照调合配方 j 生产的石油产品 k 的数量，$k \in P$，$j \in N_k$，$t \in T$；

- x_{ijkt}：在第 t 个时间段内按照调合配方 j 生产石油产品 k 所消耗的调合组分 i 的数量，$k \in P$，$j \in N_k$，$i \in F$，$t \in T$；

- I_{it}：调合组分 i 在第 t 个时间段的期末库存量，$i \in F$，$t \in T$；

- I_{kt}：石油产品 k 在第 t 个时间段的期末库存量，$k \in P$，$t \in T$；

- w_{it}：0-1 变量，如果在第 t 个时间段内采购/生产调合组分 i，则该变量的值为 1，$i \in F$，$t \in T$；

- y_{kt}：0-1 变量，如果在第 t 个时间段内生产石油产品 k，则该变量的值为 1，$k \in P$，$t \in T$。

（三）产品调合优化模型

本部分将在考虑调合配方选择的基础上，以最小化总相关成本为目标，建立用于确定各种调合组分和石油产品在各时间段内的采购/生产量与库存量的产品调合优化模型。利用上述符号定义可以将这一问题描述如下：

1. 目标函数

该模型的目标函数是最小化炼油生产企业的总相关成本，包括采购成本、生产成本、库存成本和启动成本，其对应的数学描述如下：

$$\text{Minimize } C \equiv \sum_{t \in T} \sum_{i \in F} p_{it} \cdot X_{it} + \sum_{t \in T} \sum_{i \in F} \frac{h_i}{2} \cdot [I_{i, t-1} + X_{it} + I_{it}] + \sum_{t \in T} \sum_{k \in P} \frac{h_k}{2}$$
$$\cdot [I_{k, t-1} + X_{kt} + I_{kt}] + \sum_{t \in T} \sum_{i \in F} S_{it} \cdot w_{it} + \sum_{i \in T} \sum_{k \in P} s_{kt} \cdot y_{kt}$$

$$(13.1)$$

2. 约束条件

$$I_{k, t-1} + X_{kt} - I_{kt} = D_{kt}, \quad \forall k \in P, \ t \in T \tag{13.2}$$

$$I_{i, t-1} + X_{it} - I_{it} = \sum_{k \in P} \sum_{j \in N_k} x_{ijkt}, \quad \forall i \in F, \ t \in T \tag{13.3}$$

$$X_{kt} = \sum_{j \in N_k} d_{jkt}, \quad \forall k \in P, \ t \in T \tag{13.4}$$

$$x_{ijkt} = \rho_{ijk} \cdot d_{jkt}, \quad \forall i \in F, \ k \in P, \ j \in N_k, \ t \in T \tag{13.5}$$

$$X_{it} \leqslant Max_{it}, \quad \forall i \in F, \ t \in T \tag{13.6}$$

$$\sum_{i \in F} \sum_{k \in P} \sum_{j \in N_k} x_{ijkt} \leqslant Cap_t, \quad \forall t \in T \tag{13.7}$$

$$I_{kt} \leqslant V_k, \quad \forall k \in P, \ t \in T \tag{13.8}$$

$$I_{it} \leqslant V_i, \quad \forall i \in F, \ t \in T \tag{13.9}$$

$$X_{it} \leqslant L \cdot w_{it}, \quad \forall i \in F, \ t \in T \tag{13.10}$$

$$X_{kt} \leqslant L \cdot y_{kt}, \quad \forall k \in P, \ t \in T \tag{13.11}$$

$$X_{it}, \ X_{kt}, \ I_{it}, \ I_{kt}, \ x_{ijkt}, \ d_{jkt} \geqslant 0, \quad \forall i \in F, \ k \in P, \ j \in N_k, \ t \in T \tag{13.12}$$

$$w_{it}, \ y_{kt} \in \{0, \ 1\}, \quad \forall i \in F, \ k \in P, \ t \in T \tag{13.13}$$

约束（13.2）和（13.3）是物料平衡方程，分别描述了石油产品的独立需求和调合组分的依赖需求与其对应的采购/生产量及库存量之间的平衡关系。约束（13.4）指出在每个时间段内可以使用多种调合配方生产相同的石油产品。约束（13.5）用于确定按照不同调合配方生产的石油产品的数量。约束（13.6）规定了各种调合组分在各时间段内的最大可采购/生产量。约束（13.7）要求装置 PBU 在各时间段内的生产量不能超过相应的最大生产能力。约束（13.8）和（13.9）分别限定了石油产品和调合组分的最大存储能力。约束（13.10）和（13.11）分别指出在每次采购/生产调合组分和石油产品时，企业必须承担相应的启动费用。约束（13.12）和（13.13）分别定义了连续决策变量和离散决策变量的取值范围。

三、计算实验

（一）参数设计

为了检验上述模型的有效性，本章设计了下面的计算实验。为了便于描述，这里仅考虑了涉及三个时间段（即 $T = \{1, 2, 3\}$），六种调合组分（即 $F = \{1, 2, 3, 4, 5, 6\}$）和两种石油产品（即 $P = \{7, 8\}$）的情况。对于每种石油产品分别提供了两种调合配方（即 $N_7 = \{1, 2\}$，$N_8 = \{3, 4\}$），表 13.1 列出了实验中所使用的调合组分的相关信息。由于炼油企业的生产库存策略通常为中长期计划，因此本章将这一实验中每个时间段的长度设定为一个月，其他相关参数在确保模型可行性的条件下随机产生。

表 13.1 调合组分的相关信息

启动成本（千元）	s_{i1}	s_{i2}	s_{i3}
$i = 1$	10	15	20
$i = 2$	60	65	70
$i = 3$	30	35	40
$i = 4$	30	35	40
$i = 5$	90	95	100
$i = 6$	50	55	60
单位生产成本（元/吨）	p_{i1}	p_{i2}	p_{i3}
$i = 1$	10	20	30
$i = 2$	50	60	70
$i = 3$	110	120	130
$i = 4$	110	120	130

单位生产（元/吨）	P_{i1}	P_{i2}	P_{i3}
$i=5$	70	80	90
$i=6$	90	100	110
最大可采购/生产量（千吨）	Max_{i1}	Max_{i2}	Max_{i3}
$i=1$	240	230	220
$i=2$	230	220	210
$i=3$	220	210	200
$i=4$	210	200	190
$i=5$	200	190	180
$i=6$	190	180	170

（二）实验结果

作者采用优化软件 LINGO 在 Pentium IV 系列主频 2.4G 的计算机上进行了仿真实验，计算结果列于表 13.2 中。

表 13.2 计算结果

总成本（千元）	54131.01					
生产量（千吨）	$X_{1,1}$	$X_{1,2}$	$X_{1,3}$	$X_{2,1}$	$X_{2,2}$	$X_{2,3}$
	99.1	0	0	123	0	0
	$X_{3,1}$	$X_{3,2}$	$X_{3,3}$	$X_{4,1}$	$X_{4,2}$	$X_{4,3}$
	69.2	0	0	116.6	0	0
	$X_{5,1}$	$X_{5,2}$	$X_{5,3}$	$X_{6,1}$	$X_{6,2}$	$X_{6,3}$
	112.1	0	0	190	0	0
	$X_{7,1}$	$X_{7,2}$	$X_{7,3}$	$X_{8,1}$	$X_{8,2}$	$X_{8,3}$
	80	85	95	140	150	160
	$x_{1,1,7,1}$	$x_{1,1,7,2}$	$x_{1,1,7,3}$	$x_{1,2,7,1}$	$x_{1,2,7,2}$	$x_{1,2,7,3}$
	0	0	0	12	12.75	14.25
	$x_{2,1,7,1}$	$x_{2,1,7,2}$	$x_{2,1,7,3}$	$x_{2,2,7,1}$	$x_{2,2,7,2}$	$x_{2,2,7,3}$

续表

总成本（千元）	54131.01					
生产量（千吨）	0	0	0	24	25.5	28.5
	$x_{3,1,7,1}$	$x_{3,1,7,2}$	$x_{3,1,7,3}$	$x_{3,2,7,1}$	$x_{3,2,7,2}$	$x_{3,2,7,3}$
	0	0	0	12	12.75	14.25
	$x_{4,1,7,1}$	$x_{4,1,7,2}$	$x_{4,1,7,3}$	$x_{4,2,7,1}$	$x_{4,2,7,2}$	$x_{4,2,7,3}$
	0	0	0	8	8.5	9.5
	$x_{5,1,7,1}$	$x_{5,1,7,2}$	$x_{5,1,7,3}$	$x_{5,2,7,1}$	$x_{5,2,7,2}$	$x_{5,2,7,3}$
	0	0	0	16	17	19
	$x_{6,1,7,1}$	$x_{6,1,7,2}$	$x_{6,1,7,3}$	$x_{6,2,7,1}$	$x_{6,2,7,2}$	$x_{6,2,7,3}$
	0	0	0	8	8.5	9.5
	$x_{1,3,8,1}$	$x_{1,3,8,2}$	$x_{1,3,8,3}$	$x_{1,4,8,1}$	$x_{1,4,8,2}$	$x_{1,4,8,3}$
	11.133	3.667	0	4.3	17	24
	$x_{2,3,8,1}$	$x_{2,3,8,2}$	$x_{2,3,8,3}$	$x_{2,4,8,1}$	$x_{2,4,8,2}$	$x_{2,4,8,3}$
	11.133	3.666	0	2.867	11.333	16
	$x_{3,3,8,1}$	$x_{3,3,8,2}$	$x_{3,3,8,3}$	$x_{3,4,8,1}$	$x_{3,4,8,2}$	$x_{3,4,8,3}$
	0	0	0	2.867	11.333	16
	$x_{4,3,8,1}$	$x_{4,3,8,2}$	$x_{4,3,8,3}$	$x_{4,4,8,1}$	$x_{4,4,8,2}$	$x_{4,4,8,3}$
	0	0	0	8.6	34	48
	$x_{5,3,8,1}$	$x_{5,3,8,2}$	$x_{5,3,8,3}$	$x_{5,4,8,1}$	$x_{5,4,8,2}$	$x_{5,4,8,3}$
	11.133	3.667	0	4.3	17	24
	$x_{6,3,8,1}$	$x_{6,3,8,2}$	$x_{6,3,8,3}$	$x_{6,4,8,1}$	$x_{6,4,8,2}$	$x_{6,4,8,3}$
	77.933	25.667	0	5.733	22.667	32

四、结论

本章针对大型炼油生产系统中的产品调合问题进行了分析，在考虑调合配方选择的基础上，在满足复杂物料平衡约束和各种能力限制的条件下，以最小化决策区间内的总采购成本、生产成本、库存成本和启动成本为目标，建立了用于确定各种调合组分和石油产品在各时间段内的采购/生产量与库存量的混合整数线性规划模型，并采用优化软件 LINGO 进行了仿真实验，实验结果充分证明了这一模型的有效性。由此可见，本章的研究成果能够为大型炼油企业制定产品调合计划提供战略支持。此外，在今后的研究中可以考虑将本章所提出的产品调合优化模型推广应用于解决其他工业环境中具有多种生产方案的生产计划问题。

参考文献

［1］郭寿俊. 物流管理优化探讨［J］. 经营管理者，2002（6）：38-39.

［2］王凯岭. 如何降低物流成本［J］. 重型汽车，2003（5）：32-33.

［3］吴兰敏. 降低物流成本的途径［J］. 交通财会，2003（11）：44-45.

［4］许鑫，马迎春. 基于 Internet 的供应链管理［J］. 商业研究，2003（1）：111-115.

［5］何静，徐福缘. 供应链瓶颈问题分析及其解决方法［J］. 计算机集成制造系统，2003，9（2）：122-126.

［6］谢胜强. 基于供应链管理思想开放的 MPR-Ⅱ 系统模型研究［J］. 上海电力学院学报，2003，19（1）：37-41.

［7］冉净斐. 沃尔玛供应链管理对存货管理的启示［J］. 价值工程，2003（1）：48-50.

［8］张正祥，牛芳. 供应链管理环境下的单周期库存控制建模及优化［J］. 工业工程与管理，2002（4）：20-22.

［9］解琨，刘凯. 供应链库存管理中的风险问题研究［J］. 中国安全科学学报，2003，13（5）：26-29.

［10］赵树军. 供应链上的不确定因素与库存［J］. 物流技术，2002（7）：10-11.

［11］郭成. 供应链管理下的 VMI 模式探讨［J］. 商品储运与养护，2001（6）：23-24.

［12］解琨. 供应链中库存管理存在的问题与对策［J］. 云南财贸学院学报，2002，18（5）：65-68.

［13］宁树实. 炼钢—连铸—热轧一体化生产调度研究及应用［D］. 大连：大连理工大学，2006.

［14］胡军. 流程工业：从"孤岛"到"综合"的转变［J］. 中国高校科技与产业化，2010（10）：75-76.

［15］李苏剑，常志明. 连铸—连轧生产物流管理［M］. 北京：冶金工业出版社，2001.

［16］E. H. Bowman. Production scheduling by the transportation method of linear programming［J］. Operations Research，1956，4（1）：100-103.

［17］H. M. Wagner，T. M. Whitin. Dynamic version of the economic lot size model［J］. Management Science，1958，5（1）：89-96.

［18］A. S. Manne. Programming of economic lot sizes［J］. Management Science，1958，4（2）：115-135.

［19］B. P. Dzielinski，C. T. Baker，A. S. Manne. Simulation tests of lot size programming［J］. Management Science，1963，9（2）：229-258.

［20］B. P. Dzielinski，R. E. Gomory. Optimal programming of lot sizes, inventory，and labor allocations［J］. Management Science，1966，11（9）：874-890.

［21］R. F. Williams. A dominance relation in dynamic lot sizing［J］. Management Science，1975，21（10）：1206-1209.

［22］A. Wagelmans，S. Van Hoesel，A. Kolen. Economic lot sizing：an O（n log n）algorithm that runs in linear time in the Wagner-Whitin case［J］. Operations Research，1992，40（1-Supplement-1）：S145-S156.

［23］D. Aksen，K. Altinkemer，S. Chand. The single-item lot-sizing problem with immediate lost sales［J］. European Journal of Operational Research，2003，147（3）：558-566.

［24］H. M. Wagner，T. M. Whitin. Dynamic version of the economic lot size model［J］. Management Science，2004，50（Supplement）：1770-1774.

［25］ I. Ganas, S. Papachristos. The single-product lot-sizing problem with constant parameters and backlogging: exact results, a new solution, and all parameter stability regions ［J］. Operations Research, 2005, 53 (1): 170-176.

［26］ M. Florian, M. Klein. Deterministic production planning with concave costs and capacity constraints ［J］. Management Science, 1971, 18 (1): 12-20.

［27］ R. Jagannathan, M. R. Rao. A class of deterministic planning problems ［J］. Management Science, 1973, 19 (11): 1295-1300.

［28］ K. Ömer. An efficient algorithm for the capacitated single item dynamic lot size problem ［J］. European Journal of Operational Research, 1990, 45 (1): 15-24.

［29］ H. -D. Chen, D. W. Hearn, C. -Y. Lee. A new dynamic programming algorithm for the single item capacitated dynamic lot size model ［J］. Journal of Global Optimization, 1994, 4: 285-300.

［30］ C. -S. Chung, J. Flynn, C. -H. M. Lin. An effective algorithm for the capacitated single item lot size problem ［J］. European Journal of Operational Research, 1994, 75 (2): 427-440.

［31］ C. P. M. van Hoesel, A. P. M. Wagelmans. An O (T3) algorithm for the economic lot-sizing problem with constant capacities ［J］. Management Science, 1996, 42 (1): 142-150.

［32］ D. X. Shaw, A. P. M. Wagelmans. An algorithm for single-item capacitated economic lot sizing with piecewise linear production costs and general holding costs ［J］. Management Science, 1998, 44 (6): 831-838.

［33］ C. P. M. Van Hoesel, A. P. M. Wagelmans. Fully polynomial approximation schemes for single-item capacitated economic lot-sizing problems ［J］. Mathematics of Operations Research, 2001, 26 (2): 339-357.

[34] M. Florian, J. K. Lenstra, A. H. G. R. Kan. Deterministic production planning: algorithm and complexity [J]. Management Science, 1980, 26 (7): 669-679.

[35] G. R. Bitran, H. H. Yanasse. Computational complexity of the capacitated lot size problem [J]. Management Science, 1982, 28 (10): 1174-1186.

[36] W. -H. Chen, J. -M. Thizy. Analysis of relaxations for the multi-item capacitated lot-sizing problem [J]. Annals of Operations Research, 1990, 26: 29-72.

[37] J. Maes, L. V. Wassenhove. Multi-item single-level capacitated dynamic lot-sizing heuristics: a general review [J]. Journal of the Operational Research Society, 1988, 39 (11): 991-1004.

[38] W. W. Trigeiro, L. J. Thomas, J. O. McClain. Capacitated lot sizing with setup times [J]. Management Science, 1989, 35 (3): 353-366.

[39] E. G. Coffman Jr., M. Yannakakis, M. J. Magazine, C. Santos. Batch sizing and job sequencing on a single machine [J]. Annals of Operations Research, 1990, 26: 135-147.

[40] V. Lotfi, W. -H. Chen. An optimal algorithm for the multi-item capacitated production planning problem [J]. European Journal of Operational Research, 1991, 52 (2): 179-193.

[41] M. Diaby, H. C. Bahl, M. H. Karwan, S. Zionts. A Lagrangean relaxation approach for very-large-scale capacitated lot-sizing [J]. Management Science, 1992, 38 (9): 1329-1340.

[42] K. S. Hindi. Computationally efficient solution of the multi-item, capacitated lot-sizing problem [J]. Computers & Industrial Engineering, 1995, 28 (4): 709-719.

[43] W. Brüggemann, H. Jahnke. The discrete lot-sizing and scheduling prob-

lem: complexity and modification for batch availability [J]. European Journal of Operational Research, 2000, 124 (3): 511-528.

[44] J. C. Ho, Y. -L. Chang. A new MRP/GT lot sizing heuristic: a simulation study [J]. Production Planning & Control, 2003, 14 (3): 215-224.

[45] A. J. Miller, L. A. Wolsey. Tight MIP formulations for multi-item discrete lot-sizing problems [J]. Operations Research, 2003, 51 (4): 557-565.

[46] A. M. M. Jamal, B. R. Sarker, S. Mondal. Optimal manufacturing batch size with rework process at a single-stage production system [J]. Computers & Industrial Engineering, 2004, 47 (1): 77-89.

[47] L. van Norden, S. van de Velde. Multi-product lot-sizing with a transportation capacity reservation contract [J]. European Journal of Operational Research, 2005, 165 (1): 127-138.

[48] D. L. Cooke, T. R. Rohleder. Inventory evaluation and product slate management in large-scale continuous process industries [J]. Journal of Operations Management, 2006, 24 (3): 235-249.

[49] D. Briskorn. A note on capacitated lot sizing with setup carry over [J]. IIE Transactions, 2006, 38 (11): 1045-1047.

[50] M. Denizel, H. Süral. On alternative mixed integer programming formulations and LP-based heuristics for lot-sizing with setup times [J]. Journal of the Operational Research Society, 2006, 57 (4): 389-399.

[51] L. E. Cárdenas-Barrón. On optimal manufacturing batch size with rework process at single-stage production system [J]. Computers & Industrial Engineering, 2007, 53 (1): 196-198.

[52] L. E. Cárdenas-Barrón. Optimal manufacturing batch size with rework in a single-stage production system-a simple derivation [J]. Computers & Indus-

trial Engineering, 2008, 55 (4): 758-765.

[53] C. Sung, C. T. Maravelias. A mixed-integer programming formulation for the general capacitated lot-sizing problem [J]. Computers and Chemical Engineering, 2008, 32 (1-2): 244-259.

[54] P. A. Marchetti, C. A. Méndez, J. Cerdá. Mixed-integer linear programming monolithic formulations for lot-sizing and scheduling of single-stage batch facilities [J]. Industrial & Engineering Chemistry Research, 2010, 49 (14): 6482-6498.

[55] I. -S. Shim, H. -C. Kim, H. -H. Doh, D. -H. Lee. A two-stage heuristic for single machine capacitated lot-sizing and scheduling with sequence-dependent setup costs [J]. Computers & Industrial Engineering, 2011, 61 (4): 920-929.

[56] J. de Armas, M. Laguna. Parallel machine, capacitated lot-sizing and scheduling for the pipe-insulation industry [J]. International Journal of Production Research, 2020, 58 (3): 800-817.

[57] E. Suzanne, N. Absi, V. Borodin, W. van den Heuvel. A single-item lot-sizing problem with a by-product and inventory capacities [J]. European Journal of Operational Research, 2020, 287 (3): 844-855.

[58] D. M. Carvalho, M. C. V. Nascimento. Hybrid matheuristics to solve the integrated lot sizing and scheduling problem on parallel machines with sequence-dependent and non-triangular setup [J]. European Journal of Operational Research, 2022, 296 (1): 158-173.

[59] A. F. Veinott Jr.. Minimum concave cost solution of Leontief substitution systems of multi-facility inventory systems [J]. Operations Research, 1969, 17 (2): 262-291.

[60] W. I. Zangwill. A backlogging model and a multi-echelon model of a dynamic economic lot size production system-a network approach [J]. Man-

agement Science，1969，15（9）：506-527.

［61］ S. F. Love. A facilities in series inventory model with nested schedules ［J］. Management Science，1972，18（5-part-1）：327-338.

［62］ W. B. Crowston，M. Wagner，J. F. Williams. Economic lot size determination in multi-stage assembly systems ［J］. Management Science，1973，19（5）：517-527.

［63］ W. B. Crowston，M. H. Wagner. Dynamic lot size models for multi-stage assembly systems ［J］. Management Science，1973，20（1）：14-21.

［64］ L. B. Schwarz，L. Schrage. Optimal and system myopic policies for multi-echelon production/inventory assembly systems ［J］. Management Science，1975，21（11）：1285-1294.

［65］ E. Steinberg，H. A. Napier. Optimal multi-level lot-sizing for requirements planning systems ［J］. Management Science，1980，26（12）：1258-1271.

［66］ S. Axsäter，H. L. W. Nuttle. Combining items for lot sizing in multi-level assembly systems ［J］. International Journal of Production Research，1987，25（6）：795-807.

［67］ J. H. Bookbinder，L. A. Koch. Production planning for mixed assembly/arborescent systems ［J］. Journal of Operations Management，1990，9（1）：7-23.

［68］ T. P. Harrison，H. S. Lewis. Lot sizing in serial assembly systems with multiple constrained resources ［J］. Management Science，1996，42（1）：19-36.

［69］ C. E. Heinrich，C. Schneeweiss. Multi-stage lot-sizing for general production systems ［C］. In：S. Axsäter，C. Schneeweiss，E. Silver（Eds.），Multi-Stage Production Planning and Control，Lecture Notes in Economics and Mathematical Systems, Springer, Berlin, 1986, 150-181.

[70] Y. Pochet, L. A. Wolsey. Solving multi-item lot-sizing problems using strong cutting planes [J]. Management Science, 1991, 37 (1): 53-67.

[71] H. Tempelmeier, S. Helber. A heuristic for dynamic multi-item multi-level capacitated lotsizing for general product structures [J]. European Journal of Operational Research, 1994, 75 (2): 296-311.

[72] A. R. Clark, V. A. Armentano. A heuristic for a resource-capacitated multi-stage lot-sizing problem with lead times [J]. The Journal of the Operational Research Society, 1995, 46 (10): 1208-1222.

[73] S. Helber. Lot sizing in capacitated production planning and control systems [J]. Operations-Research-Spektrum, 1995, 17: 5-18.

[74] H. Stadtler. Reformulations of the shortest route model for dynamic multi-item multi-level capacitated lotsizing, Working Paper, Technical University of Darmstadt, 1995.

[75] J. Xie. An application of genetic algorithms for general dynamic lotsizing problems [C]. First International Conference on Genetic Algorithms in Engineering Systems: Innovations and Applications, Sheffield, UK, 1995, 82-87.

[76] J. Xie, Q. Jiang, W. Xing. A parallel heuristic algorithm for multi-stage lot-sizing in general production systems [C]. 1996 IEEE International Conference on Systems, Man and Cybernetics. Information Intelligence and Systems (Cat. No. 96CH35929), Beijing, China, 1996, 2: 1542-1547.

[77] H. Tempelmeier, M. Derstroff. A lagrangean-based heuristic for dynamic multilevel multiitem constrained lotsizing with setup times [J]. Management Science, 1996, 42 (5): 738-757.

[78] N. C. Simpson, S. S. Erenguc. Improved heuristic methods for multiple stage production planning [J]. Computers and Operations Research, 1998,

25 (7-8): 611-623.

[79] J. D. Blackburn, R. A. Millen. Improved heuristics for multi-stage requirements planning systems [J]. Management Science, 1982, 28 (1): 44-56.

[80] P. J. Billington, J. O. McClain, L. J. Thomas. Mathematical programming approaches to capacity-constrained MPR systems: review, formulation and problem reduction [J]. Management Science, 1983, 29 (10): 1126-1141.

[81] P. Afentakis, B. Gavish, U. Karmarkar. Computationally efficient optimal solutions to the lot-sizing problem in multistage assembly systems [J]. Management Science, 1984, 30 (2): 222-239.

[82] A. Zahorik, L. J. Thomas, W. W. Trigeiro. Network programming models for production scheduling in multi-stage, multi-item capacitated systems [J]. Management Science, 1984, 30 (3): 308-325.

[83] P. Afentakis, B. Gavish. Optimal lot-sizing algorithms for complex product structures [J]. Operations Research, 1986, 34 (2): 237-249.

[84] P. J. Billington, J. O. McClain, L. J. Thomas. Heuristics for multilevel lot-sizing with a bottleneck [J]. Management Science, 1986, 32 (8): 989-1006.

[85] R. Kuik, M. Salomon. Multi-level lot-sizing problem: Evaluation of a simulated-annealing heuristic [J]. European Journal of Operational Research, 1990, 45 (1): 25-37.

[86] J. Maes, J. O. McClain, L. N. Van Wassenhove. Multilevel capacitated lotsizing complexity and LP-based heuristics [J]. European Journal of Operational Research, 1991, 53 (2): 131-148.

[87] R. Kuik, M. Salomon, L. N. Van Wassenhove, J. Maes. Linear programming, simulated annealing and tabu search heuristics for lotsizing in

bottleneck assembly systems ［J］. IIE Transactions, 1993, 25 (1):
62-72.

［88］ P. Billington, J. Blackburn, J. Maes, R. Millen, L. N. Van Was-
senhove. Multi-item lotsizing in capacitated multi-stage serial systems ［J］.
IIE Transactions, 1994, 26 (2): 12-18.

［89］ A. R. Clark, V. A. Armentano. The application of valid inequalities to
the multi-stage lot-sizing problem ［J］. Computers & Operations Research,
1995, 22 (7): 669-680.

［90］ H. Stadtler. Mixed integer programming model formulations for dynamic
multi-item multi-level capacitated lotsizing ［J］. European Journal of Opera-
tional Research, 1996, 94 (3): 561-581.

［91］ L. Özdamar, Ş. İ. Birbil. Hybrid heuristics for the capacitated lot sizing
and loading problem with setup times and overtime decisions ［J］. European
Journal of Operational Research, 1998, 110 (3): 525-547.

［92］ D. E. Ravemark, D. W. T. Rippin. Optimal design of a multi-product
batch plant ［J］. Computers & Chemical Engineering, 1998, 22 (1-2):
177-183.

［93］ S. T. Enns. The effect of batch size selection on MRP performance ［J］.
Computers & Industrial Engineering, 1999, 37 (1-2): 15-19.

［94］ R. A. Sarker, L. R. Khan. An optimal batch size for a production sys-
tem operating under periodic delivery policy ［J］. Computers & Industrial
Engineering, 1999, 37 (4): 711-730.

［95］ N. C. Simpson. Multiple level production planning in rolling horizon as-
sembly environments ［J］. European Journal of Operational Research,
1999, 114 (1): 15-28.

［96］ N. Dellaert, J. Jeunet, N. Jonard. A genetic algorithm to solve the gen-
eral multi-level lot-sizing problem with time-varying costs ［J］. International

Journal of Production Economics, 2000, 68 (3): 241-257.

[97] L. Özdamar, G. Barbarosoglu. An integrated Lagrangean relaxation-simulated annealing approach to the multi-level multi-item capacitated lot sizing problem [J]. International Journal of Production Economics, 2000, 68 (3): 319-331.

[98] R. Sarker, T. P. Runarsson, C. Newton. A constrained multiple raw materials manufacturing batch sizing problem [J]. International Transactions in Operational Research, 2001, 8 (2): 121-138.

[99] J. Bicheno, M. Holweg, J. Niessmann. Constraint batch sizing in a lean environment [J]. International Journal of Production Economics, 2001, 73 (1): 41-49.

[100] G. Belvaux, L. A. Wolsey. Modelling practical lot-sizing problems as mixed-integer programs [J]. Management Science, 2001, 47 (7): 993-1007.

[101] V. A. Armentano, R. E. Berretta, P. M. Franca. Lot-sizing in capacitated multi-stage serial systems [J]. Production and Operations Management, 2001, 10 (1): 68-86.

[102] J. X. Xie, J. F. Dong. Heuristic genetic algorithms for general capacitated lot-sizing problems [J]. Computers and Mathematics with Applications, 2002, 44 (1-2): 263-276.

[103] L. R. Khan, R. A. Sarker. An optimal batch size for a JIT manufacturing system [J]. Computers & Industrial Engineering, 2002, 42 (2-4): 127-136.

[104] N. P. Dellaert, J. Jeunet. Randomized multi-level lot-sizing heuristics for general product structures [J]. European Journal of Operational Research, 2003, 148 (1): 211-228.

[105] H. Stadtler. Multilevel lot sizing with setup times and multiple constrained

resources: internally rolling schedules with lot-sizing windows [J]. Operations Research, 2003, 51 (3): 487-502.

[106] C. Suerie, H. Stadtler. The capacitated lot-sizing problem with linked lot sizes [J]. Management Science, 2003, 49 (8): 1039-1054.

[107] P. Kaminsky, D. Simchi-Levi. Production and distribution lot sizing in a two stage supply chain [J]. IIE Transactions, 2003, 35 (11): 1065-1075.

[108] R. Berretta, L. F. Rodrigues. A memetic algorithm for a multistage capacitated lot-sizing problem [J]. International Journal of Production Economics, 2004, 87 (1): 67-81.

[109] S. Kreipl, M. Pinedo. Planning and scheduling in supply chains: an overview of issues in practice [J]. Production and Operations management, 2004, 13 (1): 77-92.

[110] F. F. Boctor, P. Poulin. Heuristics for the N-product, M-stage, economic lot sizing and scheduling problem with dynamic demand [J]. International Journal of Production Research, 2005, 43 (13): 2809-2828.

[111] S. van Hoesel, H. E. Romeijn, D. R. Morales, A. P. M. Wagelmans. Integrated lot sizing in serial supply chains with production capacities [J]. Management Science, 2005, 51 (11): 1706-1719.

[112] A. M. Ornek, O. Cengiz. Capacitated lot sizing with alternative routings and overtime decisions [J]. International Journal of Production Research, 2006, 44 (24): 5363-5389.

[113] R. Pitakaso, C. Almeder, K. F. Doerner, R. F. Hartl. Combining population-based and exact methods for multi-level capacitated lot-sizing problems [J]. International Journal of Production Research, 2006, 44 (22): 4755-4771.

[114] B. Akrami, B. Karimi, S. M. M. Hosseini. Two metaheuristic meth-

ods for the common cycle economic lot sizing and scheduling in flexible flow shops with limited intermediate buffers: The finite horizon case [J]. Applied Mathematics and Computation, 2006, 183 (1): 634-645.

[115] C. Rong, K. Takahashi, K. Morikawa. MRP rescheduling heuristics with capacity extension under deterministic demand [J]. Computers & Industrial Engineering, 2006, 51 (1): 2-13.

[116] S. Wang, M. Guignard. Hybridizing discrete-and continuous-time models for batch sizing and scheduling problems [J]. Computers & Operations Research, 2006, 33 (4): 971-993.

[117] P. McKenzie, S. Jayanthi. Ball aerospace explores operational and financial trade-offs in batch sizing in implementing JIT [J]. Interfaces, 2007, 37 (2): 108-119.

[118] B. R. Sarker, A. M. M. Jamal, S. Mondal. Optimal batch sizing in a multi-stage production system with rework consideration [J]. European Journal of Operational Research, 2008, 184 (3): 915-929.

[119] M. Ouhimmou, S. D'Amours, R. Beauregard, D. Ait-Kadi, S. S. Chauhan. Furniture supply chain tactical planning optimization using a time decomposition approach [J]. European Journal of Operational Research, 2008, 189 (3): 952-970.

[120] M. Aydinel, T. Sowlati, X. Cerda, E. Cope, M. Gerschman. Optimization of production allocation and transportation of customer orders for a leading forest products company [J]. Mathematical and Computer Modelling, 2008, 48 (7-8): 1158-1169.

[121] L. E. Cárdenas-Barrón. On optimal batch sizing in a multi-stage production system with rework consideration [J]. European Journal of Operational Research, 2009, 196 (3): 1238-1244.

[122] C. Almeder. A hybrid optimization approach for multi-level capacitated

lot-sizing problems [J]. European Journal of Operational Research, 2010, 200 (2): 599-606.

[123] F. Tian, S. P. Willems, K. G. Kempf. An iterative approach to item-level tactical production and inventory planning [J]. International Journal of Production Economics, 2011, 133 (1): 439-450.

[124] K. H. Chang, Y. S. Lu. Inventory management in a base-stock controlled serial production system with finite storage space [J]. Mathematical and Computer Modelling, 2011, 54: 2750-2759.

[125] A. Konak, M. R. Bartolacci, B. Gavish. A dynamic programming approach for batch sizing in a multi-stage production process with random yields [J]. Applied Mathematics and Computation, 2011, 218 (4): 1399-1406.

[126] S. Axsäter. Batch quantities when forecasts are improving [J]. International Journal of Production Economics, 2011, 133 (1): 212-215.

[127] T. Yang, Y. A. Shen. The dynamic transfer batch-size decision for thin film transistor-liquid crystal display array manufacturing by artificial neural-network [J]. Computers & Industrial Engineering, 2011, 60 (4): 769-776.

[128] B. Bouslah, A. Gharbi, R. Pellerin, A. Hajji. Optimal production control policy in unreliable batch processing manufacturing systems with transportation delay [J]. International Journal of Production Research, 2013, 51 (1): 264-280.

[129] M. Karimi-Nasab, S. M. Seyedhoseini, M. Modarres, M. Heidari. Multi-period lot sizing and job shop scheduling with compressible process times for multilevel product structures [J]. International Journal of Production Research, 2013, 51 (20): 6229-6246.

[130] F. Castillo, P. Gazmuri. Genetic algorithms for batch sizing and produc-

tion scheduling [J]. The International Journal of Advanced Manufacturing Technology, 2015, 77: 261-280.

[131] W. Wongthatsanekorn, B. Phruksaphanrat. Genetic algorithm for short-term scheduling of make-and-pack batch production process [J]. Chinese Journal of Chemical Engineering, 2015, 23 (9): 1475-1483.

[132] Y. Fumero, M. S. Moreno, G. Corsano, J. M. Montagna. A multi-product batch plant design model incorporating production planning and scheduling decisions under a multiperiod scenario [J]. Applied Mathematical Modelling, 2016, 40 (5-6): 3498-3515.

[133] C. Alayet, N. Lehoux, L. Lebel, M. Bouchard. Centralized supply chain planning model for multiple forest companies [J]. INFOR: Information Systems and Operational Research, 2016, 54 (3): 171-191.

[134] F. Li, Z. L. Chen, L. X. Tang. Integrated production, inventory and delivery problems: complexity and algorithms [J]. INFORMS Journal on Computing, 2017, 29 (2): 232-250.

[135] M. Tan, B. Duan, Y. Su. Economic batch sizing and scheduling on parallel machines under time-of-use electricity pricing [J]. Operational Research, 2018, 18: 105-122.

[136] T. Kirschstein, F. Meisel. A multi-period multi-commodity lot-sizing problem with supplier selection, storage selection and discounts for the process industry [J]. European Journal of Operational Research, 2019, 279 (2): 393-406.

[137] A. Toscano, D. Ferreira, R. Morabito. A decomposition heuristic to solve the two-stage lot sizing and scheduling problem with temporal cleaning [J]. Flexible Services and Manufacturing Journal, 2019, 31: 142-173.

[138] G. M. Melega, S. A. de Araujo, R. Morabito. Mathematical model and solution approaches for integrated lot-sizing, scheduling and cutting

stock problems ［J］. Annals of Operations Research，2020，295：695-736.

［139］ J. O. Cunha，R. A. Melo. Valid inequalities，preprocessing，and an effective heuristic for the uncapacitated three-level lot-sizing and replenishment problem with a distribution structure ［J］. European Journal of Operational Research，2021，295（3）：874-892.

［140］ M. Gansterer，P. Födermayr，R. F. Hartl. The capacitated multi-level lot-sizing problem with distributed agents ［J］. International Journal of Production Economics，2021，235：108090. 1-108090. 11.

［141］ L. M. Pierini，K. C. Poldi. Optimization of the cutting process integrated to the lot sizing in multi-plant paper production industries ［J］. Computers & Operations Research，2023，153：106157. 1-106157. 15.

［142］ 高振. 钢铁原料采购物流优化问题与列生成算法研究 ［D］. 沈阳：东北大学，2003.

［143］ 赵昌旭. 中国钢铁产业组织研究——基于有效竞争的视角 ［D］. 武汉：华中科技大学，2006.

［144］ 覃一宁. 冷轧薄板生产计划与调度系统的研究与应用 ［D］. 大连：大连理工大学，2006.

［145］ L. Tang，G. Wang，J. Liu. A branch-and-price algorithm to solve the molten iron allocation problem in iron and steel industry ［J］. Computer & Operations Research，2007，34（10）：3001-3015.

［146］ 邱剑，汪红兵，田乃媛，徐安军，陆志新，孙国伟，吴珊. 宝钢铁水供应管理系统的二次开发 ［J］. 武汉科技大学学报（自然科学版），2003，26（2）：114-116.

［147］ 张曙光，费炳铨. 钢厂铁水运输集中区列车控制模型的研究 ［J］. 上海大学学报（自然科学版），2000，6（1）：47-51.

［148］徐心和，陈雄，郭令忠，谈金东. 炼钢—连铸—热轧一体化管理
［J］. 冶金自动化，1997，3：1-4.

［149］孙福权，郑秉霖，崔建江，汪定伟，刘新胜. 炼钢—热轧一体化管
理的生产计划编制问题研究［J］. 自动化学报，2000，26（3）：
409-413.

［150］L. Tang, J. Liu, A. Rong, Z. Yang. A mathematical programming
model for scheduling steelmaking-continuous casting production scheduling
［J］. European Journal of Operational Research, 2000, 120（2）：
423-435.

［151］L. Tang, J. Liu, A. Rong, Z. Yang. A multiple traveling salesman
problem model for hot rolling scheduling in Shanghai Baoshan Iron and Steel
Complex［J］. European Journal of Operational Research, 2000, 124
（2）：267-282.

［152］L. Tang, J. Liu, A. Rong, Z. Yang. A review of planning and sched-
uling systems and methods for integrated steel production［J］. European
Journal of Operational Research, 2001, 133（1）：1-20.

［153］L. X. Tang, P. B. Luh, J. Y. Liu, L. Fang. Steel-making process
scheduling using Lagrangian relaxation［J］. International Journal of Pro-
duction Research, 2002, 40（1）：55-70.

［154］D. de Ladurantaye, M. Gendreau, J. -Y. Potvin. Scheduling a hot
rolling mill［J］. Journal of the Operational Research Society, 2007, 58
（3）：288-300.

［155］L. X. Tang, X. P. Wang. A scatter search algorithm for a multistage
production scheduling problem with blocking and semi-continuous batching
machine［J］. IEEE Transactions on Control Systems Technology, 2011,
19（5）：976-989.

［156］L. X. Tang, G. S. Wang, Z. L. Chen. Integrated charge batching and casting width selection at baosteel [J]. Operations Research, 2014, 62 (4): 772-787.

[157] S. Wang, Y. Shi, S. Liu. Integrated scheduling for steelmaking continuous casting-hot rolling processes considering hot chain logistics [J]. Mathematical Problems in Engineering, 2020: 6902934. 1 – 6902934. 10.

[158] V. V. Verdejo, M. A. P. Alarcó, M. P. L. Sorlí. Scheduling in a continuous galvanizing line [J]. Computers & Operations Research, 2009, 36 (1): 280-296.

[159] W. Höhn, F. G. König, R. H. Möhring, M. E. Lübbecke. Integrated sequencing and scheduling in coil coating [J]. Management Science, 2011, 57 (4): 647-666.

[160] L. X. Tang, Y. Meng, Z. L. Chen, J. Y. Liu. Coil batching to improve productivity and energy utilization in steel production [J]. Manufacturing & Service Operations Management, 2016, 18 (2): 262-279.

[161] L. Tang, J. Liu, A. Rong, Z. Yang. An effective heuristic algorithm to minimise stack shuffles in selecting steel slabs from the slab yard for heating and rolling [J]. Journal of the Operational Research Society, 2001, 52 (10): 1091-1097.

[162] L. Tang, J. Liu, A. Rong, Z. Yang. Modelling and a genetic algorithm solution for the slab stack shuffling problem when implementing steel rolling schedules [J]. International Journal of Production Research, 2002, 40 (7): 1583-1595.

[163] K. A. Singh, Srinivas, M. K. Tiwari. Modelling the slab stack shuffling problem in developing steel rolling schedules and its solution using improved parallel genetic algorithms [J]. International Journal of Production Economics, 2004, 91 (2): 135-147.

［164］ 胡琨元，朱云龙，汪定伟. 自适应 PBIL 算法求解合同优化匹配问题
［J］. 系统工程，2004，22（12）：87-91.

［165］ 胡琨元，高政威，汪定伟. 钢铁企业合同匹配多目标优化模型与算法
［J］. 东北大学学报（自然科学版），2004，25（6）：527-530.

［166］ 胡琨元，常春光，郑秉霖，汪定伟. 钢铁企业中库存匹配与生产计划
联合优化模型与算法［J］. 信息与控制，2004，33（2）：177-180
+196.

［167］ C. Y. Yu, R. -X. Qu. Multi-objective order planning model and algo-
rithm for integrated steel production［C］. Proceedings of the 15th Interna-
tional Conference on Management Science and Engineering, Long Beach,
CA, USA, 10-12 September, 2008, 400-405.

［168］ T. Zhang, Y. -J. Zhang, Q. P. Zheng, P. M. Pardalos. A hybrid
particle swarm optimization and tabu search algorithm for order planning
problems of steel factories based on the make-to-stock and make-to-order
management architecture［J］. Journal of Industrial and Management Opti-
mization, 2011, 7（1）：31-51.

［169］ H. Fang, T. Chen, Y. Xie, Y. Sun. Order planning and scheduling
of rod and wire production based on gantt chart［C］. Proceeding of the
11th World Congress on Intelligent Control and Automation, Shenyang,
China, June 29-July 4, 2014, 3417-3421.

［170］ T. Zhang, Q. P. Zheng, Y. Fang, Y. Zhang. Multi-level inventory
matching and order planning under the hybrid make-to-order/make-to-stock
production environment for steel plants via particle swarm optimization［J］.
Computers & Industrial Engineering, 2015, 87：238-249.

［171］ J. H. Lin, M. Liu, J. H. Hao, P. Gu. Many-objective harmony
search for integrated order planning in steelmaking-continuous casting-hot
rolling production of multi-plants［J］. International Journal of Production

Research, 2017, 55 (14): 4003-4020.

[172] B. Zhang, G. S. Wang, Y. Yang, S. Zhang. Solving the order planning problem at the steelmaking shops by considering logistics balance on the plant-wide process [J]. IEEE Access, 2019, 7: 139938-139956.

[173] M. Y. Chen, W. M. Wang. A linear programming model for integrated steel production and distribution planning [J]. International Journal of Operations & Production Management, 1997, 17 (6): 592-610.

[174] Z. Degraeve, F. Roodhooft. Determining sourcing strategies: a decision model based on activity and cost driver information [J]. Journal of the Operational Research Society, 1998, 49 (8): 781-789.

[175] R. N. Roy, K. K. Guin. A proposed model of JIT purchasing in an integrated steel plant [J]. International Journal of Production Economics, 1999, 59 (1-3): 179-187.

[176] Z. Degraeve, F. Roodhooft. Improving the efficiency of the purchasing process using total cost of ownership information: the case of heating electrodes at Cockerill Sambre S. A. [J]. European Journal of Operational Research, 1999, 112 (1): 42-53.

[177] Z. Degraeve, E. Labro, F. Roodhooft. An evaluation of vendor selection models from a total cost of ownership perspective [J]. European Journal of Operational Research, 2000, 125 (1): 34-58.

[178] 刘伟, 张庆凌. 轧钢厂钢坯生产计划的最优决策 [J]. 系统工程理论与实践, 1994, 4: 29-35+80.

[179] 李苏剑, 常志明. 面向合同生产的钢铁企业多阶段生产物流平衡模型 [J]. 北京科技大学学报, 1999, 21 (6): 535-538.

[180] 张涛, 王梦光, 唐立新, 宋健海, 杨建夏. 基于 MTO 管理系统的钢厂合同计划方法 [J]. 控制与决策, 2000, 15 (6): 649-653.

[181] Z. Gao, L. X. Tang. A multi-objective model for purchasing of bulk raw

materials of a large-scale integrated steel plant [J]. International Journal of Production Economics, 2003, 83 (3): 325-334.

[182] Z. Gao, L. X. Tang. Combine column generation with GUB to solve the steel-iron raw materials purchasing lot-sizing problem [J]. Acta Automatica Sinica, 2004, 30 (1): 20-26.

[183] Z. Degraeve, F. Roodhooft, B. van Doveren. The use of total cost of ownership for strategic procurement: a company-wide management information system [J]. Journal of the Operational Research Society, 2005, 56 (1): 51-59.

[184] S. Zanoni, L. Zavanella. Model and analysis of integrated production-inventory system: the case of steel production [J]. International Journal of Production Economics, 2005, 93-94: 197-205.

[185] I. Ferretti, S. Zanoni, L. Zavanella. Production-inventory scheduling using ant system metaheuristic [J]. International Journal of Production Economics, 2006, 104 (2): 317-326.

[186] S. X. Liu, J. F. Tang, J. H. Song. Order-planning model and algorithm for manufacturing steel sheets [J]. International Journal of Production Economics, 2006, 100 (1): 30-43.

[187] P. A. Huegler, J. C. Hartman. Fulfilling orders for steel plates from existing inventory [J]. Journal of the Operational Research Society, 2007, 58 (9): 1156-1166.

[188] Z. H. Luo, L. X. Tang, W. Y. Zhang. Using branch-and-price algorithm to solve raw materials logistics planning problem in iron and steel industry [C]. 2007 International Conference on Management Science & Engineering (14th), Harbin, China, August 20-22, 2007, 529-536.

[189] G. Z. Jiang, J. Y. Kong, G. F. Li. Aggregate production planning model of production line in iron and steel enterprise based on genetic algo-

rithm［C］. Proceedings of the 7th World Congress on Intelligent Control and Automation, Chongqing, China, 25-27 June, 2008, 7716-7719.

［190］ D. -F. Zhu, Z. Zheng, X. -Q. Gao. Intelligent optimization-based production planning and simulation analysis for steelmaking and continuous casting process［J］. Journal of Iron and Steel Research, 2010, 17（9）: 19-24+30.

［191］ A. Witt, S. Voß. Application of a mathematical model to an intermediate-to long-term real-world steel production planning problem based on standard software［J］. European Journal of Industrial Engineering, 2011, 5（1）: 81-100.

［192］ R. As'ad, K. Demirli. A bilinear programming model and a modified branch-and-bound algorithm for production planning in steel rolling mills with substitutable demand［J］. International Journal of Production Research, 2011, 49（12）: 3731-3749.

［193］ J. Zhang, X. Liu, Y. L. Tu. A capacitated production planning problem for closed-loop supply chain with remanufacturing［J］. The International Journal of Advanced Manufacturing Technology, 2011, 54: 757-766.

［194］ 高振, 唐立新, 王梦光. 钢铁企业原燃料多目标采购模型［J］. 东北大学学报, 2001, 22（6）: 619-622.

［195］ 宋健海, 刘士新, 王梦光, 唐立新. 钢铁企业产成品出厂计划模型与优化方法［J］. 东北大学学报, 2001, 22（6）: 627-630.

［196］ 陶青平, 何诗兴. 马钢中板厂生产计划编制模型［J］. 马钢职工大学学报, 2003, 13（3）: 61-64.

［197］ 刘士新, 宋健海, 唐加福, 王梦光. MTO 管理模式下钢铁企业生产合同计划建模与优化［J］. 控制与决策, 2004, 19（4）: 393-396+401.

［198］彭威，刘爱国. 冷轧企业负荷平衡原料计划模式和方法［J］. 计算机集成制造系统，2004，10（6）：662-666.

［199］彭威，陈李军. 冷轧生产线机组作业计划过程中的投料混合比算法［J］. 计算机集成制造系统，2005，11（4）：582-586.

［200］王文鹏，杨再步，李铁克. 冷轧生产线的批量计划与调度方法［J］. 冶金自动化，2006，5：11-15.

［201］陈超武，董绍华，丁文英. ERW 钢管多阶段生产计划的编制及优化［J］. 北京科技大学学报，2006，28（7）：691-695.

［202］周琳. 连铸—热轧集成生产库存优化模型［J］. 冶金自动化，2007，5：5-9+13.

［203］李铁克，施灿涛. 冷轧生产批量计划与调度问题模型及算法［J］. 管理学报，2008，5（1）：64-69.

［204］罗治洪，唐立新，张悟移. 钢铁原料物流计划问题的建模与求解［J］. 系统工程理论与实践，2008，28（5）：77-84+104.

［205］谭惠，汤银英. 基于供应链管理的钢铁企业库存与运输整合优化研究［J］. 物流技术，2009，28（11）：185-187.

［206］徐佳，刘晓冰，王继岩，李修飞. 钢铁集团原料协同库存控制模型研究与应用［J］. 计算机集成制造系统，2009，15（2）：292-298+305.

［207］纪鹏程，宋士吉，吴澄，邓军. 钢铁企业复杂库存环境下的精确库存成本建模［J］. 计算机集成制造系统，2010，16（2）：293-298.

［208］王万雷，徐佳，王继岩. 基于消耗链的钢铁集团物料需求计划模型［J］. 计算机集成制造系统，2010，16（5）：1074-1081.

［209］S. U. Wenbo. Measures to improve the inventory of steel industry in supply chain environment［J］. Management Science & Engineering，2013，7（3）：90-98.

［210］M. A. Sandhu, P. Helo, Y. Kristianto. Steel supply chain management by simulation modeling ［J］. Benchmarking-An International Journal, 2013, 20 (1): 45-61.

［211］ S. Lu, H. -Y. Su, L. Zhu, Q. H. Shen. Multi-objective mathematic programming model and algorithm for production planning in steel and iron enterprise ［C］. Proceedings of the 32nd Chinese Control Conference, Xi'an, China, 26-28 July, 2013, 8401-8406.

［212］ W. Xu, C. Cheng, B. Yang. Optimal control approach to two-stage inventory system in steel cold rolling production ［C］. 2014 IEEE International Conference on System Science and Engineering (ICSSE), Shanghai, China, 11-13 July, 2014, 255-260.

［213］ S. Lu, H. Su, C. Johnsson, Y. Wang, L. Xie. Modeling and optimization methods of integrated production planning for steel plate mill with flexible customization ［J］. Chinese Journal of Chemical Engineering, 2015, 23 (12): 2037-2047.

［214］ Y. Jia, F. Li. Optimal polices for queueing storage problem in steel slab yard ［C］. The 27th Chinese Control and Decision Conference (2015 CCDC), Qingdao, China, 2015, 828-830.

［215］ P. Moengin. A mathematical model and algorithm of integrated production-inventory-distribution system for billet steel manufacturing ［C］. The World Congress on Engineering 2015, London, UK, 1 - 3 July, 2015, 317-328.

［216］ C. Cheng, L. X. Tang. Robust policies for a multi-stage production/inventory problem with switching costs and uncertain demand ［J］. International Journal of Production Research, 2018, 56 (12): 4264-4282.

［217］ J. Wu, D. Zhang, Y. Yang, G. S. Wang, L. J. Su. Multi-stage multi-product production and inventory planning for cold rolling under random yield ［J］. Mathematics, 2022, 10 (4): 597. 1-597. 21.

［218］许贵斌，赵旭，李雪婷. 基于随机理论的我国铁矿石库存优化［J］.
上海海事大学学报，2013，34（4）：76-81.

［219］唐建勋，汪恭书，唐立新. 钢铁企业全流程物流优化问题的建模及分
支—定价算法［J］. 自动化学报，2013，39（9）：1492-1501.

［220］伍景琼，蒲云. 原材料价格波动下钢铁生产库存多期优化模型［J］.
计算机工程与应用，2014，50（2）：216-221.

［221］潘开灵，秦素芬. 价格波动下钢铁企业铁矿石库存控制研究［J］. 物
流技术，2015，34（11）：183-185.

［222］潘瑞林，茹伟，徐斌，张洪亮，李德鹏. 考虑多阶段多流向的冷轧生
产计划模型及算法［J］. 计算机集成制造系统，2016，22（10）：
2363-2370.

［223］C. N. Redwine, D. A. Wismer. A mixed integer programming model
for scheduling orders in a steel mill［J］. Journal of Optimization Theory
and Applications，1974，14（3）：305-318.

［224］D. J. Hoitomt, P. B. Luh, K. R. Pattipati. A practical approach to
job-shop scheduling problems［J］. IEEE Transactions on Robotics and Au-
tomation，1993，9（1）：1-13.

［225］P. B. Luh, D. J. Hoitomt. Scheduling of manufacturing systems using
the Lagrangian relaxation technique［J］. IEEE Transactions on Automatic
Control，1993，38（7）：1066-1079.

［226］S. D′Amours, B. Montreuil, F. Soumis. Price-based planning and
scheduling of multiproduct orders in symbiotic manufacturing networks［J］.
European Journal of Operational Research，1997，96（1）：148-166.

［227］P. B. Luh, D. Chen, L. S. Thakur. An effective approach for job-
shop scheduling with uncertain processing requirements［J］. IEEE Trans-
actions on Robotics and Automation，1999，15（2）：328-339.

［228］C. A. Méndez, G. P. Henning, J. Cerdá. Optimal scheduling of batch plants satisfying multiple product orders with different due-dates [J]. Computers and Chemical Engineering, 2000, 24 (9-10): 2223-2245.

[229] P. B. Luh, X. H. Zhou, R. N. Tomastik. An effective method to reduce inventory in job shops [J]. IEEE Transactions on Robotics and Automation, 2000, 16 (4): 420-424.

[230] J. Sun, D. Xue. A dynamic reactive scheduling mechanism for responding to changes of production orders and manufacturing resources [J]. Computers in Industry, 2001, 46 (2): 189-207.

[231] H. X. Chen, P. B. Luh. An alternative framework to Lagrangian relaxation approach for job shop scheduling [J]. European Journal of Operational Research, 2003, 149 (3): 499-512.

[232] L. Geneste, B. Grabot, A. Letouzey. Scheduling uncertain orders in the customer-subcontractor context [J]. European Journal of Operational Research, 2003, 147 (2): 297-311.

[233] P. B. Luh, D. J. Hoitomt, E. Max, K. R. Pattipati. Schedule generation and reconfiguration for parallel machines [J]. IEEE Transactions on Robotics and Automation, 1990, 6 (6): 687-696.

[234] S. Tragantalerngsak, J. Holt, M. Rönnqvist. Lagrangian heuristics for the two-echelon, single-source, capacitated facility location problem [J]. European Journal of Operational Research, 1997, 102 (3): 611-625.

[235] S. -H. Wang. An improved stepsize of the subgradient algorithm for solving the Lagrangian relaxation problem [J]. Computers and Electrical Engineering, 2003, 29 (1): 245-249.

[236] H. Min, G. Zhou. Supply chain modeling: past, present and future [J]. Computers & Industrial Engineering, 2002, 43: 231-249.

[237] K. Xu, Y. Dong, P. T. Evers. Towards better coordination of the supply chain [J]. Transportation Research Part E-Logistics and Transporta-

tion Review, 2001, 37 (1): 35-54.

[238] S. Minner. Strategic safety stocks in reverse logistics supply chains [J]. International Journal of Production Economics, 2001, 71 (1-3): 417-428.

[239] G. Barbarosoǧlu. An integrated supplier-buyer model for improving supply chain coordination [J]. Production Planning & Control, 2000, 11 (8): 732-741.

[240] X. L. Xue, X. D. Li, Q. P. Shen, Y. W. Wang. An agent-based framework for supply chain coordination in construction [J]. Automation in Construction, 2005, 14: 413-430.

[241] G. Dudek, H. Stadtler. Negotiation-based collaborative planning between supply chains partners [J]. European Journal of Operational Research, 2005, 163: 668-687.

[242] P. F. Johnson. Managing value in reverse logistics systems [J]. Transportation Research Part E-Logistics and Transportation Review, 1998, 34 (3): 217-227.

[243] M. Held, P. Wolfe, H. D. Crowder. Validation of subgradient optimization [J]. Mathematical Programming, 1974, 6: 62-88.

[244] K. Jörnsten, M. Näsberg, P. Smeds. Variable splitting: a new Lagrangean relaxation approach to some mathematical programming models, Working paper LITH-MAT-R-85-04, Linköping University, 1985.

[245] K. Jörnsten, M. Näsberg. A new Lagrangian relaxation approach to the generalized assignment problem [J]. European Journal of Operational Research, 1986, 27: 313-323.

[246] M. Guignard, S. Kim. Lagrangian decomposition: a model yielding stronger bounds [J]. Mathematical Programming, 1987, 39: 215-228.

[247] J. Barcelo, E. Fernandex, K. O. Jörnsten. Computational results from

a new Lagrangian relaxation algorithm for the capacitated plant location problem ［J］. European Journal of Operational Research, 1991, 53: 38-45.

［248］ P. Barcia, K. Jörnsten. Improved Lagrangean decomposition: an application to the generalized assignment problem ［J］. European Journal of Operational Research, 1990, 46: 84-92.

［249］ R. Sridharan. The capacitated plant location problem ［J］. European Journal of Operational Research, 1995, 87: 203-213.

［250］ 郑世耀, 傅天存, 周继辉. 线性规划应用于炼厂生产方案的编排 ［J］. 石油炼制与化工, 1982, 13 (11): 22-27.

［251］ J. Zhang, X. X. Zhu, G. P. Towler. A simultaneous optimization strategy for overall integration in refinery planning ［J］. Industrial & Engineering Chemistry Research, 2001, 40 (12): 2640-2653.

［252］ N. Julka, I. Karimi, R. Srinivasan. Agent-based supply chain management-2: a refinery application ［J］. Computers and Chemical Engineering, 2002, 26: 1771-1781.

［253］ 于小桥, 杨明诗, 李慧竹, 何银仁. 多厂生产计划模型系统 ［J］. 石油炼制与化工, 2002, 33 (1): 50-53.

［254］ 刘晓, 王成恩, 储诚斌. 分布式供应链中基于准时制的原油采购计划方法 ［J］. 中国管理科学, 2003, 3: 30-35.

［255］ 陈宏, 何小荣, 邱彤, 陈丙珍. 炼油企业库存管理 ［J］. 化工学报, 2003, 54 (8): 1118-1121.

［256］ 陈宏, 何小荣, 陈丙珍. 炼油企业供应链优化模型及算法研究 ［J］. 现代化工, 2004, 24 (2): 17-19.

［257］ 李雷, 李秀喜, 钱宇. 基于递阶排产法的原油系统排产建模 ［J］. 石油学报 (石油加工), 2005, 1: 88-94.

［258］ 赖黎明. 线性规划在原油现货采购优化中的应用 ［J］. 当代石油石

化，2007，6：25-30+50.

[259] 龙伟灿，刘建平，李华. 高硫、高酸重质原油的优化采购及加工 [J]. 石油炼制与化工，2009，40（2）：49-53.

[260] 盛况. 原油采购模式研究 [J]. 合作经济关于科技，2009，18：121-122.

[261] 黄华. 炼油企业降低进口原油采购成本途径探讨 [J]. 国际石油经济，2009，17（10）：54-57.

[262] 龙伟灿. 原油采购品种与炼油加工流程的优化选择 [J]. 当代石油石化，2010，18（4）：37-39.

[263] 刘志玲. 以保本价格为基础实现原油现货采购优化 [J]. 当代石油石化，2010，18（2）：24-28.

[264] 张成，毛卉，朱振才. PIMS 模型在原油采购优化过程中的应用 [J]. 石油炼制与化工，2011，42（4）：88-91.

[265] 胡泊. JSP 公司进口原油采购方案优化研究 [D]. 天津：天津大学，2011.

[266] 罗文洪. 石化企业原油采购管理研究 [D]. 北京：清华大学，2011.

[267] 谢智雪，郑力. 基于 Bayes 方法的炼油厂采购策略 [J]. 清华大学学报（自然科学版），2012，4：447-450.

[268] T. A. Oddsdottir, M. Grunow, R. Akkerman. Procurement planning in oil refining industries considering blending operations [J]. Computers and Chemical Engineering, 2013, 58：1-13.

[269] K. B. Kallestrup, L. H. Lynge, R. Akkerman, T. A. Oddsdottir. Decision support in hierarchical planning systems：the case of procurement planning in oil refining industries [J]. Decision Support Systems, 2014, 68：49-63.

[270] R. Chen, T. Deng, S. Huang, R. Qin. Optimal crude oil procurement under fluctuating price in an oil refinery [J]. European Journal of

Operational Research, 2015, 245: 438-445.

[271] 潘伟, 王凤侠, 吴婷. 不同突发事件下进口原油采购策略 [J]. 中国管理科学, 2016, 24 (7): 27-35.

[272] 肖文涛, 徐宁, 刘志玲, 周晓玲, 王震, 李启. 原油采购—远洋运输方案模糊聚类图优化法 [J]. 中国石油大学学报 (自然科学版), 2017, 41 (3): 176-182.

[273] 徐彬. 应用 Petro-SIM 软件优化炼油厂的原油采购 [J]. 炼油技术与工程, 2018, 48 (8): 51-55.

[274] 宋长春. 原油采购和生产优化模型 PIMS 在石家庄炼化的应用 [J]. 河北企业, 2019, 1: 5-6.

[275] 朱雅兰, 张黎明. PIMS 模型在洛阳石化进口原油采购优化过程中的应用研究 [J]. 河南化工, 2019, 36 (11): 62-64.

[276] J. Nicoletti, F. You. Multiobjective economic and environmental optimization of global crude oil purchase and sale planning with noncooperative stakeholders [J]. Applied Energy, 2020, 259: 114222. 1 - 114222. 12.

[277] 成杰, 丁都林. 原油采购和生产优化模型 PIMS 在炼化的应用分析 [J]. 中国石油和化工标准与质量, 2022, 42 (3): 42-44.

[278] A. Singh, J. F. Forbes, P. J. Vermeer, S. S. Woo. Model-based real-time optimization of automotive gasoline blending operations [J]. Journal of Process Control, 2000, 10 (1): 43-58.

[279] K. Glismann, G. Gruhn. Short-term scheduling and recipe optimization of blending process [J]. Computers and Chemical Engineering, 2001, 25 (4-6): 627-634.

[280] V. I. Litvinenko, J. A. Burgher, V. S. Vyshemirskij, N. A. Sokolova. Application of genetic algorithm for optimization gasoline fractions blending compounding [C]. in: Proceedings of the IEEE International Conference

on Artificial Intelligences Systems（ICAIS 2002），Divnomorskoe，Russia，2002，391-394.

[281] Z. Jia，M. Ierapetritou. Mixed-integer linear programming model for gasoline blending and distribution scheduling［J］. Industrial & Engineering Chemistry Research，2003，42（4）：825-835.

[282] M. B. Poku，L. T. Biegler，J. D. Kelly，R. Coxhead，V. Gopal. Nonlinear programming algorithms for large nonlinear gasoline blending problems［C］. in：Proceedings Foundations of Computer-Aided Process Operations（FOCAPO 2003），Coral Springs，Florida，2003，605-608.

[283] 廖良才，谭跃进，邓宏钟. 成品油调合优化模型及其应用研究［J］. 模糊系统与数学，2003，17（4）：104-110.

[284] B. S. N. Murty，R. N. Rao. Global optimization for prediction of blend composition of gasolines of desired octane number and properties［J］. Fuel Processing Technology，2004，85（14）：1595-1602.

[285] 薛美盛，李祖奎，吴刚，孙德敏. 成品油调合调度优化模型及其应用［J］. 石油炼制与化工，2005，36（3）：64-68.

[286] 李进，廖良才，谭跃进. 汽油调合优化模型［J］. 国防科技大学学报，2005，27（3）：125-128.

[287] 王继东，王万良. 基于遗传算法的汽油调和生产优化研究［J］. 化工自动化及仪表，2005，32（1）：6-9.

[288] C. A. Méndez，I. E. Grossmann，I. Harjunkoski，P. Kaboré. A simultaneous optimization approach for off-line blending and scheduling of oil-refinery operations［J］. Computers and Chemical Engineering，2006，30（4）：614-634.

[289] 薛美盛，李祖奎，吴刚，孙德敏. 油品调合调度优化问题的分步求解策略［J］. 中国科学技术大学学报，2006，36（8）：834-839.

[290] 张冰剑，华贲，陈清林. 汽油调合调度优化［J］. 化工学报，2007，

58（1）：168-175.

[291] 黄彩凤，李信，李少远. 基于 Ethyl RT-70 模型的汽油调合优化 [J].
控制工程，2007，14（3）：256-259.

[292] 张建明，冯建华. 两群微粒群算法及其在油品调和优化中的应用
[J]. 化工学报，2008，59（7）：1721-1726.

[293] 罗春鹏，荣冈. 不确定条件下汽油调和调度的鲁棒优化模型 [J]. 石
油学报（石油加工），2009，25（3）：391-400.

[294] 侯林丽，吕翠英. 基于多目标优化的汽油调和优化模型及其应用研究
[J]. 计算机与应用化学，2010，27（11）：1589-1592.

[295] 江永亨，蔡阳阳，黄德先. 基于序的原油调合调度问题 [J]. 化工学
报，2010，61（2）：365-368.

[296] 江永亨，蔡阳阳，黄德先. 无主炼原油的原油调和调度问题 [J]. 化
工学报，2010，61（8）：2015-2020.

[297] 崔承刚，吴铁军. 基于活跃约束条件辅助目标的进化算法求解油品调
合问题 [J]. 化工学报，2010，61（11）：2881-2888.

[298] 唐国维，赵雪. 基于粒子群算法的油品调和调度优化研究 [J]. 长江
大学学报（自然科学版），2011，8（1）：89-91+281-282.

[299] 汪丽娜，曹萃文. 基于改进文化粒子群算法的多组分石脑油调和优化
问题研究 [J]. 石油化工自动化，2012，48（1）：43-47.

[300] 汪俊杰. 利用线性规划方法优化燃料油调和方案 [J]. 中国科技信
息，2012，11：164.

[301] 吕杭蔚，杨遥. 成品油调和建模及优化方法研究 [J]. 计算机与应用
化学，2014，31（10）：1184-1188.

[302] 蔡雪瑞，冯爱芬，杜静娜，宫庆硕. 基于多目标非线性优化的汽油调
和配比问题研究 [J]. 洛阳师范学院学报，2017，36（8）：3-8.

[303] 王杰. 基于 SIMATIC IT 的流程工业产品调和与交货调度优化研究
[D]. 北京：北方工业大学，2018.

［304］李超，王杰，史运涛，李锦龙. 基于遗传算法的汽油调和优化系统［J］. 工业控制计算机，2018，31（10）：79-81.

［305］段鹏飞，张馨荃，王云鹏. 成品油调和建模及优化方法研究［J］. 化工管理，2019，24：196-197.

［306］伍青青，程辉. 连续汽油调和调度问题的建模与优化［J］. 信息与控制，2020，49（5）：615-624+632.

［307］朱洪翔，隋顾磊. 基于人工鱼群算法的汽油调和优化［J］. 当代化工，2022，51（8）：1912-1915+1947.